Chœur de chair

Du même auteur

Montre-moi ton visage, Cerf, 2015.
Adoration, Cerf, 2016.
Jésus-Christ ou les robots, Cerf, 2019.

Véronique Lévy

Chœur de chair

L'Église est un cœur de femme

Préface de Maxence Caron

ARTÈGE

Éditions Artège
10, rue Mercœur - 75011 Paris
9, espace Méditerranée - 66000 Perpignan

www.editionsartege.fr

ISBN : 979-10-336-1154-7
EAN Epub : 9791033611868

À ma mère

PRÉFACE

Imprévisible et magistrale, ardente et imperturbable, saisissante et ceinte par *Celui*, le Seul, *qui souffle où Il veut*, Véronique Lévy est un auteur puissant. Ce cœur en permanente éruption et que ne comble rien de ce qui n'est pas tout, cette intelligence profondément religieuse et qui n'a même que faire de ce qui n'est pas infiniment plus que le monde, cette force nativement aimantée par l'Amant dont l'âme est l'image et l'hôte – cette femme ignifère et qui définit aussi bien son essence que son existence comme un *chœur de chair*, connaît que la Vie éternelle est déjà commencée. Tel est le haut registre d'intensité à partir duquel, de tout son cœur, de toute sa force et de tout son esprit, nous voyons ici le choral de cette âme aimer Dieu.

« Qui cherche la vérité cherche Dieu, qu'il en soit conscient ou non », écrit sainte Edith Stein. Convertie à la Vérité donc à l'universalité de la Religion vraie, Véronique Lévy, que le retentissant récit de sa vie et de son pèlerinage intérieur a distinguée il y a cinq ans aux yeux des lecteurs, est habitée par l'urgence sacrée de dire l'Essentiel. Il lui est donc désormais exclu de perdre le moindre instant d'une existence qui, déjà si brève à ceux qui gâchent la leur, s'accourcit infiniment plus, et en des proportions bouleversées, pour quiconque accepte de tourner les yeux vers la précédence incréée de la lumière divine, sans l'infinité de laquelle nous ne saurions être regard.

L'indépendante et absolue perfection de l'immensité divine appelle au cœur de l'homme ce qui est en l'homme dès avant l'homme lui-même. Et ce mystère paraît ainsi, qui est incontestable : l'immensité divine appelle l'infinie petitesse de l'homme à prendre part à l'infinie grandeur de l'Éternité. Ce mystère de disproportion, qui est aussi bien la mathématique non chiffrable, sainte et sacrée en qui est fondée la possibilité même de l'humanité, la possibilité même qu'il y ait un homme, transforme le temps et le transfigure. La reprise de celui-ci sous l'exposant de la Présence de Dieu recrée le temps à l'image du Septième Jour – à l'image du Jour que constitue Dieu lui-même en vertu de son seul repos en soi –, elle résorbe le temps. Le temps n'est plus désormais qu'un seul jour consacré à dire, dans l'amour de cet amour dont nous sommes, la présence constamment préalable et la plénitude abondamment impréhensible de Dieu. Voici l'arrière-plan selon lequel le texte inouï de *Chœur de chair* est composé. Voici l'horizon sur le fond duquel survient le livre de Véronique Lévy : voici l'immensité en qui, à l'heure de la banalité généralissime, se disposent les pages d'une œuvre d'avant-garde, majestueuse, catholique et inconnue. Voici l'espace universel à partir duquel nul, sinon naïvement, ne saurait mettre au seul crédit de la littérature ou de l'esthétique cette œuvre d'art littéraire : voici l'espace au sein duquel est profondément et chaque fois vécu chaque mot comme le résultat d'une prière, donc d'une lutte avec ce qui, en l'homme, est trop petit pour que quoi que ce soit spontanément en sorte d'assez anagogique et beau.

Ouvré d'une écriture magnifique et qui est recherchée au-dessus de la tête d'homme, le livre de Véronique constitue l'examen uniment douloureux et glorieux des tissures de sa propre identité, autrement dit du chœur que, dans la communion avec les membres du Corps mystique de l'Église, forme sa chair baptisée. L'histoire individuelle et l'histoire universelle sont métamorphosées par l'irruption baptismale. Et l'auteur écrit dans cette vérité : le temps entier de son existence individuelle est repris et mêlé à l'avivement de lumière imminente tout comme à la résurrection que promeut en l'âme baptismale la proximité de la Communion des Saints. Le temps donc ici se dissout, tandis que progresse la méditation aussi bien rationnelle que personnelle sur les figures ecclésiales et bibliques qui peuplent avec éminence la Communion des Saints.

Et la langue – qui a tout à voir avec la musique, donc avec le temps désormais dissout – la langue change de dimension : abolissant le stérilisant artifice des cloisons académiques, retrouvant l'inspiration des origines et le sens même du langage, s'enracinant dans un rythme et une tonalité analogues à ceux des Écritures Saintes, le style de Véronique Lévy est celui d'un auteur qui écrit comme l'on écrit lors donc que l'on a consenti à renaître après la fin du temps. Contrairement à tous les écrivassiers de son époque, l'auteur n'écrit que l'âme plongée dans la mesure du Septième Jour, donc selon ce qui vient de Dieu et non selon ce qui vient des hommes : il n'y a rien d'éphémère en son encrier. Véronique écrit selon la mesure du Septième Jour et ce qu'ainsi Dieu a promis, autrement dit Lui-Même en plénitude, dans la très-vive paix de son Être, ce que Dieu a promis est déjà là car il n'y a pas de temps en Dieu, pas de distinction entre le présent et l'avenir, mais uniquement cette éternité qui fait de la promesse, dès lors, une promesse déjà réalisée pour qui reçoit l'infrangibilité de la Parole de Dieu. Véronique Lévy est de ceux qui reçoivent le Verbe dont l'Hypostase est auprès de Dieu et qui est Dieu : elle écrit ainsi en une langue sans cesse renaissante car sous-tendue par la théologalité de l'espérance qui abolit le hasard comme elle abolit la temporalité. Comme pour l'Épouse du *Cantique des Cantiques*, attendre et avoir lui sont une même dimension car une même appartenance :

que l'on attende ou que l'on possède, on se tient en présence de Dieu – que l'on attende ou que l'on possède, on reçoit sa Présence. C'est Lui qui est là, c'est Lui qui décide. Si mes yeux ne sont pas encore habitués à sa lumière et si je dois encore me contenter de voir toutes choses seulement *in aenigmate*, comme dit saint Paul, il n'en reste pas moins vrai que Dieu, lui, me regarde bien face-à-face. Il est déjà présent, et c'est lorsque nous serons rendus capables de le voir, explique saint Jean dans sa *Première Épître*, que nous vivrons de la même vie que lui.

Toute l'existence plonge dans une sainte démesure lorsque la précédence de Dieu manifeste son illimitation et montre le Visage de l'Amour en qui l'existence d'homme est prononcée. C'est sous ce signe, c'est dans cet état (de l)'esprit que *Chœur de chair* est écrit par son auteur.

Ainsi ferme, les reins ceints de la vérité, revêtue de la cuirasse de justice, les sandales aux pieds, prête à annoncer l'Évangile de la paix, ayant en main le bouclier de la Foi par lequel elle parvient à éteindre les traits enflammés du mauvais, munie du casque du Salut et du glaive de l'Esprit Saint qui est la parole de Dieu, c'est vers un genre plus prochain et une différence plus spécifique (dirait l'aristotélisme) qu'elle peut conduire l'intelligence de son lecteur, et rendre pur à sa place première l'entendement désespéré des contemporains ses frères. Dans cette belle épopée méditative sur soi-même et sur les femmes du Premier Testament et de l'Évangile – que celles-ci soient des figures fugitives ou des personnages unanimement célèbres – c'est du Salut même des femmes qu'il est question.

Or, en cette ère perdue de l'histoire autant que perdue pour l'histoire, de nombreuses femmes se sentent insultées, diminuées, réduites, niées et porcinées dès que l'on sous-entend à leur égard la réalité d'une « vocation » ; et en un raisonnement dont la logique alogique n'est guère à leur honneur, au sens que porte en soi la notion de vocation elles opposent celui de la liberté. Étrange dualisme que préjuge et fabrique la charade d'une navrante crispation.

Ce dont une minute de Descartes, trente secondes de Kant ou dix d'Arendt suffiraient à réfuter la noise, Véronique Lévy a l'élégance non pas de le réfuter uniquement dans l'ordre de l'esprit, mais également de lui donner issue dans l'ordre de la charité, c'est-à-dire dans l'ordre du Salut. Parler de vocation pour la femme n'est pas plus injurieux que d'en parler pour l'homme en général à qui, loin de s'opposer à la liberté, l'Église assigne précisément une vocation universelle, et cette vocation est la liberté elle-même ! Les commandements des deux Testaments bibliques ne sont-ils pas résumés par cette extraordinaire phrase du commentaire de saint Augustin *Sur la Première Épître de saint Jean*, qui, donnant à l'humanité pour centre la Charité, soit le Nom même de Dieu, y ouvre exactement et simultanément la possibilité de la liberté absolue : *dilige et fac quod vis*, écrit le grand homme, « aime comme Dieu aime, et fais ce que tu veux ». Lorsqu'à l'homme est assignée par Dieu et lorsque dans l'homme est inscrite, par le Verbe, une si forte et si structurelle *vocation* à Dieu même, autrement dit à la *liberté* de l'Absolu dont l'humanité est l'image, pourquoi devrait-on préjuger, en vertu d'un « féminisme » décidément misogyne, qu'il faut exclure la femme de l'universellement divine vocation à la liberté absolue ? Ce serait une régression incalculable. Aussi serait-ce raisonner drôlement que de ne pas vouloir, de la sorte, raisonner du tout. Le refus féministe de la vocation est en effet, sur ce terrain qui est le plus fondamental et le plus ontologique, l'obscurantiste et rétrograde réactivation d'une grave différence sexuelle, une si grave différence sexuelle qu'elle exclut structurellement la femme de l'humanité… Toutes choses assez païennes et qu'on ne voit – monothéistes ou polythéistes – que chez les gentils. Le féminisme arrive ainsi à de telles conclusions en demeurant dans le conceptualisme abstrait : il se paie de quelque idéologie bavarde que l'on met dans la bouche de quelque doctrine ou représentation fantôme, puis il s'enrichit des faux-semblants arrachés à l'émotion et l'immédiateté. L'ouvrage de Véronique Lévy se construit dans l'aiguë conscience de cette catastrophe ; et à cette éloquence avariée il semble dire d'emblée les mots de Verlaine : « ce bijou d'un sou sonne creux et faux ; si l'on n'y veille, il ira jusqu'où ? »

Aussi la perspicace conscience de ce désastre, qui n'est perceptible que d'un plus haut point de vue, est-elle toujours déjà reprise par Véronique Lévy non pas dans des questions et problématiques indéfiniment posées, comme feraient et font les philosophes impuissants, mais dans la gloire de réponses inaltérables ; et celles-ci sont l'effet du *Oui* qu'elle adresse à la Vérité dont elle contemple le Visage. La question des femmes et de leur place est pour Véronique une réponse qui se décline au nominatif, au vocatif, au génitif..., autrement dit dans toutes les figures de femmes en qui sont prononcés le *Oui* et l'*Amen* à cette liberté *universelle*, à cette liberté *catholique* dont le face-à-face avec Dieu ouvre l'occurrence.

« Aucune femme n'est uniquement femme », écrit sainte Edith Stein, et c'est l'indestructible leçon de l'équilibre catholique : si en effet la femme était uniquement femme, il y aurait déchéance d'universalité.

La vocation de l'homme au Salut ne s'adresse pas au mâle, mais à l'homme : Jésus-Christ n'est pas uniquement sauveur des *vires*, mais il est sauveur des *homines*. En refusant la notion de vocation comme étant par nature étrangère à la « femelle », et en la laissant finalement aux « mâles », sauf si le mâle ne se fait femelle de sorte à se fabriquer un droit à la non-vocation, l'argumentation involutive de la post-suffragette électronique normée réintroduit, tout en affirmant le contraire, une différence sexuelle à la racine ontologique même de l'humanité. Étrange affaire, et destructrice, que de produire au sein même de l'argument dont on se pique, le facteur qui réduit immédiatement cet argument à néant… Les choses sont pourtant claires : les femmes ont une vocation, une vocation à la liberté, elle est la même que celle des hommes, et elle est obligatoire. Oui : le genre humain est créé à l'image de Dieu, et l'image de Dieu c'est la liberté absolue de l'âme. Refuser sa propre liberté pour faire la même chose que les hommes, devenir le singe des hommes dans un monde dont on dit en outre, chez les féministes, qu'il est un monde façonné par le masculin pour le masculin, voilà une très-contradictoire histoire et beaucoup moins sage que de refuser radicalement cette mécanisation du comportement afin justement d'exercer sa liberté sans illusoires constructions mentales. Si être une femme a un sens, être une femme ne suffit-il pas ? La liberté d'agir sans mimer le préfabriqué social et culturel dont on se plaint d'avoir été exclues et dont les bases ne sont pas vôtres, cette liberté que les femmes ont oubliée, cette liberté qu'il faut libérer, cette liberté qu'elles négligent de libérer car elles sont occupées à se faire une meilleure place d'esclave parmi les maîtres, cette liberté que ne pollue aucun simulacre ne vaut-elle pas infiniment mieux, et que l'on combatte pour elle ? C'est dans l'exploration somptueuse des chemins de cette seule liberté, de la seule liberté, de la liberté qui ne fait aucune concession, que Véronique Lévy s'engage.

Sur ce chemin ce ne sont guère les destinées des Simone de Beauvoir qui fussent susceptibles de l'intéresser, dont l'incohérence est accablante, et qui après avoir couché son *Deuxième sexe* sur le papier rampait soumise aux pieds de tel amant à qui elle promettait d'être soubrette pour jamais (que l'on relise donc l'emblématique correspondance du « Castor » afin d'y constater les édifiantes aspirations de ce tutélaire prototype de « femme libérée »). Sur les chemins de la liberté, il n'y a pas ni place ni temps pour la servitude polymorphe et volontaire de ces larbins impulsifs et mimétiques qui se sont fait passer pour des « femmes libérées ». Mais ce qui intéresse et retient toute l'attention de Véronique Lévy, ce sont, à l'inverse, les femmes de l'Église, et de l'Église d'avant l'Église, les femmes bibliques : c'est elles qui font l'objet de sa méditation et de son exégèse. Ce sont ces femmes qui, parce qu'elles ont accepté l'image de Dieu qui est en chacune d'entre d'elles, parce qu'elles ont donc accepté d'habiter la dimension de la liberté, de demeurer dans la différence que la liberté creuse en l'humanité, ne sont jamais païennes ni ne seront jamais une source d'inspiration pour le néo-paganisme dont le monde est l'énergumène.

L'auteur creuse ainsi le tempérament et la vocation de chacune des figures qu'elle choisit : on y trouve non seulement l'héroïsme, mais également le miracle « ordinaire » de femmes que leur force à aimer l'Essentiel, plutôt qu'à suivre la bétaillère mondaine et sociale, place dans une égalité naturelle avec les hommes. Si bien que dans l'exercice ecclésial de la liberté, dans l'exercice de la liberté en son Principe, la question de l'égalité ne se pose pas, car l'égalité y est un fait de nature ; ou mieux : un fait de surnature naturelle. Le Christianisme est seul à rendre possible une égalité naturelle par la surnature qu'est la liberté dans la créature humaine. Si l'on en sort, on tombe, sans moyen terme, dans la contradiction païenne qui fait étalage de ces femmes à la fois incapables d'exercer la liberté autrement qu'en automatisant leurs comportements, et insatisfaites de ne jamais trouver cette liberté qu'elles emploient à fuir la liberté : survient alors ce monde « féministe » de revendications sans fin… Toutes choses dont Véronique Lévy sait l'infertile désordre et dont, en des descriptions et portraits splendides, elle montre le contraire chez les femmes dont Dieu est la nourriture, la renaissance, l'origine et la raison.

C'est là que le monde se renverse, c'est là que le monde cesse d'être ce terrain de mâles barbaries : dans l'Église, dit Véronique, le cœur est une femme, la Sainte Vierge Marie. « Mère voici ton fils, fils voici ta mère », prononce le Christ sur la Croix, et à celle qui devient l'Église Mère il confie le disciple en qui tous les disciples symbolisent. De son Église, Dieu fait son Épouse, et ce sont donc ici, dans l'union du Corps du Christ et de la Mère de Dieu, les noces continuées du Saint Esprit et de la Vierge Sainte lors de la Nativité. C'est ce que figurait le *Cantique des Cantiques* dont les paroles énonçaient avec tant de beauté le destin de gloire que Dieu, l'Époux, déploie devant la femme qu'il fait son Épouse. « Destin » dis-je ? On entend déjà pester la suffragine : « Destin ? Mais moi, Monsieur, mon corps m'appartient ! » répètent celles qui appartiennent à leur corps, et qui ne demandent pas la liberté mais le droit de n'en vivre pas ou de n'en pas user. Il n'y a aucun rapport entre féminisme et liberté : c'est ce qu'avec un inégalable brio montre par l'exemple, et comme on prouve le mouvement en marchant, le livre de Véronique Lévy.

Destin donc – vraiment ? Que se rassure l'âme de bonne volonté, celle qui, précisément parce qu'elle n'aimera jamais assez la liberté pour toute une vie, se voit offrir de l'aimer pour l'Éternité ! Que se rassure la pasionaria féministe qui s'est trop emportée, et sur la foi du préjugé (une foi mauvaise) ; qu'elle se rassure si c'est bien de liberté qu'elle a faim et soif. Car le destin que déploie l'Époux de l'âme n'est pas une captivité, et pour s'en convaincre il suffit d'écouter les mots : « destin » provient du latin *destinare* qui signifie l'« appel », et « appeler » se dit aussi en latin *vocare*, qui a donné « vocation », cette vocation même dont Véronique Lévy nous montre, avec tant de hauteur et de style, qu'elle est, en soi et dans son contenu même, indissociablement, liberté. Vocation et liberté sont une même réalité pour cela même qui fait une seule chair, l'homme *et* la femme, dans une même Église dont la Sainte Vierge Marie est le cœur depuis que son Fils en est la tête. « Marie précède ainsi toute l'Église dans l'ordre de la foi, de la charité et de la parfaite union au Christ », dit *Lumen gentium*.

C'est le privilège de ce « Chœur de chair » qu'ouvre Dieu dans le monde par la femme, et qui, manifesté dans la chair, n'est cependant point du monde, c'est la grâce de la liberté dans l'humain, c'est la faveur de Dieu dans les femmes qui ne renient pas cette faveur, c'est le génie de la liberté en elles – que décrivent les pages considérables de Véronique Lévy. Dans la lettre apostolique *Mulieris dignitatem*, saint Jean-Paul II prie afin que toutes les femmes « se retrouvent elles-mêmes dans le mystère biblique de la femme, pour qu'elles retrouvent leur vocation suprême ». Éblouissant, universel et inclassable, le livre de Véronique Lévy est profondément uni à cette prière du Pape admirable.

En la fête de sainte Catherine de Sienne
le 29 avril 2021
Maxence Caron

« Je vous donnerai un cœur nouveau,
je mettrai en vous un esprit nouveau.
J'ôterai de votre chair le cœur de pierre,
je vous donnerai un cœur de chair »
(Ez 36-26).

Sous la chaire de Pierre,
bat un chœur de chair...
Un cœur de Femme.
Son Oui a ouvert la Porte
de la Rédemption.

PARADIS MANQUÉS

J'ai regardé le Ciel dans les yeux,
Il m'a dit :
« Viens ! »

LIMBES

Je rêve d'une terre vierge, d'un lieu sans murs, d'un ciel sans horizon… Lumière pure où Il m'attendrait.

Je rêve d'un corps… sa chair serait Son Amour… sa peau, Son Amour… ses os, Son Amour… son cœur, Son Cœur… son souffle, Son Souffle… Comme cela fut

En Éden.

Mais il faut traverser le temps et ses murs

Au-delà est un pont je crois…

Au-delà

Éternité « allée avec le soleil ».

Les murs étaient blancs, uniformément blancs et dans cette nuit dévastée où le brouillard avait fait son lit, j'espérais une naissance. Je devinais et pressentais un autre horizon que celui de la mort, j'aurais voulu effacer les murs et que fasse irruption l'azur inentamé… Un Royaume se dévoilerait où la vie serait loi. J'aurais voulu écarter ma peau, déchirer ma chair, à l'infini de la lumière… Et cette chair, elle aussi, serait une fenêtre ouverte sur cet amour que je sentais bouger en moi, là, en deçà de ma mémoire, au-delà de la fracture qui n'était pas d'ici.

Dans cette zone frontalière blanche, il n'y avait rien : ni livres, ni fleurs, ni meubles ; un lit seulement comme un radeau d'enfant et, au-dessus, élevé telle une voile en corolle épanchée, le visage d'une femme. Oh, ça n'était pas la beauté consensuelle de poupées Barbie uniformes, ou celle, moribonde, des mannequins anorexiques hantant les magazines aux cœurs figés des vivants morts.

Non. Sur l'icône découpée à la hâte dans un livre d'enfant, c'était l'ovale délicat d'une toute jeune fille émergeant d'une origine silencieuse, et n'en finissant pas de s'avancer vers moi, dans la douceur mystérieuse d'un sourire qui dit Oui. Son corps retourné vers un Ange et la grâce de son buste s'élançant sans retour, telle une tige vers une Source au-delà, déchirait le temps. L'Ange lui offrit un lys.

Ailleurs, sur une image cachée dans une boîte oubliée, elle soulevait *le fruit de ses entrailles* qu'elle semblait découvrir, comme un soleil se levant sur le monde.

Plonger dans cette source, ensevelie au bleu de son manteau, ma chair saisie tout entière dans son Oui… Le Oui retrouvé émergeant d'un au-delà du seuil avant la chute.

GENÈSE

Avant la chute, en Son Principe, le premier battement de mon être fut un Oui… Je ne m'en souviens pas… Pourtant ce Oui cogne dans mon corps comme un oiseau sauvage… Avant la chute, en Son Principe, un voile se déchira en son milieu, Son Visage apparut… Sa Lumière fut, épelant les quarante-six chromosomes dansants, tissés l'un en l'autre à Son image. Une échelle s'éleva jusqu'au ciel de Son Cœur. Je pris ma source en Sa mémoire. *Memoria Dei.*

Entre Son Cœur, je fus tissée dans le secret, brodée au sein de Son Royaume… Mon embryon, Il le voyait.

Et puis un soir j'ouvris les yeux… Le ciel grand ouvert me regardait, éployé. Au-delà Quelqu'un m'appelait… Je L'ai cherché, j'ai nommé les fleurs, les myriades de fleurs… Je voulais les étreindre pour Lui dire : Merci.

CHUTE

Les disciples s'approchèrent de Jésus et lui dirent : « Qui donc est le plus grand dans le Royaume des Cieux ? »

Alors Jésus appela un petit enfant ; Il le plaça au milieu d'eux, et Il déclara : « Amen, Je vous le dis : si vous ne changez pas pour devenir comme les enfants, vous n'entrerez pas dans le Royaume des Cieux.

Mais celui qui se fera petit comme cet enfant, celui-là est le plus grand dans le Royaume des Cieux.

Et celui qui accueille un enfant comme celui-ci en Mon nom, il M'accueille, Moi.

Celui qui est un scandale, une occasion de chute, pour un seul de ces petits qui croient en Moi, il est préférable pour lui qu'on lui accroche au cou une de ces meules que tournent les ânes, et qu'il soit englouti en pleine mer. »

LE VIOL

Au début je ne l'ai pas cru. C'était un adolescent qui n'était pas de passage. Il répétait qu'il m'avait serrée contre son cœur et qu'il ne s'était rien passé. J'étais un nourrisson. Il rabâchait à me faire vomir : « Il n'y a pas eu de pénétration ; ni face, ni pile. » Je bouchais mes oreilles, mes jambes se crispaient sur un gouffre de sang, un hurlement dévorait ma chair. Pile ou face ? Je ne suis pas une pièce de monnaie qu'on se passe de main en main, un être sans visage dont la valeur relative dépend de la volonté d'un violeur. Au début je ne l'ai pas cru. Un nourrisson hurle des sons inarticulés dans l'ombre des mots futurs… Mots disloqués à la blessure. Et puis j'ai eu trois ans… L'air de rien, il m'a attirée dans une cabine sur la plage et il m'a dit : regarde le joli sucre d'orge, prends-le dans ta petite bouche.

Ma mémoire reste éclatée, telles les poupées de Hans Bellmer. Ma mémoire s'est fixée au seuil d'un gouffre. Ou plutôt elle est l'otage de cette chair profanée. Dévastée. Des images saccadées en accéléré ballonnent des pleurs impossibles. « Pile ou face »… Susurrait-il comme un serpent… Ces mots défonçaient ma bulle, tel un scalpel le placenta pour arracher l'enfant… Je bouchais mes oreilles, je ne voulais pas l'entendre, je ne le croyais pas… Je ne le crois pas encore. Ma mémoire s'est engloutie au balbutiement de ma chair. Les barbares ont envahi les places fortes et les remparts. Ils sont là et menacent de pénétrer le Sanctuaire, là où Ton Oui rayonne, là où s'ouvre le ciel. Je voudrais m'arracher la peau, mon être se dissoudrait à l'infini du Tien. Ma mémoire s'est empierrée, pétrifiée à ma chair. Pourtant chaque atome se souvient, par-delà l'articulation des mots appris, de cette bouche, de ce souffle, de cette « arme érigée » qui, un non jour, dévasta ma demeure. Depuis, je verrouille ma peau, ses pores ; je veille le jour et la nuit, l'œil grand ouvert au tombeau de mon corps, lui qui fut Ton berceau… Seigneur désarmé de mon amour.

CHANT D'APPEL

L'Appel retentit au plus lointain atome, recréant ma chair… Telle qu'elle fut au silence inviolé d'une féminité originelle, par-delà l'horizon de ma naissance, quand la Parole Unique de Dieu épousa la chair de l'humanité dans la chair d'une Femme… Quand la Présence y planta Sa tente… Et, au-delà de la frontière du temps et de l'espace, telle qu'elle fut dans la lumière… Vivifiée en l'Éden de Son Cœur.

Verrouillant la cible, dans la nuit des cellules de mon corps, en leur noyau secret, il y a une zone franche, inviolée, virginale… Oui fragile mais tenace, rescapé du crime. Là, dans l'écrin de ce oui, un balbutiement émerge, île nue.

L'APPEL

Coralie murmure : « Crois en Jésus sinon les robots t'emporteront ! » Nous avons trois ans. La porte s'ouvre, je cours vers la mer… L'horizon m'appelle, si bleu, si dense… L'azur avale le soleil et il déborde de Sa lumière ; je hurle à déchirer le ciel : Jésus ! Il m'étreint contre Son Cœur :

> — Les robots saccagent l'innocence, Dieu les a en abomination. Il faut toujours Me choisir, Moi, Jésus. Pas les robots.

L'Homme marche sur la mer, l'Éternité s'avance… Son appel retentit. Ma féminité scellée par une Promesse originelle, devine… Ma chair se souvient de Lui par-delà la nuit de l'histoire, par-delà la fragmentation de l'arbre de la connaissance du bien et du mal se dressant comme un mur de séparation. Depuis la chute, le bien est une limite arrachée à Son Amour ; la loi d'un moindre mal, honteux et masqué, menace d'engloutir le oui sous un non sans retour. Dans l'absurde et l'effroi.

Coralie est prophète. Elle traque les androïdes cachés par-delà le bleu du ciel… Elle me regarde et dans ses yeux, en leur milieu, il y a un oiseau… Il chante d'un chant si pur, si cristallin, que je n'ose plus le troubler de *pourquoi*. Les formes, les sons et les couleurs se sont pendus au cou de la nuit qui vient… Et nous sommes là, assises sur les rochers face aux masses d'eaux amoncelées, guettant à l'horizon, les robots souverains. Un jour, il faudra bien leur arracher la liberté de jouer, d'aimer, de colorier la traîne flamboyante des étoiles enveloppant nos cités… Loin des programmes et des systèmes en réseau désincarnant le monde. Il faudra bien inventer des cafés, des gens simples, une église, deux amoureux se tenant par la main… La vie sauve au vif de Sa Présence.

LA POUPÉE DU DRAGON

En haut d'une montagne crache le dragon tapi à flanc de vertige, aux abysses où plongent les pics pétrifiés de la modernité… La femme est prisonnière de ses écailles. Il faudrait l'éveiller, et la fiction s'évanouirait peut-être.

Quelle est cette égalité dont elles parlent ? Est-ce une égalité qui respecte l'altérité ? Est-ce le Droit à la vie, inviolable ? Mais de quoi parlent-elles ? Quel est ce droit qu'elles invoquent comme une incantation, ce droit à l'enfant ou celui de ne pas en avoir ? Sorcellerie ! L'enfant n'est pas un droit, l'enfant est le don jailli d'une communion où l'homme et la femme s'unissent à l'acte créateur de Dieu. L'enfant, le minuscule, l'infime, qui le protégera ? Pourquoi… ? Comment osent-elles scander ce mot de droit quand la vie est éliminée pour justifier ce « droit » ? Ce mot qu'elles martèlent tel un mantra, masque la barbarie des sacrifices antiques, l'archaïsme utile d'une civilisation qui se nourrit, tel Saturne dévorant ses fils, de la chair de ses enfants.

Pour accomplir l'œuvre de mort, les maîtres autoproclamés du fratricide invisible sont les démiurges d'un maillage tissé sur les réseaux de leurs territoires virtuels. Ils colonisent le corps des femmes au plus secret de leurs entrailles et en prennent possession comme on optimise, cultive ou incendie une terre. Les marchands du temple de la modernité avancent toujours plus loin en territoire conquis, intrus masqués de leurs slogans et de leurs acronymes : *GPA, PMA, loi ROPA*… Exploitants aseptisant l'horreur de vies sélectionnées à la racine… Vies arrachées à la liberté providentielle du don pour être calibrées aux normes de l'offre et de la demande d'un projet parental… Vies jetées désormais sur le marché de la fabrication en série de cellules souches embryonnaires et de gamètes artificielles.

« *Mon corps m'appartient* », hurlent-elles dans un déni du corps de l'autre, microcosme humain à conserver, à implanter ou à éliminer; parqué à -196 °C au Buchenwald de la Santé publique. Certaines congèlent leurs ovocytes pour travailler plus longtemps et plus dur... Dépossédées de leur maternité, elles nourrissent de leur chair et de leur sang le rendement qui les presse et les soumet à l'ordre implacable du nombre. Qui réclamera le droit d'être femme, et aux mères d'être mères, visitées au cœur de leurs entrailles par cette fleur de chair, de sang et de Grâce?

La loi de Dieu appelle, différentie, épelle... Chaque être à la vie. Mais la loi du rendement sert le droit du plus fort. Elle sélectionne, programme, trie, extermine... Sous le masque du progrès, c'est l'archaïsme utile. Lilith hante le non lieu d'un paradis artificiel, chambre stérile où la vie se programme *ex utero*. Au menu et à volonté, séquences d'ADN augmenté, modifié, jugé conforme. Ou à jeter. Un nouvel esclavage est en marche. Après l'extermination anonyme des avortements de masse, l'industrialisation intensive du petit de l'homme répond à l'offre et à la demande des phantasmes eugénistes du bébé augmenté... La civilisation à visage post-humain a consenti au viol du sanctuaire abritant, telle une perle fine, l'union sponsale. Elle l'a livré à Baal!

Marché aux alouettes prêchant l'égalité des droits, mais c'est la dictature du même. Le ventre des femmes devient champ de bataille... où l'altérité des sexes dévoile l'abîme d'un inconnu sacré. Le désir tente une traversée, l'amour s'élance dans l'espace vierge à inventer. Mais cette alliance, cet émerveillement d'une naissance au-delà du vertige d'une différence irréductible, menace les clients de la mort... Ils veulent l'anéantir. L'uniformité muselle les tentatives de communion d'un masque neutre où masculin et féminin sont abolis... Enfer de parallèles qui ne se cherchent plus, mais se fuient vers un point qui est une fiction. L'échiquier trace un cadre implacable. Noir ou blanc. Les damiers s'opposent dans l'espace figé. Caïn cherche Abel; Abel fuit Caïn. Échec et mat. La séduction provoque en duel : « Je t'aime à mort et sans issue. » L'homme traque la femme, la femme se dresse contre l'homme. Tango efficace. Ne pas baisser la garde. S'armer, imprenable, sur des talons aiguilles pour transpercer les cœurs et les clouer au pilori d'une chasse gardée. Jalousement gardée. Imperméable, je contrôlais silencieuse, à la périphérie de moi, que rien ne pénètre ma chair où bat Son Cœur, pourtant, au creux du mien.

Je veux m'extraire de cette prison où je me cache.

LA BÊTE DE L'ÉVÉNEMENT

Les tours défilent monotones sur les périphériques rectilignes, les enseignes suspendues à leurs arêtes de béton et de verre, dansent, dans les lumières fragmentées… Aux artères aériennes des villes, aux veines souterraines du métro, les images et les corps se traquent et se repoussent dans la fracture de plus en plus irréversible… Décomposition du sens dans l'atomisation des corps séparés de l'Être… Parole reniant le silence qui baigne sa naissance, *Novlangue* se rêvant génération spontanée, muselée aux sigles la dressant à la guerre ou au vide sidéral d'un horizon sans communion… Où l'obsession égalitaire, identitaire, victimaire, trace un enfer de parallèles s'élançant vers une perspective qui est un non lieu.

Sur une affiche, une jeune fille prépubère roule une pelle à un gorille… Égérie ou otage ? Nue et tête tondue, elle promeut la pochette de disque d'un groupe de rock. La femme n'est plus l'obscur objet d'un désir interdit, mais outil d'un autre outil où les frontières des espèces se dissolvent dans l'indifférenciation. Amputée de sa dignité, elle nourrit de son consentement, l'uniformité d'une barbarie moderne où la performance économique fait la loi. Pour servir cette loi, l'horizon de la liberté souveraine s'est réduit au champ lexical de la liberté d'expression ; le slogan d'une propagande de déshumanisation l'a travestie en « Interdit d'interdire » et c'est ainsi que l'ordre de la création où fut semée la Rédemption, semble soumis au nouvel ordre des marchands et échangeurs.

Dans le labyrinthe des mégapoles, un rapt s'est emparé du corps. Arraché à la trajectoire où le sang, à chaque battement de cœur retourne à cet Amour Qui anima sa chair, il se morcelle dans la pornographie. Disséqué par la technoscience, otage d'une chair muette livrée aux besoins de sa prison organique… Maintenu sous contrôle des plus offrants, des plus puissants au casino du vice, il se pare désormais de l'effigie du vide. Il a renié sa vocation originelle, d'être Sacrement de l'amour, « Merveille que je suis, merveille que Tes œuvres »… Il n'est plus le sanctuaire où fut scellée l'Alliance native : dévoiler dans l'innocence du don – celui de l'homme à la femme et de la femme à l'homme –, cette liberté irréductible… Où l'un et l'autre sont appelés dans l'unité d'une chair unique à révéler le Visage de l'Éternel. « Celui qui croit acheter l'amour ne recevra que mépris. »

Les lignées de cellules souches embryonnaires fabriquées en série pour le marché procréatif, recyclées par l'industrie pharmaceutique, alimentent le trafic de la vie sous contrôle. L'homme n'est plus le sujet de l'Amour mais un produit à usage limité et dont la date de péremption, fixée par les marchands, le relègue au non droit du déchet.

Le ventre des femmes a été pris d'assaut, vendu sous hypothèque par les marchands. Masquée du droit à l'émancipation, la liberté du plus offrant fait loi… Fondée sur le silence d'une collaboration muette de foules ensorcelées. Le corps humain, parole où Dieu Se dit, est réduit au silence d'une transaction honteuse… Trié, aiguillé à vivre ou à mourir, il est répertorié dans l'inventaire des droits républicains. De la conception à la mort. Dressé à l'efficacité et à la rentabilité, il est acheté aux catalogues des Plannings familiaux, des laboratoires privés de la technoscience ou des banques humaines de la Santé publique… La nouvelle colonisation est en marche… L'eldorado du ventre des femmes est territoire à conquérir et la conception, l'innocence à violer. Les féminoïdes et leurs clients muets consentent à la mort. La loi condamne la vie au nombre.

Le royaume de l'enfant, c'est l'amour, je me languis de ce royaume où l'humble est roi. Il s'étire, inhabité… Un silence, et puis un cri, il perce l'horizon. Jusqu'au Ciel. Tendre, comme la comptine des oubliés, les yeux trop sages d'un exilé. On les lui a volés. Et qui lui rendra sa mémoire en mille morceaux déchirés aux réseaux uniformes ?

LE NOM
DE LA FEMME ÉTAIT MARIE

TABERNACLE

La femme a-t-elle renoncé au silence sacré de l'offrande, elle qui accueillit le Ciel pour déborder de l'autre, l'épouser au secret d'une naissance exultant dans le Oui ? Comment remonter à la source, comment embrasser l'origine où le Visage de Dieu Se dévoile, pour creuser cette virginité assoiffée… Dans l'Unité étreinte où homme et femme naissent l'un à l'autre et l'un de l'autre en une chair unique… Pour qu'en cette chair unifiée embrassant le vertige de leur altérité, *Je suis Celui Qui Suis* écrive l'icône de Son Amour, en leur amour ? Cet Appel à entrer dans la danse d'une virginité féconde, s'enracine dans un Oui… Le Verbe éternel, à l'ombre de l'Esprit, y tissa Sa Chair et Il y fit Son nid. Ce Oui plonge l'altérité de l'homme et de la femme dans l'océan d'une communion où Se révèle l'Être sans mesure et sans fin, au Brasier trinitaire… Marie, Buisson ardent où brûle la Présence, incendie le monde de cet amour Qui ne veut plus Se taire.

La Parole Unique de Dieu Se fit infinitésimale… Dans le sein de la Femme, Il s'est lié notre chair, celle de ceux qui ne le connaissent pas encore, les perdus, les prodigues, les proscrits, pour les embrasser en Sa Mémoire… Ouvrant une porte dans toutes les chairs où bat, désormais Son Cœur. Depuis, suspendues à ce Oui virginal, toutes les conceptions du monde s'ouvrent à la Grâce… Le *Fiat* habite invisiblement tous les corps passés, présents et à venir afin que l'Éternité y fasse sa demeure. Un alphabet radicalement nouveau épelle à l'infini nos corps à ce Oui enfantin. Dans cet *Amen* se lève et se relève la liberté princière de l'Homme, icône de Dieu, tabernacle de la sponsalité où resplendit la promesse de la Rédemption. Homme et femme Il les créa… Du cœur de l'homme est née la femme, mais de son ventre où bat le Sacré-Cœur, il se reçoit de Dieu.

L'Église abrite un secret. Elle en est l'écrin, la dépositaire et la garante : Le dogme de l'Immaculée Conception, en deçà de sa patrie théologique, protège la conception de l'homme des rapaces rôdant alentour. Elle est la clef de son origine où se confond et se révèle sa vocation d'éternité. Le lieu de la Femme, le tabernacle de la conception est l'Ostensoir de cette Présence de Dieu tissée aux quarante-six chromosomes du temple de nos corps. « Détruisez ce temple et moi, Je le rebâtirai en trois jours »... Libéré à coups de cœur d'Eucharistie, des colonisateurs du gène.

L'homme ne se reçoit pas d'une loi relative servant le Contrat social, il est le fruit d'une fleur virginale... Cette fleur est le Don d'une conception inviolée... Dieu Seul S'y promène à la brise du soir, en l'Éden de Son Cœur battant et Se tressant au silence de l'atome le plus anéanti... Pour qu'en une chambre secrète et connue de Lui Seul, Sa liberté irréductible nous sacre princes et princesses en Son Amour. « La Gloire de Dieu c'est l'Homme vivant et la vie de l'Homme c'est la vision de Dieu[1]. » Le Oui d'une femme ouvrit la voie royale à la Rédemption :

> Le sixième mois, l'ange Gabriel fut envoyé par Dieu dans une ville de Galilée, appelée Nazareth, à une jeune fille vierge, accordée en mariage à un homme de la maison de David, appelé Joseph ; et le nom de la jeune fille était Marie. L'Ange entra chez elle et dit : « Je te salue, Comblée-de-grâce, le Seigneur est avec toi. » À cette parole, elle fut toute bouleversée, et elle se demandait ce que pouvait signifier cette salutation. L'ange lui dit alors : « Sois sans crainte, Marie, car tu as trouvé grâce auprès de Dieu. Voici que tu vas concevoir et enfanter un fils ; tu Lui donneras le nom de Jésus. Il sera grand, Il sera appelé Fils du Très-Haut ;

1. Saint Irénée de Lyon.

le Seigneur Dieu Lui donnera le trône de David son père ; Il régnera pour toujours sur la maison de Jacob, et Son règne n'aura pas de fin. » Marie dit à l'Ange : « Comment cela va-t-il se faire puisque je ne connais pas d'homme ? » L'Ange lui répondit : « L'Esprit Saint viendra sur toi, et la puissance du Très-Haut te prendra sous son ombre ; c'est pourquoi Celui qui va naître sera saint, Il sera appelé Fils de Dieu. »

GESTATION

Je suis ce continent inconnu que Freud nommait le continent noir. Parce que la lumière quand elle se densifie paraît obscure. Si je suis un vide, une blessure, un manque, c'est pour accueillir Sa grâce. Toute la profondeur de l'existence, je veux la boire. Si je suis un abîme, c'est pour donner Sa vie. En moi... Bientôt s'élancera la plénitude du don. Je suis au-delà de toute mesure... J'avance au large d'un déluge, je me suis perdue aux grandes crues de Son amour... J'avance à découvert. C'est ma force, ma joie imprenable. Quand je pleure, c'est ma vie qui s'écoule exultant telle une source. Je ne retiens rien, je risque l'amour à chaque battement de mon cœur. Pour Lui, Qui me sauva de tous ces masques que les hommes me collaient à la peau et au cœur. Je suis cette nuit inviolée de toutes les gestations et de celle de Sa parole. Je suis une terre inhabitée, rien que pour Lui. Bientôt. Pour qu'Il m'épouse. J'exulte en Lui. Ma liberté, mon étendard, Sa vie.

Et la Vie est pour la vie... Et la Vie est l'autre nom de l'amour qui va vers Sa Lumière, Sa Lumière qui est l'unique conscience... Au-delà des connexions artificielles, au-delà de cette autonomie amputée de l'Être qui n'est qu'un autre nom du recyclable. Le vif est en sursis... Cette nuit je voudrais crier dans les rues de la ville, des cités accolées à ses périphéries, dans les campagnes noires et vides... Je voudrais leur dire à tous les endormis, aux sourds, aux engourdis du cœur, que mon cœur bat et bat et bat encore... Triomphant des robots, et qu'aucun ne s'acharne sur moi... Je voudrais me présenter à la lune, aux étoiles, au soleil, au vent, à la pluie, à la neige... Aux autoroutes filant dans l'aube rose d'un jour de grâce... Sauvée des concepteurs de cœurs figés au quartz numérique, des pièges tissés en réseaux de mort. « Jésus, mon Bel, mon Pauvre, mon merveilleux Amour,

Ton Sacré-Cœur est l'Île unique où bat l'Immaculé du monde dont la Vierge est la gardienne. »

Comme elle, au Jour de ma naissance, j'aurai le soleil pour manteau à l'ombre de son voile. Je regarde Marie, je me colle à son visage, je pleure comme à travers un miroir, mon intégrité perdue mais sauvegardée en elle. Je ne connais que peu de choses de sa vie, presque rien, des *Ave* s'égrenant jusqu'à la voix d'enfant de celle qui me les apprit… Et dans ses yeux lavande, s'unissait l'azur du ciel et de la mer. Plus tard j'ai collectionné les Annonciations. L'ovale délicat reflétait un ailleurs s'éployant au-delà d'une frontière infranchissable… Son cœur uni sans l'ombre d'un doute à Celui de l'amour crucifié est le voile réfléchissant l'interminable peine du monde : celle des enfants qui meurent seuls dans la nuit…

Dans la nuit des grandes villes, au-delà des rêves taris, des illusions crevées, des ciels de verre où vivent et meurent les assoiffés, des ciels scellés… Il y a des chants d'enfants… Au-delà du silence, ombre portée des stridences, s'avance la coulée bleue des innocents ressuscités.

ENFANTEMENT

Je suis entrée dans l'Église comme dans le ventre d'une mère… C'était en songe la première fois. J'étais recouverte d'un drap opaque, encerclée par ces hommes qui en voulaient à ma chair pour arracher Ton Cœur. Ton Cœur dont l'innocence est la demeure. Innocence émergeant d'un viol, telle une fleur rebelle, ressuscitée d'entre les mortes… Je suis une rescapée, pour Toi, pour Te porter au monde qui ne veut pas de Toi. Je me suis arrachée à ce cercle de malédiction enfermant mon visage et mon corps dans la pierre… J'ai couru vers la Mère. La cathédrale s'est ouverte et là, nichée au creux de son nid s'élançant vers le Ciel, j'ai écouté son chœur. Au cœur du sien, le Tien. Il bat la démesure de Ton éternité. Et cette éternité veut féconder mon cœur pour que de pierre, il soit ta chair. Un atome de ta chair. Douloureuse et glorieuse… De Ta chair que tu as nourrie de celle d'une Vierge et son Oui ouvrit la liberté la plus irréductible… La liberté d'un don qui ne se retourne plus. Ignore où il va. C'est là Ton Royaume, c'est de là que Tu appelles et on ne peut Te rencontrer qu'en elle. Là, j'ai jeté les armes, j'avance à découvert, toute vive, pour la naissance ou pour la mort. Quitte ou double. Dans ce risque je T'attends. Dans le Oui de Marie.

Silencieusement, de l'Annonciation au Calvaire, de la Pentecôte à l'Assomption, et à l'aube éblouie de la Béatitude, ce Oui engendre et berce tous nos oui… Il résonne jusqu'au bout de nos nuits pour féconder un Corps nouveau dont le Christ est la tête… Église de pierres vives, resplendissante de cette humanité rescapée du Déluge : habillée du Oui de Marie battant en Son Chœur de pierre devenu chair. De sa chair…

Soulevée sous l'or et le feu de la floraison des âmes et l'éclosion des cœurs pour l'Éternité.

Là
S'ouvre le Ciel, je fixe le Soleil.

LE OUI D'UNE ENFANT ABOLIT LA MORT

Caché en plein chœur, tissé aux murmures de pierre vive, le cœur d'une femme bat. Ce cœur est un Oui sans cachette, sans détour. Déplié sous le soleil de Dieu. L'Esprit la recouvre de Son ombre, la Parole unique de Dieu y enfouit Sa semence, creuse la chair de la Femme de Son éternité. Et le Verbe Se fit Chair de sa chair, de la chair de Marie, Sang de son sang. Il fit en elle Sa demeure. Désormais nos corps sont des temples consacrés par l'onction de son Oui. « Tu m'as formé des reins, tu m'as tissé dans le secret, brodé dans le sein de ma mère. » Depuis, en cette chair, la chair de l'humanité tout entière est enclose jusqu'à la fin des temps. Embrassée, embrasée par le Verbe Qui en elle allume un feu pour incendier la terre. Ce Oui ouvre un cœur dans l'Histoire, il renverse et le ciel et la terre… Il déchire les cordes du temps.

L'Église naît dans le secret, au souffle de Marie, dans cette alcôve d'une chambre de Nazareth… La lumière de midi se suspend au zénith de son Oui. L'Église naît ici, dans ce don sans frontière. Toute la chair de Marie s'ouvre à la Promesse et s'offre à la Grâce… Elle en est comblée jusqu'à la nuit de son peuple… Jusqu'à la nuit des prophètes, des patriarches et des rois ; jusqu'au non de Caïn, de Caïphe et d'Adam… Jusqu'au rire des damnés de la terre. Elle en est comblée jusqu'en sa descendance… Israël enfoui tel le sel de son sang, dans la Passion du Fils de l'Homme pénétrant l'humanité entière et l'entraînant, dans la gloire de Sa Résurrection… Chair de Marie débordant de Grâce jusqu'à la lie du martyre que l'Église boira en ces fins qui sont les dernières… Et l'Ange recueillera le sang des justes de la terre. La Demeure de Dieu parmi les hommes, « descendra, parée pour Son Époux ». Du ciel de l'Assomption.

Le Oui de la comblée de Grâce s'élève... Il passe la muraille de l'espace et du temps, la prison de la séparation et de la division. Marie lance son Oui à la face du monde comme l'arc-en-ciel triomphant de tous les déluges... Il pulvérise le *non* d'Ève enfermant l'humanité dans le territoire désolé dont l'horizon indépassable était la mort... Arme de destruction massive pour Satan, ce Oui porte en lui la promesse du Salut de l'Humanité tout entière, de ceux qui, même de manière implicite, s'en feraient l'écho. Le oui d'Abraham en préfigurait la liberté insoutenable : celle de ne rien garder d'autre que l'amour. Et d'aller, toujours plus autre, toujours plus loin, au désert du dépouillement où la Vie nous attend, Nue. Le Oui d'une enfant abolit l'horizon de la mort.

Ô Marie, dans l'émerveillement ou dans les larmes, de la crèche à la Croix, de l'Annonciation à la Pentecôte, ton Oui est la trajectoire de l'Esprit Saint ouvrant nos bouches à Sa Parole de Feu. Ton Oui recouvre d'une Nuée le cœur des apôtres embrasés. Ils vont, recouverts de ton manteau, aux quatre horizons, jusqu'aux îles lointaines, semer la Parole Qui assuma ta chair pour épouser la nôtre. La vision d'Ézéchiel s'accomplit : « Ne mettez pas de voile sur vos lèvres. »

Le nom de la Vierge est Marie. L'ange, suspendu à son *Fiat*, la salue. L'Éternité s'avance incognito.

L'IMMACULÉE CONCEPTION

Ne les croyez pas ceux qui vous disent que Dieu est sérieux... Il naît infiniment, Éternel. Par-delà les voyelles, les consonnes... Par-delà notre bien, notre mal et par-delà le temps, Son Nom est insaisissable. Il est l'être du vent, de la source... Il est l'être de ce désir irréductible qu'est la Vie, Il est l'être de la liberté inviolable, Il s'émerveille dans l'abîme du ciel... La Lumière est Son œil, Son Verbe La traverse. Marie le sait. Il fallait être libre ou folle pour les raisonneurs et les satisfaits du monde pour oser un tel Oui ; il fallait être intrépide pour les prudents qui tournent sept fois leur langue dans la bouche. Il fallait être prophète pour obéir au Premier commandement : Écoute Israël ! Tissée au silence inviolé du Brasier Trinitaire, Sa conception immaculée fut un Oui déjà, sans pourquoi... Et ce Oui fut un abîme jeté par-delà l'horizon de la mort, où plongea le Verbe éternel.

Dans la transparence d'un don sans limite, son Oui ouvrit une trajectoire à cette lumière. L'Immaculée décousit les cordes du temps... L'Histoire se retourna en son cœur virginal. Qui est-elle cette innocence inentamée s'avançant par-delà le bien et le mal, au-delà de la signature du péché qu'est la mort ? Où est son Royaume ? D'où vient-elle, sinon de cet infini où elle prend sa source... Dans l'Éternité inviolée du Verbe incréé au cœur de la Trinité sainte... Épousée par la Grâce dans la profondeur d'une naissance silencieuse au Mystère de l'être. L'Immaculée Conception naît à l'orée d'un horizon inimaginable, irreprésentable, inhabitable pour nous... Au seuil de la chute où veille, posté sous l'arbre de la vie, un Chérubin... Et au-delà duquel l'Éternité silencieuse berce le monde. Dans la Grâce Même de Dieu, Marie est la gardienne de cette innocence perdue où l'homme et la femme s'unissaient l'un en l'autre dans l'Éden de Son Cœur.

Elle s'élance dans une exultation qui est son unique parole parce qu'elle embrasse Celle du Verbe, qu'elle La berce et L'offre au monde qui n'en veut pas, ne L'accueille pas… Pourtant rien plus jamais n'arrêtera Sa course vagabonde car il y aura toujours une mangeoire pour Le recevoir, une étable enfouie où brillera Sa lumière… Des proscrits pour La refléter au monde qui n'en veut toujours pas. Rien n'arrêtera Sa course silencieuse et si ténue que seuls les minuscules, les pauvres de cœur, pourront La percevoir, se dessaisir de tout pour devenir suffisamment légers et nus, suffisamment pleins de transparence, pour déborder de Sa Lumière… Faite Chair en la chair virginale de Marie. Et désormais en eux.

Oh, la virginité de Marie n'est pas une ascèse d'hygiéniste, perfection d'intouchable acquise à la force de la Foi… C'est la vie lancée à la volée, dépensée telle une semence ; c'est une perte à l'infini : « Ne faut-il pas qu'Il grandisse et que moi je diminue », murmure-t-elle avec saint Jean le Baptiste ? Cette perte n'est pas un effacement mais présence pleine à la Présence, joie comblée en cet aujourd'hui où tous les horizons se brisent… Je te salue Marie… Au-delà des lignes de ton visage, je vois l'enfance inviolée jouant avec l'Amour et L'espérant avant le temps… Amour Qui te fit chœur de chair pour être Sa demeure au jour de Sa venue. Il te dit, « viens, Immaculée »… Tu lui réponds : « Voici je viens, Seigneur, pour faire ta volonté, car Tu m'as façonné un corps. »

Ô Marie, Aimée avant les siècles dans la Sagesse éternelle de Dieu… Ta foi infiniment appelle l'Esprit par-delà l'abîme des grandes eaux à S'unir au Oui de ta naissance immaculée, puis au Oui de l'Annonciation, où s'accomplit la parole de l'Ange… Pour qu'en toi, Vierge de notre liberté, mère de l'Église et mère du sacerdoce, Christ S'offre à chaque Eucharistie… Là, l'humanité épousée t'offre son *amen*, son pauvre oui fondu au large de ton *Fiat* l'embrassant dans la profondeur de son voile.

*

Ève avait scellé la porte du Jardin, l'Immaculée fut conçue en deçà de son seuil, tissée au cœur de la Trinité sainte… pour le lit douloureux des noces de sang de notre Rédemption sur l'arbre de la Croix. Il fallait que cette Croix puisse se planter dans un cœur vierge accueillant aux profondeurs insondables de sa transparence inviolée, la douleur infinie de son Fils. Il fallait que ni la haine, ni la colère, ne puissent opacifier cette douleur, pour qu'unie au Verbe éternel, elle soit la trajectoire sans obstacle de Son amour ; qu'elle soit le Calice où l'humanité de Jésus s'unisse à la divinité du Verbe consubstantiel au Père, en une Personne unique ; qu'elle soit le tabernacle de l'Hostie et l'autel où s'accomplit le Sacrifice du Prêtre éternel, quand, de son cœur transpercé d'un glaive invisible uni à Celui du Christ, elle consentit à l'accomplissement de la Rédemption… dans le silence de son *Fiat* déchirant le voile du Saint des saints du temple de Jérusalem. Car c'est elle désormais l'arche de la Présence. Du oui lumineux de son Annonciation, au *fiat* douloureux de la nuit du Calvaire. N'a-t-elle pas nourri de sa chair et de son sang l'humanité du Christ ; n'est-elle pas la source de ce Sang sacré s'écoulant du faîte de l'arbre de la Vie… Et s'écoulant encore à chaque Eucharistie jusqu'à la fin du monde ? « Fils voici ta Mère »… Dans ce Don du Christ – de Marie à saint Jean –, l'humanité tout entière est déposée en elle, goutte d'eau mêlée au vin de grâce des Noces éternelles… Transfigurée au Graal de son doux cœur immaculé.

Il fallait un tel cœur… Pour consentir à être l'autel du sacerdoce de l'Alliance Nouvelle et Éternelle, scellée dans le corps livré et dans le sang versé de l'humanité d'un Dieu dont elle fut le lit et la source silencieuse, la chair si douce dont Il Se nourrit. Mère du sacerdoce et Hostie mère unie à l'Agneau immolé, elle offre enveloppés en son Oui, tous ses enfants…

Les enfants de la colère, de la peur, de la haine, de l'effroi… Engendrés en Son *Fiat* entrouvrant la nuit obscure de la Passion, pour qu'en jaillisse l'Espérance. Déjà, dans la Première Alliance, l'appel amoureux creusait son sillon dans la terre désolée d'après la chute… Mais Le Oui de Marie est un basculement absolu. Il retourne le monde tel un gant. Brisant l'orbite du péché, il en dévie la trajectoire fatale… Il plonge l'humanité blessée, au fil de l'épée du Chérubin, gardien de *l'Arbre de la Vie*… Il la reconduit au Principe de son être, telle qu'elle fut créée au sixième jour, innocente en l'Éden de Son Cœur. Seule l'Immaculée pouvait oser un tel Oui, prendre le risque d'un tel amour… Lui seul passe l'horizon de la mort qu'Adam avait tracé, à l'encre de nos sangs, d'un *non* scellant la tombe de nos péchés.

Le Oui immaculé de l'enfant Femme ouvre le sceau. Désormais, les anges tissent l'échelle de la Grâce, du Jardin d'Éden jusqu'à la Croix où S'offre le Roi de Gloire… Fruit né de la fleur vierge et féconde sur l'arbre de la Vie. La malédiction est rompue. L'Alliance Nouvelle court dans nos veines jusqu'à ce que bascule le temps, en cet Amour où nous n'aurons plus besoin du soleil ni de la lune car Dieu Seul illuminera.

Son Verbe sabrera nos mensonges
jusqu'à la nudité.

LE OUI DE LA CROIX

Ecce Ancilla Domini… L'Église germe à l'Annonciation dans l'éblouissement du Oui de la Vierge et elle éclôt en son *Fiat* douloureux consentant à la Croix et transperçant son âme. Au Golgotha, la Pietà berce la parole de l'Ange en son cœur dévasté. Elle se souvient, mémoire vive d'amour éprise, elle est la pulpe de la Foi… Et son Oui s'épanche une deuxième fois dans le silence de Jean, icône d'un nouveau peuple de prêtres, de martyrs et de saints enfantés en elle : « Femme voici ton fils, fils voici ta Mère. » Jean plonge son oui dans celui de Marie… Ainsi, La Promesse s'accomplit : « Je mettrai inimitié entre toi et la femme, entre ta postérité et sa postérité : celle-ci t'écrasera la tête, et tu lui blesseras le talon » (Gn 3,15). La descendance de la Femme prend racine ici, dans ce Oui d'une espérance cognant aux portes du Ciel. La mort s'évanouit à l'horizon ouvert où montent et descendent les Anges. Mort où est ta victoire, ô mort où est ton aiguillon ?

La Tradition de l'Église s'élance ici, à l'ombre du Calvaire, à la source d'un cœur brisé, mais d'Amour… Inviolé. Elle est cette petite clef si simple qu'on ne la voit pas… Il n'y a que les pharisiens pour l'ignorer, il n'y a que les docteurs de la loi consensuels pour la mépriser, il n'y a que les grands prêtres de la mort pour la moquer. La Tradition n'est pas cette cousine Bette au regard terne, elle est ce Oui silencieux s'égrenant, caché, au cœur dévasté de l'Église en déroute… Elle n'est pas le coffre-fort de dogmes poussiéreux et d'une liturgie de musée, elle n'est pas la vitrine des curiosités antiques… Sève secrète, elle jaillit du cœur et du corps donnés d'une femme, s'unissant invisiblement au Sacrifice de tous les sacrifices… Pour que cessent les holocaustes et demeure l'amour seul en l'Amour. Depuis son Assomption, lovée au Mystère de Son Cœur, elle retient le bras du Seigneur désarmé Qui ouvrira le temps, renversera le monde pour le transfigurer en Son Royaume où les petits seront les princes et les proscrits les rois… Elle sème ses larmes aux horizons du ciel, pour dessiner une voie de conversion, de repentance avant le Jour de Son Retour.

« *Ecce Ancilla Domini…* Moi, murmure-t-elle, je suis l'enfant qui plante sa tente au Ciel de la Béatitude… Dans les tranchées, dans les épidémies, dans les blessures, je vois Sa Face qui me sourit. Je hais la douleur où Il n'est pas, et la joie n'est pas la joie s'Il n'y rit pas… Douleur d'amour n'est pas douleur mais naissance vive au fil de Sa Parole. Je traverserai toutes les mers et je les passerai au fil de Son Amour. Qui regarde vers Lui resplendira sans ombre ni trouble au visage… Ma beauté est la Sienne… Extase en pure perte, tranchant les liens me retenant captive hors de Son Jour. Je ne suis pas ancienne mais éternelle, jaillie du Verbe dans l'infini Retour au Baiser Trinitaire. Je suis l'Immaculée. Ma foi relie la nuit au jour et le jour à la nuit, l'abîme du Ciel aux abîmes du Schéol… J'ouvre tous les horizons à Son éternité… Elle me traverse toute. Mon Oui écarte le glaive du chérubin posté sous l'arbre de la vie aux portes du Jardin perdu. La Croix S'est plantée en ce jardin de mon cœur pour vous réenfanter par Son Pardon. Aux prémices balbutiantes de l'Église naissante, aux cendres de l'Église dévastée, c'est encore Son Cœur qui bat au cœur du mien. Au jour de la Nativité, à la nuit du Calvaire, la fécondité de l'Être s'est dite toute en moi pour naître toute en tous au Jour de Son Retour. *Magnificat.* »

« Ceci mon corps donné, ceci mon sang versé pour la multitude et la rémission des péchés », murmure-t-elle au silence de la nuit de la Croix. Le Oui douloureux offre l'humanité entière, la rapatrie à cette Éternité d'où elle déchût. Par un non. Le Oui de la Pietà déchire la nuit opaque enfermant le monde dans la mort du serpent. Ni Sacerdoce, ni paroles de la consécration, si elle n'avait osé ce Oui… La Présence Se voile dans l'Hostie diaphane, la Présence S'ensevelit dans le pain parce qu'Elle habitat la conception immaculée d'une femme… Consacrant la mémoire de toute l'humanité épousée dans son *Fiat* – Et le Verbe Se fit Chair de sa chair. Désormais, elle est le refuge des persécutés, la zone franche des prisonniers, le cœur inviolé de l'enfance profanée, de l'innocence crucifiée. Elle veille, postée aux frontières de l'inhumain, l'immaculé du monde dont elle est la gardienne.

Elle fut le berceau inviolé de l'humanité du Christ où se retissa la nôtre. Elle est le Buisson ardent où le vieil homme réduit en cendres, ressuscite dans la liberté des enfants de Dieu. Elle ouvre l'horizon de son Oui, son *Ecce* et son *Magnificat*… Jusqu'à la Parousie… Offrant les Sacrements pour la libération des hommes, offrant l'Époux dans le sacerdoce des prêtres engendrés en elle. Elle dispense toute Grâce dans l'enceinte du Corps mystique où bat le Cœur du Crucifié… Et elle L'enfante au désert du monde blessé, dans les douleurs de la contradiction. Moi, j'y cueille l'Espérance… C'est elle qui m'a appris la Charité dans sa foi pure du charbonnier, ses processions et parfois ses refus ! Car sa voix est un chant qui ne renonce pas, ne se couchera pas, comme l'oiseau sur la plus haute branche qui jamais ne se tait… Comme le coq de toutes les aubes levées dans l'exigence de la sainte Pitié. Ressuscitant à l'horizon de nos mensonges comme le soleil de Vérité : Car Christ est son Royaume ! « Dieu renverse les puissants de leur trône, Il élève les humbles. Il comble de biens les affamés, renvoie les riches les mains vides, Il relève Israël son serviteur, Il se souvient de Son amour, comme Il l'a promis à nos pères, à Abraham et à sa descendance à jamais. »

Mère du Rédempteur qui t'avances comme l'aurore lorsqu'elle se lève, belle comme la lune, et éclatante comme le soleil, Vierge féconde désarmée dans l'amour du Dieu des armées… en toi s'ouvriront les douze portes de la Cité sainte *toute parée pour Son Époux.* Ton *Magnificat* exulte dans le Oui donné de ta chair sauvée au Ciel de l'Assomption, réenfantant la nôtre dans l'Espérance ressuscitée, au Chœur de l'Église dont tu es le cœur triomphant où bat Celui de Dieu.

Le Christ est la voie,
La vérité,
La vie,
Marie en est la clef.

MARIE, CHAIR DE L'ÉGLISE

Croix
de Jésus,
Qui te traverse
Le
trouve.

NAISSANCE

Je baigne au Corps de pierres vives, elles respirent au rythme des battements d'un Cœur imprimant Sa mémoire à leur nuit minérale… Plantée en plein chœur, soulevant les dentelles d'ogives baignées de l'eau et du sang d'une naissance, la Croix ouvre le ciel. Le Christ me regarde… Son Cœur, uni à celui de la Femme, anime la pierre. Les murs tremblent à Sa voix qui ordonne *:*

> — J'arracherai ton cœur de pierre et j'y mettrai Mon Cœur de chair.

Le Oui de la Pietà frappe le rocher de ses trois Oui unis : celui du berceau de sa Conception Immaculée, celui de l'Angélus et celui des ténèbres du Vendredi Saint. Son *Fiat* brise la pierre… Une source en jaillit. Le crâne d'Adam est un jardin perdu… La Croix enveloppe sa terre désolée d'un feuillage d'espérance.

L'Église se lève sur un champ de bataille dans des noces de sang. Avant elle, avec elle, en elle, Marie traverse la nuit du Calvaire et entre, couronnée, dans la Gloire de son Assomption. La naissance est au Ciel et le Ciel est descendu sur terre, enfoui dans le Pain de la Vie. Là, l'Éternité ouvre le temps de Sa Présence, cachée au secret de son voile de froment comme Elle s'ensevelit sous le voile de chair de la plus humble d'entre les femmes.

Marie berce son Roi,
le lys
Qui la blessa de Sa Pitié

Au cœur de sa chair,
au vif
de son peuple,

Infiniment,
jusqu'en son Chœur,
Pour y imprimer Son Parfum.

SENTINELLE DE LA GRÂCE

Marie se lève. Elle part sur les routes de l'exode. Dieu l'appelle vers une terre d'exil. Elle part pour protéger Jésus d'un recensement arbitraire. Sous les ordres d'Hérode, les nourrissons de Bethléem, répertoriés, triés, n'échapperont plus au massacre programmé, exécuté avec la précision du Mal implacable. Aujourd'hui encore, le monde refuse le Christ. Hérode, sa marionnette d'élection, martyrise Sa chair, fondue à celle des minuscules sans visage, ni sépulture, ni mère pour les pleurer. Dans la figure défigurée des innocents arrachés aux entrailles maternelles, je cherche Ta Face Seigneur.

L'Église est le Tabernacle de la Conception immaculée en qui Satan, jusqu'au Retour du Christ, traque l'Innocent éternel. La profanation de la sainte Hostie et l'extermination de la vie de l'enfant au premier instant de sa conception sont fondues l'une à l'autre. L'avortement légalise l'infanticide et en deçà, le sacrifice humain. Il alimente la puissance du mal abîmant le monde. Dans le silence assourdissant, une voix s'élève pourtant, fragile et tenace, celle de l'Église ensevelie à la douleur de l'innocent, impuissante avec l'impuissant, engloutie pour épouser sa nuit… Église des saints innocents et des saints inconnus, tissés dans un même cri silencieux déchirant le ciel. Au seuil de ce trou noir où le Sanctuaire de la Présence en l'homme a été dévasté, Marie veille, sentinelle de la Grâce. Et quand le prêtre élève l'Hostie, Elle offre le sang de ces enfants assassinés et l'âme perdue de leurs bourreaux. L'Église ne rend pas les armes de la prière et de la Foi, de l'Espérance et de la Charité. Elle pleure, Pietà silencieuse, sur les routes de l'exode, aux abattoirs anonymes, le génocide invisible aux larmes interdites. Elle est bien vive… Vive comme la braise de sang et de larmes résistant sous la cendre, et sa voix n'appartient à aucun autre combat qu'à celui de la Vie, qu'à celui de la vie hasardeuse et folle qui surgit en dépit des programmes, des calculs, des prouesses statistiques... Envers et contre tout. Par-delà le contrôle des bases de données génétiques, médicales, éthiques... Petite fleur dont la tige ténue s'élève silencieuse entre les colonies de juges, de ministres et d'experts. Oui telle la fleur de l'humanité fêlée mais toute vive, elle ouvre son chœur, et boit l'azur infini du ciel.

Pour tous les déicides inféodés au *contre-corps* de Lucifer pour les marchands de mort, l'Église est une menace. Berceau de l'irréductible liberté de l'Homme créé à l'image de Dieu, et épousé dans Sa ressemblance par le baptême... Sa chair se fait tangible dans la chair des Sacrements où Se forment le Christ Total, le Royaume qui point déjà, depuis la Promesse de la Femme écrasant la tête du serpent. Si des messianismes sans Christ croient spolier l'Église de l'Esprit, et lui abandonner une lettre morte, ils ignorent que le Verbe éternel est sa sève et son Feu : Maître de l'Histoire chavirée dans le Oui de la Comblée de Grâce. Le Don de Dieu s'y révèle... Et en même temps, l'inaliénable dignité de la personne épousée dans ce Don, par-delà tous les relativismes du droit positif ou du contrat social... Parce que cette personne est promise à la Résurrection, sacrée par cette Promesse, et qu'elle n'est ni à vendre, ni à trier. Ni à jeter.

L'Église des petits de Marie porte la robe baptismale, la tunique de la Pitié hospitalière, le bouclier de la Justice évangélique... Elle ne les abandonnera jamais pour les oripeaux d'une fraternité hypocrite justifiant l'effacement des vies les plus fragiles, jaugées à l'aune de l'efficacité ou des valeurs marchandes. Son unique couronne est celle d'un Roi crucifié : Enchâssée de ronces, chacune de ses épines est une vie arrachée à un enfant non né. Et que serions-nous d'autre que des *chrétiens de vitrine* si nous rougissions du Christ ou si nous désertions la croix des minuscules parqués aux camps glacés de la mort propre... ? Aimerions-nous vraiment si nos mains restaient immaculées ? C'est notre cœur qui doit tenter de l'être, à l'image de la Vierge enfant.

Et la Vierge chantonnait dans l'or fauve du soleil couchant :

> — Je veux suivre Jésus. Je veux suivre le Dieu de la Vie, Celui Qui est venu pour les petits et les sans voix. Je suis sa servante ; pas celle des élites religieuses. Je suis la servante de Jésus donc des petits. Et plus ils sont petits, plus leur vie est précieuse. C'est pour cela que je suis venue au monde, avec ce cœur immaculé qui n'appartient qu'à Lui… Moi je sers le Roi, et Son Royaume appartient aux cœurs purs, aux miséricordieux, aux derniers. Pas aux puissants de ce monde, dont, c'est Jésus Qui le dit, *Satan est le prince*. Oui, le monde renaîtra, des cendres et des ruines, il renaîtra d'un sourire d'Enfant ressuscité !

DE L'ENSEVELISSEMENT À LA GLOIRE

Les portes de l'hôpital sont closes. L'enseigne de la cour des miracles affiche complet : à l'hôtellerie, la sainte Famille est indésirable. Marie offre au monde le fruit de ses entrailles sur la fraîcheur de la pierre recouverte de la paille et de la boue des chemins. Dans une étable de Bethléem, un âne et un bœuf se pressent pour réchauffer la femme. L'Enfant-Dieu n'a nul berceau pour reposer sa tête minuscule… Il dort, emmailloté, au creux d'une mangeoire froide. Marie L'adore. Son regard L'enveloppe d'un manteau de soleil ; sa tendresse est une tour imprenable, couronne de Sa grâce. Un Jour, en Église, elle enfantera Jésus dans l'Hostie si diaphane et si nue, elle L'offrira par la Consécration du prêtre élevant le Pain de notre rédemption dans les prisons, dans les mouroirs, dans les asiles, au cœur de Babel exilée dans sa solitude orgueilleuse et pourtant assoiffée.

La Vierge expose le Salut à l'Adoration des mages et des bergers… L'Église offre le Pain de la vie semant dans la nuit de Noël, sous la neige, le brouillard et la glace, le chant d'appel le plus pur, escorté du *Gloria* des Anges, des clochards, des proscrits et des princes… Dans l'émerveillement d'une naissance allumant sous le gel de la terre et la pierre de nos cœurs, une nouvelle aurore. Enveloppée de l'Hostie élevée transfigurant le monde, silencieusement, l'Église engendre nos cœurs au vif de la Chair mystique du Christ. Elle enfante Jésus en nos âmes, en nos corps, en nos cœurs pour que nous le portions aux frontières des territoires perdus et visitions de Sa Parole balbutiant en nous, les âmes désertées. « Moi Je suis le Pain vivant descendu du Ciel, qui mange de ce Pain, ne connaîtra jamais la mort. » L'éternité sacre le corps inviolable, en Son Amour.

La civilisation moderne désire l'immortalité car elle ne croit plus à l'éternité. Le néant y a fait son nid. La science rêve le corps incorruptible : la chair est à dompter ou à éliminer. Sa fragilité cèle une trahison impardonnable, la signature honteuse d'un mauvais démiurge… Obsession du corps numérisé, corps sans failles aux organes virtuels ou abîmé dans la pornographie. Car la chair est haïe si elle est désertée par Celui qui vint la visiter. La terreur de la mort tisse un réseau d'équations profanant la vie : génétiquement modifiée, recyclée en pièces détachées de cellules, de gamètes, d'organes, elle disparaît dans l'anonymat d'une gnose dont les nouveaux temples sont les chambres stériles de la Santé publique. Coupée de sa source, la liberté tourne en orbite au manège de l'absurde. La pyramide est mondiale, elle occulte le Ciel. Pharaon a troqué ses secrets de momie contre la sophistication d'un esclavage indétectable, hors frontières, et sans fin. Servi par les algorithmes agents, il croit désactiver l'Image de Dieu et implante dans la chair arrachée à son âme, la marque du dragon. L'humanisme était l'idolâtrie de l'homme contre Dieu, le transhumanisme est la haine de l'homme sans Dieu.

Il n'y a qu'une alternative, désormais : se retrancher dans le non, pour que s'ouvre la Porte d'un Oui vertigineux, celui de notre liberté au seuil d'un enfantement annoncé par le prophète Ézéchiel : « J'enlèverai ton cœur de pierre et J'y mettrai Mon Cœur de Chair. » La pierre du tombeau a été roulée, nos corps promis à la résurrection sont le tabernacle de notre Rédempteur. Nos cœurs sont désormais Sa chair ; notre espérance, celle de l'Église enfouie dans les villes et la terre des hommes, semant à l'horizon de la mort, le fruit de la Croix dressée sur le monde… D'Eucharistie en Eucharistie, l'Église enfante nos corps, sacrements de l'Amour, signes de l'indivisible alliance creusant son sceau sur le voile des quarante-six chromosomes au jour de notre conception. « Ceci Mon Corps, ceci Mon Sang, le sang de la nouvelle Alliance versé pour la multitude et la rémission des péchés. » Par la Parole de consécration du prêtre, Dieu plonge cette chair à la source de la Grâce. « Mon Amour, un sceau sur ton cœur. »

Il n'y a qu'un chas, il est étroit, seuls les cœurs purs, les cœurs d'enfants sont assez légers pour s'y glisser… Ils se sont dépouillés de tout ce qui n'était pas Toi, Seigneur désarmé de notre amour. Entrons dans le Oui de la Vierge, ensevelissons-nous en elle… Son Oui ouvre les grandes eaux de la mer Rouge et nos oui enveloppés dans le sien, nous passerons à pied sec dans une Pâque qui est un enfantement. Libérés de l'esclavage d'Égypte, des sortilèges de Pharaon, nos chairs étreintes en une chair unique, son Oui virginal sera l'unique vêtement de nos Noces.

Au-delà de sa trame,
Sous le voile
De Marie,
Le face à Face se dévoile déjà.

Une petite fille me regarde de ses yeux grands ouverts, à rebrousse temps. Minuscule messagère du Roi, elle annonce l'éclipse de Son Corps et de Son Sang… L'Autel est enveloppé de roses écloses au Lit du Sacrifice. Au pied de ce Lit déserté, des roses encore s'épanchent pour supplier le Roi absent, de leur parfum. Il dort au fond du Tabernacle, Il s'éveillera bientôt. L'enfant disparaît dans l'or du crépuscule l'auréolant de sa mandorle incandescente… Sa couronne est un voile éployé, comme une âme qui se donne, étreignant le Visage du Supplicié d'Amour abandonné derrière les murs du Reposoir et murmurant sans cesse : Je vous attends.

MYSTÈRE NUPTIAL

Un Homme dit à sa femme : « Je veux mourir pour toi. » La femme lui répond : « Pour moi, je veux que Tu vives. » L'Époux l'embrassa. « Si Je donne Ma vie pour toi, en toi Je vivrai… Toujours. Et en Moi tu vivras. » « Alors l'Éternel Dieu fit tomber un profond sommeil sur l'homme, qui s'endormit ; il prit une de ses côtes, et referma la chair à sa place » (Gn 2,21).

Ève naît de la côte d'Adam et elle devient son cœur. Au-delà, dans leur principe, dans l'inspiration et l'expiration de Dieu, ils étaient tissés l'un en l'autre, mais ils ne le savaient pas… Formés d'une seule chair, au Jardin de Son Cœur. Et puis, il y a eu cette naissance au large, aux profondeurs d'un sommeil secret, épiphanie baignant les côtes vierges de leur altérité. Une promesse fut jetée de l'un à l'une et de l'une à l'un, l'Amour les épela… Le don qui les unit jaillit d'une source éternelle. « C'est pourquoi l'homme quittera son père et sa mère, et s'attachera à sa femme, et les deux deviendront une seule chair » (Mt 19,5). Cet appel à se fondre en une chair unique s'ordonne, telle la graine à la fleur révélée, telle la pulpe au parfum qui l'exprime, au Mystère nuptial couronnant la création tout entière d'une Promesse éternelle. Le tout premier sacrement de l'amour en préfigure un autre, infiniment plus vaste… Scellé dans des Noces de Sang.

L'Église dormait au sein de la première Alliance… Elle se formait au secret de l'attente des patriarches, affleurait à la vision des prophètes… Elle se tenait là, au seuil de l'Incarnation, quand le Verbe exultait dans la parole des saints, dans la chair de ce peuple qui ne fut élu que pour accueillir en elle la chair du Rédempteur. Et dans un nouveau jardin, le Verbe Se fit Chair dans la chair de Marie, Os de ses os, Sang de son sang ; l'Église jaillit de leurs deux Oui unis dans la nuit du Calvaire, tel un seul pouls battant au rythme de leurs Cœurs. Depuis, Marie, Ève nouvelle, offre l'Époux ; à l'ombre de son *Fiat*, les noces sont consommées. Sur l'autel de la Croix, le Christ enceint la mort. « Car ton époux est ton Créateur. L'Éternel des armées est Son Nom ; ton Rédempteur est le Saint d'Israël, Dieu de toute la terre » (Is 54,5). Mais Cet Époux est un Époux de sang.

Depuis ce jour, le non d'Ève est une terre désolée et le vieil homme s'y ensevelit comme en son tombeau. Depuis, L'humanité nouvelle s'émerveille dans l'éblouissement du tout Premier matin se levant sur le monde, au jardin d'un sépulcre béant, inondé de Lumière. Le Ressuscité murmure son nom, elle se retourne et reconnaît l'Époux. Elle lui répond : Oui. « En ce jour-là, dit l'Éternel, tu m'appelleras : Mon mari ! Et tu ne m'appelleras plus : Mon maître ! [...] Je serai ton fiancé pour toujours ; je serai ton fiancé par la justice, la droiture, la grâce et la miséricorde » (Os 2,18-21). Depuis, Son Sang versé inonde la terre aride de Sa miséricorde... Les failles en débordent, effaçant au-delà des frontières de l'espace et du temps, la nuit. « La terre sera remplie de la connaissance de l'Éternel, Comme le fond de la mer par les eaux qui le couvrent » (Is 11,9).

> Noé scruta l'horizon... Les eaux profondes baignaient l'arche de fortune où se pressaient l'un contre l'autre, les rescapés de chaque espèce. Une colombe apparut... D'où venait-elle ? D'une côte lointaine, émergeant des profondeurs marines ? Elle déposa un rameau d'Olivier. L'Arche voguait sur les eaux du Déluge et dans cette arche de cèdre, comme dans un tabernacle, battait déjà un cœur... Promis au Rédempteur.

La neige a fondu, la pierre s'est fendue et laisse pleurer la source d'une espérance immaculée... Les tables de la loi sont un banquet où se célébrera bientôt l'Alliance des noces éternelles... L'Épouse silencieusement avance au-devant de l'Époux...

« Mon Bien-aimé me parle, et il me dit : “Lève-toi, mon amie, viens donc, Ma belle, car l'hiver est passé et les pluies ont cessé, leur saison est finie. On voit des fleurs éclore à travers le pays, et le temps de chanter est revenu. La voix des tourterelles retentit dans nos champs. Sur les figuiers, les premiers fruits mûrissent. La vigne en fleur exhale son parfum. Lève-toi, mon amie, et viens, oui, viens, Ma belle. Ma colombe nichée aux fentes du rocher, cachée au plus secret des parois escarpées, fais-moi voir ton visage et entendre ta voix, car ta voix est si douce et ton visage si beau. »

L'Église s'avance, ses racines sont au Ciel et le Ciel se déchire à chaque Eucharistie… Le Bien-aimé murmure : « Ma Chair est une vraie nourriture et Mon Sang est une vraie boisson. » Il l'étreint embrassée sous le voile d'une gestation mystérieuse : « Jérusalem où tout ensemble fait corps… » Corps de l'Épouse, Tabernacle du Oui infini… La Vierge tisse le Verbe éternel au silence empierré d'un Chœur qui écoute. Et frémit déjà de Sa Parole belle.

*

L'Église n'est pas un poste de douane contrôlant aux frontières de la vie les passeports pour l'éternité… Elle est ce Corps enceint des âmes de ses petits, et dont le cœur ne bat que dans la Communion des saints. Sa chair se vivifie du sang du Bienaimé, irriguant les artères de ses membres épars, et telle une mère, elle les unit, tissés en dentelle de pierres votives épousant au vif de son chœur, l'Esprit. « Mon bien-aimé est à moi, et moi, je suis à lui qui mène paître ses brebis parmi les lis. » Dans les eaux baptismales, elle les plonge dans la Passion du Christ et les enfante à la vie de Sa Grâce… Dans la Communion, le Sang de l'Époux les ondoie l'un en l'autre, chapelets d'atomes vivifiés par Son Sang. « Qu'il me baise des baisers de Sa bouche. Ses amours sont plus délicieuses que le vin » (Ct 1,2).

Dans le Sacrement de Pénitence, l'Église intercède, et Dieu pardonne. « Tout ce que vous lierez sur la terre sera lié aux cieux et tout ce que vous délierez sur la terre sera délié aux cieux. » La pierre se brise, le cœur glacé se met à battre sous la main qui absout, main du prêtre ordonné et dont la paume fut consacrée en Elle. Au reposoir, elle s'offre avec l'Hostie. N'est-elle pas la trajectoire virginale de Son Verbe… « Faites tout ce qu'Il vous dira ! » N'est-elle pas le fourreau de sa Grâce ? N'est-elle pas l'île de Sa miséricorde et l'autel de Son sacerdoce éternel… D'où s'élève la Croix sur le monde, grande mâture plongeant dans les eaux diluviennes, « scandale pour les juifs, folie pour les païens », mais Rédemption d'un Dieu de Justice ? Les peuples s'y briseront, ou la traverseront… En Elle, Église du Christ. Tombent les martyrs, les yeux grands ouverts, les yeux pleins de sa terre salée. À l'horizon d'une vie, elle étreint dans l'Onction les mourants, elle leur ouvre le Ciel… Au creuset de sa virginité, à l'ombre de son voile, les pécheurs passent la mort comme on franchit la mer. Sur la crête de son Oui.

Dans le sacrement de la Confirmation, elle envoie au champ d'honneur de toutes les guerres, car l'amour, le vrai, ne baisse jamais les armes… De la Pitié et de la Vérité. C'est là sa sainteté. N'est-elle pas la forme qui informe tout amour ? N'est-ce pas pour accomplir la grande Œuvre d'enfantement de l'humanité nouvelle, que la Vierge fut le tabernacle du Dieu des armées, désarmé en sa chair de fille des hommes ? Et si Adam et Ève furent promis l'un à l'autre, de s'aimer en une chair unique, n'est-ce pas pour rejoindre le cœur de ce Mystère les précédant, les enveloppant, les appelant… Des profondeurs de l'Éternité d'où l'Église toujours ouvre son sein… Dans le sein de la Vierge. « La sagesse a dressé une table, Elle invite les hommes au festin. Venez au banquet du fils de l'homme, Mangez et buvez la Pâque de Dieu. » De Communion en Communion, et en Sa grande piété, elle nous introduit dans la Chambre nuptiale. « Sur un lit de brocard la princesse est menée. Les jeunes filles lui font cortège. »

La fiancée a quitté la maison de son père… Elle court vers un autre Royaume, Il n'est pas de ce monde mais Il porte le monde de Son amour qui ne passera jamais. Dans le Chœur tout illuminé, elle reçoit l'anneau des noces. « Oui », promet-elle à l'époux ; « oui », répond-il en retour… Et leurs deux oui fondus s'élèvent dans le *Fiat* de Marie, dans l'*Amen* de l'Église scellant ce serment de l'homme et de la femme, dans l'éternité d'une Alliance les enveloppant sous Son ombre. Là, à l'abri de ses ailes et au creux du rocher, ils se donnent l'un à l'autre mais ils se donnent à Dieu :

> « Jamais personne n'a haï sa propre chair ; mais il la nourrit et en prend soin, comme Christ le fait pour l'Église parce que nous sommes les membres de son corps. Comme dit l'Écriture : à cause de cela, l'homme quittera son père et sa mère, il s'attachera à sa femme, et tous deux ne feront plus qu'un. Ce mystère est grand : je le dis en référence au Christ et à l'Église » (Ep 5,29-32).

L'Église s'avance dans la boue et la nuit, belle telle une *armée rangée en bataille.* L'Époux nourrit le Corps mystique de l'Épouse née de Son Cœur et dont Il est la Tête. Il l'étreint, embrassée, sous le voile de Marie, tabernacle de la sponsalité où lentement Il Se donne et donne encore jusqu'à la fin des temps. « Et moi Je serai avec vous tous les jours jusqu'à la fin du monde. » Ce Corps vivant et croissant des battements de leurs deux Cœurs unis, soulève ses racines jusqu'à la fondation d'une terre nouvelle et l'avènement de cieux nouveaux. Alors descendra la *Cité de Dieu parmi les hommes,* toute resplendissante, enveloppée de la Tunique sans couture de l'Époux, l'âme et la chair nues, sans pli et sans cachette sous la lumière de Dieu. « Il m'a menée vers la maison du vin : l'enseigne au-dessus de moi est “Amour”. »

Marie en est l'icône : coïncidence parfaite du Sceau et de l'empreinte ; de l'Image de Dieu au cœur blessé de l'homme. En elle, le Verbe éternel creuse Sa Demeure et en l'Église, Son Corps.

ORÉES

J’entends
Tes pas
à l’horizon du temps…

CRÉPUSCULES DES NYMPHES

Le long poème épique des amours interdites des héros, des nymphes et des dieux, dort, aux nappes immémoriales des temps. L'histoire naît des mythes, et, tissés l'un à l'autre, ils traversent au galop, la sidération des guerres et l'effroi des étreintes sacrées. Il était une fois l'Antiquité, son Odyssée, son hybris, ses philosophes, ses palais, ses arènes, ses olympiades, ses fêtes… C'était en démocratie grecque ou en Empire romain… à Athènes ou à Rome. Au cœur de la civilisation. Les citoyens réunis en *ecclésia* disposaient du pouvoir souverain ; l'*ecclésia* se réunissait sur la colline de la Pnyx, proche de l'Acropole ; l'orateur montait à la tribune, tout contre l'autel des sacrifices en l'honneur de Zeus. Seuls les hommes étaient citoyens : les femmes, les métèques et les esclaves n'avaient pas le droit de vote. Ailleurs, à Rome, les nuits blanches des *Saturnales* ouvraient le solstice d'hiver de danses et de chants ; élus par chaque famille, les *rois du chaos et de l'anarchie* régnaient, éphémères, jusqu'au bout de la nuit. Les citoyens romains n'y portaient plus la toge, mais une tunique aux tons criards, et sur la tête, un *pileus*, ancêtre du bonnet phrygien… C'était la coiffe des esclaves. Au cœur de cette fête, l'ordre social se renversait dans une symétrie implacable : le serviteur régnait sur le maître. Esclave ou maître, unique alternative.

Les orgies des tyrans sacrifiaient femmes, éphèbes et esclaves à leurs vices. Néron incendia Rome. Il accusa les chrétiens, tentant de détourner ainsi, de sa tête mal couronnée, la colère de la plèbe. L'empereur Dioclétien jouissait au balcon des arènes, du sang de la chair chrétienne moulue comme farine d'Hostie sous les crocs des fauves. La mort de Drusilla, son amante et sa sœur, plongea Caligula dans le désespoir le plus dru… Le sentiment de l'absurde creusa en lui ses racines. Il nomma son cheval, consul. *Les hommes meurent et ne sont pas heureux*, et le jeune homme sensible devint pareil au Léviathan, ivre du sang de ses amants. Dans la chair molle de ces figures d'empereurs de carnaval, la civilisation s'engluait, otage de leur folie, aux charniers d'une soif insatiable. L'hybris imposait sa démesure. Elle plantait la parodie d'une liberté absolue, hors frontières du pouvoir légitime, où le despote se proclama un dieu.

Sous l'ordre intangible du patriarcat, l'horizon de la femme était un mur, sans issue. À l'ombre des demeures vastes et closes, elle élevait ses enfants sous le regard autoritaire du Paterfamilias. Elle vivait et mourait, invisible, sa parole et son nom ensevelis aux lettres du patronyme de son époux. Du monde des idées et de la politique, de l'amour même, elle était exclue… Cette terre-là était le fief des hommes. Des hommes de loi ou de combat.

Ailleurs, à Sparte, la cérémonie de mariage était un rapt simulant le viol, et l'eugénisme fondait la dure loi de la victoire : Dans la confusion des relations polyandriques, les humiliations sanctionnaient ceux qui se mariaient « tard » ou « mal ». Les nouveau-nés les plus chétifs étaient sacrifiés sur l'autel de la guerre. Le conseil des sages sélectionnait les enfants dès la naissance : les plus faibles mouraient, précipités aux Apothètes, gouffre plongeant au pied du Taygète. Ici, comme dans toute la Grèce antique, l'union pédérastique fixait la norme idéale. Cette amitié demeurait chaste ; dans la *République des Lacédémoniens,* Xénophon déclara qu'un *éraste* désirant son *éromène* aurait été aussi honteux qu'un père désirant son fils. L'éraste élevait l'âme de l'enfant au désir du couronnement de la « belle mort » au combat.

Et les hommes allaient par deux, cœur à corps perdu, à la chasse, au combat. Ils exultaient à la guerre ; à l'ombre des chênes centenaires, ils s'abreuvaient à la parole des maîtres. Assis en cercles de disciples, ils ignoraient qu'ils portaient déjà, invisiblement, le germe du Verbe de Ce Dieu inconnu… Au banquet des pensées, se reflétait sur la pierre, l'ombre de vérité.

*

Certaines femmes semblaient pourtant s'affranchir du carcan étreignant leur sexe. En politique, en art, à la lutte ou aux murmures des temples. Dans l'ombre, elles informaient les tyrans de leurs songes. Aux coulisses du pouvoir, elles orchestraient intrigues, guerres ou paix. La Poétesse Sapho mourut pour l'amour d'une jeune fille, se précipitant dans la mer d'une falaise de Lesbos. Mégalostrata et Clitagora, deux poétesses spartiates, émergèrent des ondes de l'Histoire… Les chœurs de *parthenoi* dansaient sur les berges de l'Eurotas en l'honneur des dieux, d'Apollon ou d'Athéna. Chilonis, fille de Chilon, l'un des Sept sages, était une des dix-huit disciples féminines de Pythagore.

« Nous courons sur une même piste et nous nous frottons d'huile, comme les hommes, sur les bords de l'Eurotas », affirma fièrement une spartiate par la voix de Théocrite. À Sparte, jeunes ou âgées, enceintes même, elles s'exerçaient nues à la lutte, à la course, au lancer du javelot. Mais, la République leur rendait-elle vraiment hommage ? Elle combattait les traits féminins pour mieux dompter les corps ; former des mères capables d'engendrer des guerriers sains et vigoureux, futurs soldats de la cité. Hors de cette maternité charnelle, la femme s'effaçait, invisible. Elle était un moule, une matrice, une fabrique à soldats. Rien n'échappait à l'œil de la République : ni homme, ni enfant. Le ventre des femmes était son territoire.

Sa chasteté elle-même lui était imposée, signe terrifiant de l'au-delà du monde, fatum impitoyable auquel elle était enchaînée. Sa virginité, consacrée pour la mort, appartenait aux monstres ou aux dieux. Cachée au secret de la terre, prisonnière du dragon ; ensevelie aux abysses de la mer, elle attendait Ulysse et les héros… Enveloppée du mystère océanique, son étreinte condamnait tout amour à l'impossible. À Sein, sur une île désolée aux confins des terres celtes, de brume et d'opale, les druidesses veillaient, à la Porte de l'oubli. Iphigénie espérait la mort, auréolant sa vie d'une chasteté glorieuse, scellant l'offrande promise à sa naissance. La Pythie solitaire, assise sur un trépied sacrificiel, purifiée avec de l'eau de la fontaine de Castalie, vouait l'éclat de sa virginité au temple d'Apollon. Élue oracle du dieu par les grands prêtres, elle se laissait posséder par sa parole, tissée au fin murmure ou à la foudre de ses sentences. À Rome, les vestales condamnées à la virginité pour une mesure de trente années, nourrissaient le feu sacré jour et nuit... Veillant le cycle ininterrompu de l'offrande et de la prière sur le chemin de ronde des levers du soleil et de la lune... À l'aube, elles ondoyaient d'eau pure le sanctuaire. Toute négligence leur était fatale : si l'ardeur du foyer décroissait ou le feu s'éteignait, la vestale était punie pour ce présage funeste et fouettée comme une esclave par ordre du Grand Pontife. Celle qui manquait au vœu de chasteté était condamnée à la mort, accusée du crime d'*incestus*. Soumise aux *lois de Numa*, elle expirait, sous les coups de verges des grands prêtres, précipitée du haut d'un rocher ou emmurée vivante. La prostituée sacrée se tenait au seuil de l'extase... Au-delà s'avançaient les harpies aux nappes silencieuses de l'ombre.

En terre païenne, des femmes s'attachaient par les cheveux, traînées vives au char de leur guerrier, préférant mourir libres au combat plutôt qu'asservies à l'ennemi. La liberté ou la mort ! Entrer vierge aux terres immortelles... Le Walhalla ouvrait son ciel de flammes en chevelures d'enfants, les walkyries chevauchaient pour l'immortalité, hommes et coursiers... C'était la geste barbare. Dans les forêts altières comme des cathédrales, et plongeant aux viscères des morts, les prêtresses de la Gaule annonçaient aux voyageurs égarés la victoire ou la mort. Les bacchantes hantaient la mousse des clairières et assistaient aux accouplements monstrueux des bêtes et des hommes... L'humanité s'ensevelissait au sang des holocaustes des nouveau-nés. L'ivresse était le lit d'un atavisme maudit. Lilith chevauchait Adam vaincu et Ève enfantait pour la mort. C'était sa liberté, croyait-elle, la seule qui lui soit octroyée...

L'éternel féminin, reflet de la Sagesse éternelle, dormait encore, otage d'Héphaïstos, au ventre de la terre... Son principe était enfoui dans l'humus d'une gestation mystérieuse. Pourtant des éclats de lumières scintillaient au cœur de sa nuit immémoriale... La glaise amoureuse espérait l'Esprit qui l'informe et l'unit à l'amour... l'Immaculée déjà pointait son aile neigeuse, au silence scellé des mythes. Mais dans cette épopée, les victimes avaient tort, toujours. Les héros étaient les vainqueurs. Ils inventèrent les contes avant d'écrire l'Histoire. La dérobant à l'œil de Dieu. Comme des voleurs de Feu.

ANTIGONE

Soudain, du cœur de cette trame figée au tissage millénaire des siècles, une héroïne surgit d'une tragédie de l'honneur et du sang. Sa figure pâle se distingue des figures féminines du cadre de son temps : elle n'est pas arrimée à la fonction de la maternité, de la virginité sacerdotale ou de la sexualité sacrée, condamnée au service des oracles et du temple. Elle émerge des conditionnements de l'histoire qui l'enserre, elle déchire malgré elle la tapisserie des coutumes et des rites ; elle avance à découvert ; elle ne se soumet pas. La loi de la Cité se brise sur sa foi indomptable. L'absolu est son horizon. Elle combat, radicale, jusqu'à la mort, pour la fraternité. Son frère Polynice aura une sépulture. Au-delà de la loi des hommes, l'éternité déploie son royaume. Son courage n'est pas celui des héros. Sa détermination porte déjà le germe du martyre à venir, sa liberté est celle des prophètes, éclose sur un sol qu'ils ne fouleront pas. Pourtant, sa parole est née de la même source… En marge de la mythologie, elle s'abreuve à la justice des dieux.

La tragédie qui la berce, émerge du ressac de courants profonds, île sauvée des légendes et des mythes. La vérité transperce le masque neutre de la *parthenoi* et dessine un visage humain… Une individualité prend chair ; Antigone n'est pas une figure, un symbole, un porte-voix. C'est un corps déjà qui s'émeut ; ni mort, ni vivant, fruit de l'union maudite d'Œdipe avec sa mère Jocaste. N'a-t-elle pas déjà supporté l'opprobre quand elle accompagnait son père aveugle, les yeux crevés, errant hors de la Cité, aux territoires désolés hantés par la colère des dieux ? Elle marchait, silencieuse, à ses côtés, icône de la pitié, de cette piété filiale envers et malgré tout.

Elle ensevelira la dépouille de son frère exposé au soleil, livré aux charognards, hors des murs de Thèbes… Elle l'affirme à Créon. Elle l'ensevelira malgré la pourriture gangrénant le corps abandonné de tous, le corps de ce voyou honni qui viola sa promesse, assiégeant Thèbes du dehors, assassinant son roi Cléosope, leur frère commun. Elle l'ensevelira de ses ongles, elle creusera la terre. Consciencieusement. Elle ouvrira un lit, au secret de cette terre aride. Pour les citoyens de Thèbes, Polynice a menacé l'unité de la Cité et il mérite une mort indigne sans sépulture… Pas pour les dieux ! Antigone obéira à la loi intangible. Le devin Tirésias rappelle Créon à l'ordre éternel : Polynice mérite une sépulture. Mais la raison de la cité refuse la pitié, pour être ce qu'elle veut être, un lieu de conciliation autour du Bien commun ; son absolu à elle est le pouvoir absolu. Créon défend l'absolu du pouvoir, il défend la patrie et il a voulu l'instaurer au-delà de la vie, au-delà de la mort ; sa sentence emmure Antigone au silence de la pierre, au tombeau des Labdacides. Quand le tombeau est ouvert, elle s'est déjà pendue.

La mort d'Antigone renverse l'ordre du mythe, l'échec apparent se transmute en victoire ; sa gloire passe le fleuve du Léthé dans la barque des siècles ; la proscrite de la lignée maudite des Labdacides n'aura plus jamais tort ; elle annonce, du cœur de la tragédie, que les vaincus seront bientôt les vainqueurs de l'histoire. Sa fidélité à la fraternité traverse la mort, de sa foi… Et en incarne déjà une autre, universelle.

Certes Antigone n'a jamais existé… Et qui sait d'ailleurs ? Sophocle a peut-être croisé dans les rues de Thèbes son visage buté. Pourtant, sa liberté naissante transcende les jeux de rôle et de miroir effaçant la femme aux fonctions qui l'oppriment. Le temps est une déchirure… Au-delà de cette figure émergeant du mythe… Ailleurs, aux déserts, aux fins murmures des silences pénétrants, s'avancent les matriarches, puis les héroïnes des combats, filles de Dieu, sœurs des hommes… Au-delà encore, la liberté des prophétesses, et se levant à l'horizon des siècles, tissé à l'ombre de l'éternité, soulevant les plis des tragédies, des légendes et des contes, rayonne le doux visage de la Pietà, le pur visage de la sainte pitié.

PRÉMICES

En terre d'Israël, les héroïnes s'éveillent au secret de la lettre… elles se lèvent doucement. Le Oui de la Vierge n'a pas encore donné sa chair au Verbe inscrit à la table de pierre de l'Alliance éternelle voilée au sang dont Il fera Son lit… Elles ne sont pas libres encore. Amoureuses ou courtisanes, princesses ou reines, vertueuses ou chastes, intrigantes, fidèles ou pieuses, ensorceleuses ou folles, elles sont parfois liées à plusieurs hommes ; d'autres encore en épousent légion au fil de leurs veuvages… Les frères passent, les uns suivant les autres, selon la règle du lévirat. La loi est pervertie au dur climat du cœur des hommes… Douleur de la stérile emmurée dans sa honte, lépreuse d'un ordre social intangible, d'un système religieux accaparant les dons de Dieu en droits du plus puissant. La fécondité charnelle de l'épouse est sa couronne éphémère : les grands prêtres la déclarent impure aux jours de ses écoulements de sang, lourds de la malédiction ou du remords d'enfants à qui la vie n'a pas été confiée en héritage… Encore.

Pourtant aux commencements, il n'en était pas ainsi. Sarah sourit, elle sourit à Abraham, et à l'Éternité… Côte à côte, ils marchent vers l'horizon qui les épelle autrement et ailleurs… Dans cet au-delà du mythe où S'accomplit l'Alliance d'un Dieu amoureux de Son peuple. Elle marche, vers la terre inconnue de la Rencontre… Là, elle le croit, la Promesse prendra Chair. En elle d'abord, dans son fils Isaac à l'aube des Écritures… Et puis, un Jour, à la plénitude des temps, au sein d'une vierge de Bethléem, Sarah rit. Et ce rire soulève peu à peu le voile ; la matriarche affranchit la femme du mythe qui la lisse… Elle s'échappe du conte pour ouvrir l'Histoire sainte, au secret de la tente, sous la voûte étoilée de la nuit, aux puits des fiançailles, au soleil radical du désert.

Dans le regard de Dieu, dans l'Œuvre de la Création et de la Rédemption, sa vocation déborde bien au-delà du lit des eaux de sa maternité… Loin de la geste païenne condamnant la femme à sa fécondité charnelle, loin des étreintes brutales des dieux et des nymphes, des satyres et de Pan… Loin des femmes sans visage : monnaie interchangeable du plaisir des hommes… Loin de la nuit sexuelle enveloppant la chair, terre d'exil où la lumière s'est ensevelie… À l'horizon du temps, dès la genèse de l'Écriture sainte, un visage se dessine, au-delà des rôles assignés par les hommes, au-delà de tous les destins scellés dans le dessein des fils d'Adam, jaloux de leur domination par peur de la promesse qu'est la femme… Cette Promesse ouvre l'histoire, juste après la chute, dans l'annonce d'un triomphe absolu sur le mal et le serpent des origines. « Je mettrai une inimitié entre toi et la femme, entre ta descendance et sa descendance ; tu la blesseras au talon et elle, elle t'écrasera la tête », annonça l'Éternel.

ÈVE
COURONNEMENT
D'ADAM

« Le Seigneur Dieu planta un jardin en Éden, à l'orient, et y plaça l'homme qu'il avait modelé. Alors le Seigneur Dieu fit tomber sur lui un sommeil mystérieux, et l'homme s'endormit. Le Seigneur Dieu prit une de ses côtes, puis il referma la chair à sa place. Avec la côte qu'il avait prise à l'homme, il façonna une femme et il l'amena vers l'homme. L'homme dit alors : "Cette fois-ci, voilà l'os de mes os et la chair de ma chair ! On l'appellera femme – Isha –, elle qui fut tirée de l'homme – Ish." À cause de cela, l'homme quittera son père et sa mère, il s'attachera à sa femme, et tous deux ne feront plus qu'un. Tous les deux, l'homme et sa femme, étaient nus, et ils n'en éprouvaient aucune honte l'un devant l'autre. » (Gn 2,22-25)

UN JARDIN

La femme originelle a un visage, déjà… Elle apparaît vaste comme le monde, enceinte des siècles futurs. Elle est la terre féconde où la généalogie à venir plonge ses racines. Au cœur de sa maternité que l'homme déjà voudrait accaparer comme un champ fertile, s'attarde la douce lueur d'un jardin clos, un jardin aux délices, telle la clarté d'étoiles éteintes s'entêtent à briller dans la nuit pourtant de leur absence. L'ombre de l'Éden s'y penche obstinément. À l'horizon de sa maternité émerge une terre d'élection, une terre promise… L'appel d'une vocation de Grâce secoue le cœur de ses entrailles, sa chair est le reposoir d'une promesse où résonne à l'écho des siècles millénaires, la voix de Celui Qui la créa. Du cœur de l'homme, Il l'attira… Afin qu'elle naisse un jour, du Cœur du *Fils de l'Homme*, à une mission plus sublime encore : enfanter l'humanité à la vie éternelle.

Fleur de chair

Adam est tiré de la terre occulte, Ève jaillit dans un écrin, un Jardin que Dieu a planté, à l'orient, en Éden, là où le soleil se lève… Elle naît du cœur d'Adam, lui qu'on appelle *le glaiseux*… Elle est fleur de sa chair, sang de son sang… Elle prend racine de la chair et du sang, des battements d'un cœur d'homme et non de la poussière. Elle est l'œuvre couronnée au sixième degré de la création, elle s'éveille déjà tout contre le Cœur de Dieu… Car le degré du jour où elle prend chair, rejoint le sommeil du sabbat. La profonde torpeur d'Adam en est son seuil. Dieu la baptise *Isha*. Elle est ce cœur qui écoute, née du sang d'Adam, et le flux de ce sang s'écoule doucement car il dort. Elle est fruit du repos… De ce repos où Dieu fait Son Œuvre… De ce long silence où Il semble dormir. Elle est née dans cette absence où Adam perd connaissance pour lui murmurer peut-être que la fécondité n'advient qu'en cet évanouissement où l'autre prend racine, où l'autre creuse son nid, où l'autre se déploie pour s'envoler au jour de sa naissance. Adam était l'ébauche, la chrysalide, et Ève le papillon de Dieu. Elle s'envole déjà.

Le septième jour est le sabbat, le long repos de la révélation où Dieu Se dit Lui-Même… Ne dit que Lui… Quand Dieu Se dit, Il aime. Il ne sait qu'aimer.

Reflets trinitaires

Ève est née du cœur d'Adam… Avant cette naissance, elle était fondue à son sang, tous deux formaient une chair unique ; Ève inspirait Adam ; lui l'expirait dans l'espérance d'un vis-à-vis où il pourrait la lire à Ciel ouvert, et naître d'elle, en cet émerveillement de leurs deux corps formant déjà un cœur battant dans l'aube vierge, les enveloppant de sa lumière. *Images* de Dieu, ne furent-ils pas créés pour naître l'un en l'autre, l'un de l'autre ? À Son Image Dieu les créa, éclats faits chair de Son éternité. Par delà le temps, le Verbe s'écoule de Son Principe et le Principe inspire Son Verbe… Éternellement… Ils Se dévoilent l'Un en L'Autre, berçant le Corps enceint de Leur amour. Cet amour est la mémoire du monde. *Ish et Isha* s'éveillent doucement en ce Jardin de la mémoire qui les unit d'un fruit d'amour tissé de l'un à l'une. *Voici la chair de ma chair, l'os de mes os*, murmure Adam…

Au seuil de la Femme

La Croix recouvre le Jardin de son ombre, aux quatre horizons des quatre fleuves irriguant sa terre. « Réveille-toi, ô toi qui dors, éveille-toi d'entre les morts. » Jésus dort Lui aussi, sur l'arbre de la vie qui a vaincu la mort ; pas un de ses os n'est brisé… Et, sous le nid des côtes, le cœur bat encore, doucement.

De ce Cœur en sommeil, l'Épouse est éclose, rose immaculée née de la lymphe et du Sang d'un Roi dormant, au sixième jour d'une création nouvelle, au seuil du grand Sabbat… Dieu dort au berceau de la Croix, de ce sommeil profond noyant le monde de Sa Miséricorde. Demain, Il dormira encore au secret d'un tombeau creusé au ventre de la pierre. Le huitième jour, Il se lèvera dans un jardin nouveau où *le deuil s'est transformé en une danse*; à l'aurore de Sa Grâce, au tout premier matin du jour de fête de Sa Recréation, le nouvel Adam appelle Madeleine, *Isha*, avant de la nommer par son premier prénom, *Marie*… Car Marie est la Femme de l'Alliance nouvelle, fidèle absolument à Son amour… Elle porte les enfants de la Cité Sainte, toute parée de son Époux ; elle n'a plus besoin du soleil, des étoiles, ni de la lune, car « l'Agneau Seul est sa torche et son flambeau ».

Altérité

« Dieu dit : “Que la lumière soit.” Et la lumière fut. Dieu vit que la lumière était bonne, et Dieu sépara la lumière des ténèbres. » Adam et Ève dansent dans la lumière… Tissés d'elle, et l'un à l'autre, ils ne s'effacent pas en une fusion sans issue, ni ne se dressent dans un duel verrouillé sur la mort. Leur altérité flamboie, tissant une voie pour le désir et ce désir entrouvre un corps pour une naissance… Avant le fruit qu'est l'enfant, l'amour vient au monde, l'amour est le fruit immortel de ce jardin appelé Éden… Oui… exultent-ils, ce jardin est leur amour et en cet amour ils ne peuvent qu'être nus. Ils se regardent, en Dieu… Sa vérité les traverse de part en part et, « sans ombre, ni trouble au visage », ils vivent à découvert dans cette demeure de leur amour, parés de lui seul… Dans une naissance qui n'en finit pas, ils ouvrent, de porte en porte, l'aurore.

Tel fut l'Éden
Étincelant dans la Mémoire de l'Éternel.

RACINE DE MORT

Au centre du jardin la porte est grande ouverte, l'Arbre de la Vie s'offre à l'infini… Adam et Ève peuvent y goûter, dans l'éblouissement de leur naissance. Mais *L'arbre de la connaissance du bien et du mal* s'ouvre ailleurs, à sa périphérie, dans une zone d'ombre. Il est un seuil, mais dérobé. En deçà, la révolte des anges déchus sous l'étendard du *Non Serviam* de Lucifer, y a entraîné un tiers des étoiles… En deçà, des pans de la création arrachés à leur Principe, naissent et meurent, s'abîmant sous l'emprise d'un temps, relatif. En deçà, la matière a perdu sa transparence originelle et sa nudité ne s'offre plus à la Grâce. Otage d'un miroir sans tain, elle ne connaît qu'elle. Ses atomes divisés se dispersent au chaos de mondes fragmentés, où Dieu est en exil. Là errent les démons et Satan est leur prince.

L'arbre de la connaissance du bien et du mal plonge ses racines ici, dans la dualité d'une déchirure en plein cœur du monde créé en son commencement pour le Oui des Noces éternelles… Le serpent est tapi à l'orée d'une rupture, au poste de douane de l'empire d'un mensonge : il habite un mirage. Il est le gardien de la porte de la mort. Sous la mal édiction de l'arbre empoisonné.

Le piège

« Le serpent dit à la femme : "Pas du tout ! Vous ne mourrez pas ! Mais Dieu sait que, le jour où vous en mangerez, vos yeux s'ouvriront, et vous serez comme des dieux, connaissant le bien et le mal." » Dans le langage divin, le verbe connaître est employé pour manifester l'union sponsale de la créature avec son Créateur… Et celle de l'homme et de la femme appelés à l'indissolubilité d'une chair unique… Où se dévoile le Don sans retour des trois personnes de la Trinité. Mais le serpent en pervertit le sens pour en abîmer l'acte. *L'arbre de la connaissance du bien et du mal* occulte un piège et une illusion redoutables : comment connaître le bien et le mal ensemble ? Goûter l'un sans mourir à l'autre… Et que serait un bien se mesurant à l'aune du mal sinon un compromis, une allégeance à la loi de la dissociation ? L'Amour n'est pas duel. Il est Un et indivisible au Brasier de Son Cœur. Le fruit de l'arbre de la *méconnaissance* est un *non*, arc bouté contre la Promesse… Il porte le germe de la séparation : l*e salaire du péché c'est la mort.* Car, comment subsister dans le mal, comment le connaître sans s'unir au néant et y naître pour la mort ? Y goûter, c'est mourir. Dans la désespérance.

Ève a claqué la porte du Jardin. Elle a choisi le fruit de la dualité. S'engageant dans la rupture, s'arrachant à l'unité sponsale où elle était plongée avec le bien-aimé au large de l'éternité… Dieu l'y attendait pourtant, et Il l'attend toujours au Jardin clos des Noces de Son Royaume. Il veut la revêtir de Sa Splendeur, de l'innocence native qui l'enveloppait de Sa lumière. Désormais, un Chérubin est posté au seuil de l'arbre de la vie brandissant l'épée de feu de la Parole de Dieu : « Mon Verbe est un glaive à double tranchant. »

Dans le Oui de Marie qu'Ève porte déjà invisiblement en elle, au-delà de son non et par-dessus l'exil… En Marie, dans les sacrements de l'Église, approchons-nous de l'arbre de la vie. Elle seule, de son grand Oui, désarme le Chérubin, gardien de la Cité de Dieu. Christ est la Porte, elle en sera la clef. Au seuil de l'arbre de la Croix, la nouvelle Ève veille le Nouvel Adam… N'est-Il pas la Chair de sa chair et l'Os de ses os ? Avec elle et en elle, Femme du tout premier matin d'une création nouvelle, Il déchire *l'horizon de la mort…* Il rapatrie l'humanité en sa cible, au cœur de Son éternité, au jardin clos où Dieu dit le murmure des matins et des soirs.

LA FEMME ET LE SERPENT

Le Jardin est le berceau de la mémoire d'une conception avant la chute ; cette conception est le miroir très pur de celle, immaculée, au sein de la Trinité sainte, indivisible et éternelle. Dieu a planté ce Jardin dans l'Éden de Sa Mémoire… Le Jardin de la mémoire de l'homme et de la femme baigne dans l'infini de la Mémoire Éternelle. L'innocence d'Adam et Ève est tissée de Sa Grâce et ils sont nus car rien ne les en sépare, hormis le Voile de Sa lumière. Leur nudité est unité, Dieu la traverse toute. Il Se promène à la brise du soir, dans la mémoire de ce premier baiser… L'atmosphère du Jardin, c'est l'Éden… L'enveloppant de l'Ombre portée de Son Amour et cet Amour est l'Esprit Saint.

Le serpent guette, tapi sous la cicatrice du péché des origines – à la blessure du choix angélique de la séparation –, il guette, à la frontière du cosmos déchu, peuplé d'anges révoltés… Il guette, au seuil de l'arbre de la dualité et de la mort… Il convoite l'arbre de la vie s'ouvrant au cœur de ce Jardin… Seule L'innocence peut l'approcher et écarter ses branches, infiniment. Pour lui, il est perdu à tout jamais.

Pourtant, au Chœur éternel de l'éternelle Pensée tissant les mondes, Lucifer était le porteur de la lumière. Il contemplait la Face de l'Éternel et il aurait aimé bercer Son Verbe… Être l'enceinte de Sa Parole. Telle l'écorce en fusion enclot sa pulpe incandescente. Mais Il était splendeur polaire… Vénus, l'astre glacial, étoile lactescente de l'aube, annonçant l'horizon sans horizon de l'éternelle voix. Lucifer se prosternait devant le Cœur Éternel et il en était ivre… Il L'admirait sans Le connaître. Et il s'exaspérait de Sa bonté, confondant sa clarté insensible. Soudain, *à l'Ombre de Ce Cœur*, un visage apparut… Une femme couronnée d'étoiles, le soleil pour manteau. *Demeure de Dieu parmi les hommes*, arche de chair, elle enveloppait le

Verbe; son sein était son tabernacle; son cœur immaculé brûlait, sans se consumer, *Buisson Ardent* de Son amour. Elle portait la promesse d'une création nouvelle, retissée à la Grâce où – il le devina par son intuition angélique –, Quelqu'un de sa lignée à elle écraserait un jour sa tête, et toutes les têtes de sa lignée maudite… Il fallait empêcher cela! Même s'il n'était plus temps, il réduirait l'homme à la poussière; il le meurtrirait au talon en séduisant Hava, *la mère des vivants*… En profanant le lieu sacré de son engendrement. L'Immaculée conception n'y cueillerait pas sa chair de fleur virginale, de fleur donnant un fruit de Gloire d'où lui, Satan, serait éternellement exclu. Il n'obéirait pas!

À cet instant précis de sa vision, le Porteur de Lumière s'exclama : « *Non Serviam!* » et il entraîna dans sa chute un tiers des anges… L'univers se déchira en son milieu dans la dualité de la lumière et des ténèbres. Dieu les sépara. Il planta un Jardin bien clos dans l'Éden de Sa Mémoire. Michaël et ses Anges gardaient la porte du cœur de ce Jardin où se déployait l'arbre de la vie, et à son ombre Adam et Ève. Eux seuls, innocents aux mains nues, pouvaient se nourrir de ses fruits. Lucifer recula devant la garde de l'épée de Saint Michaël qui s'exclamait : « Qui est comme Dieu? » Il recula devant le chœur des Anges et des Archanges, des Dominations et des Trônes, des Vertus et des Principautés, des Chérubins et des Séraphins chantant à l'unisson : « Saint, Saint, Saint, Adonaï, Yahvé Sabaoth », Dieu des armées angéliques désarmé au sein de la Vierge, Trône de la Sagesse éternelle. Mais Il jura de revenir hanter les abords enchantés de ce Jardin pour en chasser l'homme et la femme.

Lucifer s'approcha, tapi, dans la peau du serpent des origines, du maître des arcanes des religions païennes… Il goûtait la poussière qui bientôt ensevelirait la femme et sa descendance… Effacerait les frontières entre sa lignée et les espèces maudites des profondeurs de la terre. Bientôt, l'humanité serait enchaînée aux divinités chthoniennes, aux ferments telluriques de la matière, prisonnière des enfers. L'innocence serait la proie des vautours du temple de la Conception... Les marchands profaneraient ce temple où Dieu anime d'un Trait de Sa Lumière, le voile de nos berceaux.

Le serpent rampe à l'extérieur du jardin, sa parole trahit la cicatrice de la séparation... Elle ouvre subrepticement la porte de la mort. Pourtant la femme y prête l'oreille... Elle perçoit déjà le rythme de la terre incandescente aux profondeurs des gorges abyssales. « Alors Dieu vous a interdit de toucher à l'arbre au centre du jardin ? » Au contraire, Dieu les nourrit infiniment des fruits de l'arbre de la Vie... Ne leur a-t-Il pas offert de goûter à tous les fruits de tous les arbres de Son Jardin, sauf à celui de *l'abomination de la désolation* ? Il n'est pas l'arbre de Vie planté au cœur de Son Jardin, au cœur de Sa Mémoire, mais un exil à la périphérie de l'Être... Où Dieu n'est pas : « Le Seigneur Dieu donna à l'homme cet ordre : "Tu peux manger les fruits de tous les arbres du jardin ; mais l'arbre de la connaissance du bien et du mal, tu n'en mangeras pas ; car, le jour où tu en mangeras, tu mourras." » (Gn 2,16-17).

Ève goûta, elle tomba. Mais elle ne le sut pas. Elle enlaçait Adam dans sa chute. Leurs yeux s'ouvrirent, la lumière les brûla... L'atmosphère soudain était irrespirable. Leur nudité, lourde d'une chair née pour la mort, signait leur honte. Ils se cachèrent, l'un sans l'autre, hors du Regard de Dieu. Les pas de l'Éternel résonnèrent amoindris dans l'air du soir, écho lointain s'effaçant sous les voiles des ténèbres amoncelées. Sa Parole, un murmure : « Adam, Où es-tu ? » Ils comprirent qu'ils s'étaient perdus. Ils pleuraient. Dieu les caressa de Sa miséricorde, d'une peau d'un peu de Sa Lumière encore...

Depuis, Adam travaille la terre à la sueur de son front, la femme enfante dans la douleur, des fils de la colère. Caïn chasse Abel, Abel fuit Caïn. Pourtant, le Don de Dieu est sans repentance, « Sa miséricorde s'étend de toujours à toujours sur ceux qui Le craignent. » Il prononce Sa bénédiction sur la *mère des vivants*... Elle seule est le berceau de cette Promesse, l'auréolant de son mystère... Dévoilant à la plénitude des temps, dans une étable de Bethléem, le Visage d'un Dieu dépouillé de Sa puissance... Et Qui n'est pas venu juger le monde, mais le sauver de Son Pardon. « Alors le Seigneur Dieu dit au serpent : "Parce que tu as fait cela, tu seras maudit parmi tous les animaux et toutes les bêtes des champs. Tu ramperas sur le ventre et tu mangeras de la poussière tous les jours de ta vie. Je mettrai une hostilité entre toi et la femme, entre ta descendance et sa descendance : celle-ci te meurtrira la tête, et toi, tu lui meurtriras le talon" » (Gn 3,14-15). Ces paroles condamnèrent Lucifer une deuxième fois. Elles se refermèrent sur son cœur absent, glacé au firmament du monde usurpé dont il est le prince désormais, avant que le Fils de l'Homme venant sur les nuées n'ouvre les sept sceaux du Livre de la vie.

En attendant, nous sommes tous des naufragés d'Amour, des exilés de la Mémoire de Dieu, des amputés du Jardin perdu. Jésus, Ton Sacré-Cœur est l'île unique où bat l'Immaculé du monde dont la Vierge est l'épouse.

LE MALENTENDU

Dieu n'est pas un dictateur, c'est un Enfant… « Dieu est Amour » (1Jn 4,8). L'Amour ne transige pas et Il ne sait qu'aimer. Il ne peut que cela, être Ce qu'Il est : Ce don du Verbe à Sa Source en une respiration tissant la mémoire éternelle de leur embrassement. Dieu est un Amoureux brodant les mondes visibles et invisibles, de Sa Parole… Et soupirant après l'humanité, Sa bien-aimée. *Ish* et *Isha* portaient la clef du Cœur de Dieu contre leur cœur ; l'innocence était cette clef… *Ils demeuraient en Sa maison tous les jours de leur vie…* Pourquoi ont-ils ouvert ? Cette innocence, lovée en sa Source native n'avait jamais goûté à la douleur et à son contrepoint, l'Espérance… Et buissonnière, elle s'en était allée, à reculons à petits pas et l'air de rien, vers la frontière de ce Jardin… où s'abîma sa liberté.

L'arbre de la connaissance du bien et du mal n'était pas l'autel d'un sacrifice antique, le rite de passage d'un Dieu jaloux… Ni l'épreuve de Son Feu. Dans le regard ébloui de l'Amour éternel, c'était une demande en mariage. Pour unir Adam et Ève à Son éternité, Dieu désirait un Oui, Il le mendiait : « Si vous en mangiez, vous en mourriez ! » Quelle prévenance en cet avertissement, en cette supplication… Dieu espérait qu'ils choisissent librement, de toute la charité de leurs deux cœurs unis, de laisser là la porte close : celle de l'effraction, de la séparation et de la division où, sur le seuil, guette le serpent.

L'arbre de la *méconnaissance* plonge ses racines dans la blessure profonde creusée par la chute des Anges… L'éternité s'effiloche hors de cette déchirure. Mais ailleurs, préservé de cette hémorragie, se dérobant à ceux qui voudraient s'en saisir ou l'habiter, le Jardin d'Éden est un parfum désormais, bercé dans la mémoire de Dieu… Une souvenance de cet amour, au-delà des cordes de l'espace et du temps, où Ève Le regardait, toute vive, en Sa Lumière la revêtant d'une robe nuptiale… Sa peau alors n'était pas une frontière, elle était simplement un *oui* donné.

Les *jours* n'étaient pas des séquences mais les degrés d'une Étreinte. En cet embrassement, la femme fut créée tout près de Son Cœur, au sixième cercle, à l'orée du Sabbat… Au-delà, sur l'autre rive, Dieu Se retire, au Brasier de Son Être.

L'ENJEU

Adam apparaît dans la lumière. Encore plus près de la Source éternelle et dans un Jardin clos, Isha est engendrée de la chair de son cœur… Elle est son couronnement. Satan le sait. Il sait qu'aux siècles futurs, en une des filles de sa descendance, s'accomplira la Promesse : « La Vierge enfantera un Fils et il s'appellera Emmanuel, Dieu au milieu de nous… » Aux entrailles de *Marie,* le Visage du Rédempteur enclora la ressemblance du sceau et de l'empreinte au nid de chair dont Il se nourrira neuf mois. À l'accomplissement des temps, la Femme au manteau de soleil s'écriera – Et sa parole se fera l'écho de celle d'Adam émerveillé :

> — Celui-ci est la Chair de ma chair glorifiée… Non plus seulement Chair de ma chair, *Os de mes os…* mais Lumière vive en mon sang, Cœur battant en mon cœur immaculé… Lui, Agneau Immolé pour la multitude de mes frères, qui désormais sont mes enfants.

C'est pour cela qu'au seuil de *l'arbre de méconnaissance*, le serpent s'adresse à la femme : sa féminité est la tour à renverser, le sanctuaire à profaner pour arracher, au cœur des générations à venir qu'elle porte invisiblement en elle, cette *Image divine* sertie en Son Amour comme dans un ostensoir. Malgré et par-delà la chute, lovée dans l'*ADN* des fils d'Adam, une Promesse inouïe auréole déjà la femme de Son Pardon : « Voici le tabernacle de Dieu avec les hommes ! Il habitera avec eux, et ils seront son peuple, et Dieu lui-même sera avec eux. Il essuiera toute larme de leurs yeux, et la mort ne sera plus ! » (Ap 21,3-4). Cette Promesse, scellée au secret de sa chair, est une alliance, éternelle.

En la *Comblée de grâce*, l'annonce faite à la Femme au seuil de l'Histoire Sainte s'accomplit : Ève est recouronnée, l'humanité sauvée dans l'espérance de son grand Oui se déployant au Souffle de l'Esprit… En elle, le Verbe fait Son berceau, Sa demeure, Son Église.

LES MATRIARCHES DES DÉSERTS

Je Suis le Roi,
J'attends
aux coulisses du temps
Je Suis le Roi,
J'espère
aux limbes d'Espérance
J'espère
Voie vierge
אֶהְיֶה אֲשֶׁר אֶהְיֶה

SARAH

> « Qui est celle-ci qui monte du désert, appuyée sur son bien-aimé ? Sous le pommier je t'ai réveillée, là même où ta mère te conçut, là où conçut celle qui t'a enfantée » (Ct 8,5).

Sara se penche sur Abram… Ou est-ce plutôt lui, sur sa bien-aimée ? Princesse – c'est l'étymologie de son prénom –, princesse d'Abram, princesse d'une tribu, ses origines sont mystérieuses et s'effilochent aux temps révolus. Sa postérité, elle, illumine déjà le firmament de l'Histoire : « Tous les siècles la diront bienheureuse ». Sara est pleine de quatre-vingt-dix années, sa beauté en déborde, creusée à l'ébène de sa chair… Sara est belle comme un commencement. Forte de la Grâce d'El Shaddaï, le Tout-Puissant, femme aux racines incertaines, ou femme déracinée, elle marche aux côtés d'Abram. Elle est à ses côtés et plus qu'en vis-à-vis, c'est un face-à-face. Un corps, un chœur, la toute première église. Elle marche, et chacun de ses pas efface celui qui le précède, elle creuse un sillon aussitôt recouvert par la poussière des grains de sable ; sa silhouette s'enveloppe de son ombre sous le soleil, elle se dévoile sous la voûte silencieuse de la nuit… Nuit lourde des étoiles de toute la multitude de ses enfants à venir, postérité lointaine qui la regarde déjà dans le dessein de l'Éternel. Elle ne le sait pas… encore. Dans l'instant où elle s'avance, elle est l'amante d'un Départ virginal. El Shaddaï *la caresse aux entrailles*… Sa route est incertaine mais sa foi en trace l'empreinte dans les dunes éclatantes se levant à l'aube du Salut. Oui, sa postérité sera plus vaste que les myriades d'étoiles, ou que les grains dorés enveloppant ces dunes, douces comme le ventre de sa maternité prochaine. Sara ne se retourne pas, penchée vers l'horizon d'une promesse inconcevable. Un jour, à l'heure la plus chaude, elle est là, cachée au secret de la tente. Elle écoute l'impossible, elle rit. « Je reviendrai chez toi au temps fixé pour la naissance, et à ce moment-là, Sara, ta femme, aura un fils. »

Pourtant Sara n'a rien demandé à Dieu. Non pas qu'elle n'ait jamais osé… Elle est femme à arracher les serments les plus grands… Simplement, elle s'est résignée, elle « dont le sein a été empêché d'enfanter » (Gn 16,1). Aujourd'hui, la mort n'est-elle pas au bout de sa peau, trop dure déjà pour accueillir un petit d'homme ? « Quand même je n'eusse pas été frappée de stérilité, c'est assez de mon âge avancé pour m'interdire de devenir mère. » Défiant la providence de Dieu, elle a même exigé d'Abram qu'il s'unisse à Agar, la servante égyptienne. Et puis soudain, Sara l'amère, la douloureuse, trop fière devant le regard de sa rivale, la toisant de toute la plénitude de sa maternité naissante, les chasse au désert, la mère avec l'enfant… L'amour d'une femme meurtrie est inflexible comme le schéol : « Ismaël n'est ni le fruit de ses entrailles, ni l'enfant de la Promesse… Que Dieu juge entre toi et moi » (Gn 21,10), lance-t-elle à Abraham. Dieu confirma la sentence : « Ce que Sara dit, fais-le. »

Aux prémices de la toute première Alliance, au seuil de l'élection d'un peuple minuscule, cette injonction se fait l'écho dans l'ombre encore dont elle se voile, de celle jaillissant du cœur de l'histoire Sainte, des lèvres virginales d'une autre mère. Marie dort au Cœur de l'Éternel pour Qui « mille ans sont comme un jour ». À Cana, sa voix résonne : « Faites tout ce qu'IL vous dira », aux portes de l'Alliance nouvelle scellant l'originelle, aux noces éternelles d'un banquet où l'eau s'est changée en vin, le deuil en une danse. Dans le sang de l'Agneau, au pressoir de la croix. Sous l'étreinte de l'Esprit planant sur les siècles, comme Il planait sur les eaux, au commencement du monde. On ne transige pas avec la Parole de Dieu. La trajectoire du Salut est implacable et, suspendue à une attente qui n'en finit pas, elle s'ensevelit bientôt dans la chair muette de celle qui croyait ne jamais allaiter. « Le Seigneur visita Sara comme Il l'avait dit et Il fit pour elle comme Il l'avait promis. Sara conçut et enfanta un fils à Abraham déjà vieux, au temps que Dieu avait marqué » (Gn 21,1-2).

*

« Le Seigneur dit à Abram : "Quitte ton pays, ta parenté et la maison de ton père, et va vers le pays que Je te montrerai. Je ferai de toi une grande nation, Je te bénirai, Je rendrai grand ton nom, et tu deviendras une bénédiction." » Le chapitre 12 du livre de la Genèse dessine un autre commencement. Il inaugure une quête, une soif radicale, ouvrant de toute la violence de son désir inaccompli, l'horizon. Abram part vers l'inconnu virginal. D'Ur en Chaldée, il traverse Canaan et file jusqu'au désert du Néguev. Dans cette quête, Sara n'est pas une ombre. Elle est *Sara la femme d'Abraham* – Et c'est souvent lui, le *Père des multitudes*, le *Père-Haut*, qui s'abrite en elle. *Dis de moi que je suis ton frère (Gn20, 13).* Aux portes de l'Égypte, et craignant la jalousie de Pharaon, ne demande-t-il pas sa protection : « Vois-tu, je le sais, toi, tu es une femme belle à regarder. Quand les Égyptiens te verront, ils diront : "C'est sa femme" et ils me tueront, tandis que toi, ils te laisseront vivre. S'il te plaît, dis que tu es ma sœur ; alors, à cause de toi ils me traiteront bien et, grâce à toi, je resterai en vie. » Au-delà de ce mensonge ou de cette vérité, « Et puis elle est vraiment ma sœur, la fille de mon père, mais non la fille de ma mère, et elle est devenue ma femme », *(Gn 20, 12)* avouera-t-il plus tard à Abimélek qui en est amoureux... Il fallait Un Autre pour trancher l'identité de Sara : « Maintenant voilà ta femme, prends-la et va-t'en ! » Abram deviendrait-il Abraham *sans sa moitié, sa sœur, sa fiancée ?* Le lieu de son exil fut sa stérilité. Mais désormais, Sara s'avance vers la terre promise de sa maternité. Sa grande vision brûle à l'horizon de sa chair où Dieu l'appelle en l'épelant... Autrement, ailleurs. Pour d'autres épousailles. Le double *hé* de Son Saint Nom s'ajoute à son prénom et à celui d'Abram, dénouant leur gémellité dans la fécondité d'une plénitude. Sara devient Sarah. La princesse de l'époux est consacrée princesse d'une multitude à venir dont l'ombre portée dessine sur les dunes, sa maternité universelle, surnaturelle dans le sourire de Dieu. Isaac est l'incarnation de ce sourire. N'est-ce pas l'étymologie de son prénom ? « Dieu dit encore à Abraham : "Sara, ta femme, tu ne l'appelleras plus du nom de Sara ; désormais son nom est Sara h. Je la bénirai : d'elle aussi Je te donnerai un fils ; oui, Je la bénirai, elle sera à l'origine de nations, d'elle proviendront les rois de plusieurs peuples. [...] Oui, vraiment, ta femme Sara va t'enfanter un fils, tu lui donneras le nom d'Isaac. J'établirai Mon alliance avec lui, comme une alliance éternelle avec sa descendance après lui." » Abraham, sous la cascade de sa joie, tomba face contre terre et il rit.

*

Aux chênes de Mambré, en terre de Canaan où Abraham a dressé un autel, trois personnages mystérieux conversent sous un chêne... C'est l'heure la plus chaude du jour. Le soleil, au zénith, projette une lumière absolue. C'est l'heure de midi, celle des annonciations. Au Cœur d'une révélation « le Seigneur apparaît... Abraham leva les yeux, et il vit trois hommes qui se tenaient debout près de lui ». Trois... Et pourtant, sous le voile lumineux d'une épiphanie, le patriarche les nomme, ces trois, au singulier : « Dès qu'il les vit, il se prosterna jusqu'à terre. Il dit : "Mon Seigneur, si j'ai pu trouver grâce à tes yeux, ne passe pas sans t'arrêter près de ton serviteur." Ils lui demandèrent : "Où est Sara, ta femme ?" Il répondit : "Elle est à l'intérieur de la tente." » Soudain, sous ce chêne centenaire, Dieu Un et pourtant Trine annonce l'impossible. « Le voyageur reprit : "Je reviendrai chez toi au temps fixé pour la naissance, et à ce moment-là, Sara, ta femme, aura un fils." » À cet instant et pour l'éternité, La promesse d'une conception miraculeuse est scellée au cœur du sang tari de leur vieillesse. Sara rit.

> « Le Seigneur Dieu dit à Abraham :
> — Pourquoi Sara a-t-elle ri ? Y a-t-il une merveille que le Seigneur ne puisse accomplir ?
> — Je n'ai pas ri, répond Sara car elle avait peur.
> Mais le Seigneur répliqua :
> — Si, tu as ri. »

Le rire de Sara s'est suspendu aux arêtes d'une espérance vertigineuse. En dessous, l'abîme d'une foi sans pourquoi dessine le visage d'un enfant à l'horizon de leur centième année… Sara rit à l'impossible, et Dieu le sait, ce rire est une ivresse au seuil du Oui de Sa maternité : inouïe, au cœur des hommes usés par trop de doutes. Alors, La chair de la vieille Sara devient un rire d'enfant, au tout premier appel d'un chant de joie, d'un chant de Grâce. El Shaddaï ne triomphe-t-Il pas dans la faiblesse d'une fleur qui se fane ? Doucement, elle s'enveloppe de son silence ; une plénitude l'attend, une vie nouvelle déborde de son lit. Par-delà la chair épousée, sa fécondité s'ouvre à une mission universelle… La vocation d'un peuple prend racine en elle, au plus lointain des âges et du désert, dans ce noyau minuscule d'un homme, d'une femme et de leur tout petit… Nomades errants d'un campement à l'autre, de lumière en lumière… Toute première église, creusant l'empreinte de la foi la plus nue vers l'Orient là-bas où le soleil se lève.

*

C'est sur un mont et dans l'effroi d'un sacrifice que ce récit s'achève. Il s'écartèle à la Parole d'un Ange qui a le Verbe haut, dévoilant à l'horizon du temps la bénédiction universelle sertie au Nom d'un Dieu Qui S'offre, en Se retirant. Le double ה du Tétragramme, dont la valeur numérique est dix ne s'est-il pas échappé de Son Sein pour se séparer, l'un dans le nom de Sara ה, l'autre dans celui d'Abraהam… Deux cinq qui se cherchent, pour s'unir à la plénitude du dix retrouvé en ce sourire de leur enfant *unique*… Pour qu'en cet unique, Il puisse les étreindre, Lui, l'Éternel Enfant de la Promesse qui a vaincu la mort. Car Il les a cherchés le Premier, de toute l'éternité de Son Amour. Sur le mont Moriah, l'autel est prêt : Isaac est ligaturé au bois du sacrifice. L'Ange suspend l'élan du bras d'Abraham, alors que celui-ci l'élève pour immoler son fils. « Abraham étendit la main et saisit le couteau… Mais l'Ange du Seigneur l'appela du haut du ciel et dit :

> — Abraham ! Abraham !
> Il répondit :
> — Me voici ! Dieu ne m'a-t-Il pas demandé le sang de mon fils, mon unique ? Le sang est dans l'âme et cette âme vient du Souffle de YHWH. Il fallait bien la lui offrir alors.

Dans tes larmes, sang de tes yeux, Ô Abraham, c'est ta paternité que tu déposes au cœur de la Miséricorde de Dieu. Pour qu'en Elle, et dans ce don de vos deux vies inséparablement liées, déposées toutes deux ensemble sur le bois de l'holocauste, ton enfant naisse à sa mission : être la souche d'un sang de Grâce et de sainteté sacré par toi, sur ce mont en préfigurant un autre. Et l'Ange te salue par cette Promesse d'une Alliance éternelle. « Du ciel, l'ange du Seigneur l'appela une seconde fois. Il déclara : “Je le jure par moi-même, oracle du Seigneur : Puisque tu as écouté Ma voix, toutes les nations de la terre s'adresseront l'une à l'autre la bénédiction par le Nom de ta descendance.” »

Qui portera ce Nom ? « La vierge enfantera un Fils ; Il S'appellera Emmanuel, Dieu au milieu de nous… » confie Isaïe ; Il sera grand, Il régnera sur la maison de Jacob et *Son Règne n'aura pas de fin*. Il essuiera toutes larmes de nos yeux ; Il les essuie déjà sur les joues fanées de Sarah, dépouillée de son rire, depuis qu'elle a vu partir Isaac, là-haut… Où le soleil s'éclipse, à l'orient de son cœur. Elle aurait voulu s'y rendre et rester à le regarder… Ses yeux se vident du sang de son petit qui peut-être n'est plus. Elle meurt de n'avoir pu le suivre sur la montagne du sacrifice. Elle se serait tenue là, en pleurant. Elle n'est pas capable du silence de l'Immaculée où Dieu Se dit, Tout Entier,

Encore.

*

« Sarah mourut à Kiriath-Arba, c'est-à-dire à Hébron, dans le pays de Canaan. Abraham s'y rendit pour le deuil et les lamentations… Après quoi, Abraham ensevelit sa femme Sarah dans la caverne du champ de Macpéla, qui est en face de Mambré, c'est-à-dire à Hébron, dans le pays de Canaan. »

Le visage de Sarah ne s'effilochera pas aux brouillards des mythes ou des contes. Non, il reposera toujours en dessous de la terre, au champ de Macpéla. En face des chênes de Mambré, où les trois Anges lui étaient apparus, elle dort. Son tombeau est creusé au secret du rocher, contre le flanc d'une grotte. Autour, les arbres poussent comme en un berceau. Le rire de Sarah croît dessous la terre et la soulève d'une Espérance inaccomplie ; ce rire, elle l'emporte avec elle, dans la glaise d'une attente qui y fait son lit : De génération en génération, par la voix des prophètes, le Verbe de Dieu y creusera Son nid… Pour qu'à la plénitude des temps, au cœur de la chair d'une enfant de Bethléem, Il vienne enfin puiser Son Sang. Au creux du rocher, la colombe est blottie… Sarah dort, Le Bien-aimé l'appelle… Son Visage est celui de la Résurrection.

À l'horizon de la Grâce, une Mère berce la Promesse faite à Abraham, elle berce le Salut soulevant sa chair… Elle s'émerveille : « Comment puis-je donner le lait à Toi, la fontaine du lait ; et comment puis-je donner la nourriture à Toi qui nourris l'univers de Ta table ? Je ne sais comment T'appeler, source et origine de la vie. Source de la vie, je reste avec Toi afin de gagner la vie. Avec Toi, le puits n'est point un puits, car Tu élèves l'homme jusqu'au ciel. Avec Toi, le tombeau n'est point un tombeau parce que Tu es la Résurrection » (saint Éphrem).

RÉBECCA

Oui, j'irai !

Abraham est seul désormais, Il se souvient de la Promesse « d'une postérité aussi nombreuse que les étoiles dans le ciel et le sable au bord de la mer » (Gn 22,17). Comment oublierait-il ? « Je te bénirai, je ferai de toi une grande nation » (Gn 12,2). Le rire de la vieille Sara ne retentit plus sous la tente et Isaac, leur *unique*, est inconsolable. L'absence de la mère ouvre un abîme, sa joie s'y est ensevelie. Mais, de ce silence, émerge doucement un visage ; il se dessine au-delà des frontières de la Terre Sainte. En Orient… N'est-ce pas là que le soleil s'élève ? Les traits de ce visage s'échappent de la brume de lumière enveloppant le désert. Il apparaît au-dessus de la fraîcheur de l'eau jaillissant d'un puits, dans la cité d'Aram en Chaldée… Ici, au pays de ses ancêtres, apparaît Rebecca. Dans la vision de l'Éternel : « Souviens-toi que ton père est un Araméen errant. »

Partir, toujours plus loin, au-delà… Là où la lumière se défait à la source des nuits. Puis remonte l'abîme inconnu. Abraham ne se retourne pas. Isaac, non plus. Il n'ira pas sur la terre de ses pères, à la rencontre de ce visage. Il l'attend ici, à Lahaï Roï, méditant la Parole éternelle, à l'orée d'un autre puits. Celui du Serment. Il prie… « Ô toi, notre sœur, deviens des milliers de myriades » (Gn 24,60), lui murmure Dieu à la brise du soir. Le visage de sa femme sera celui de cette Promesse. Les étoiles se penchent sur son reflet fragile effleurant l'eau… Goutte de miséricorde jaillissant du désert assoiffé. Il espère la tendresse de Dieu. Il la devine déjà dans le sourire enveloppé d'un voile, de la vierge qui sera son épouse. Alors son deuil se changera en une danse.

Eliézer, le vieux serviteur fidèle, part à sa rencontre. « Peut-être que la jeune fille ne voudra pas me suivre » (Gn 24,5), s'inquiète-t-il devant les exigences de son maître. Dans cette mission, un Ange l'accompagne… Apercevra-t-elle un peu de sa lumière ? Alors, Il n'y aura pas de *peut-être* car la moindre hésitation indiquerait que ce n'est pas elle. Abraham attend un oui sans retour. Pour rejoindre Rébecca, suivons Eliézer et ses dix chameaux. La caravane s'évanouit déjà dans la clarté des dunes filant vers le nord. Au terme d'un long voyage, il arrive en bordure d'Aram-des-deux-Fleuves. Il fait agenouiller les bêtes près d'un puits d'eau, à l'heure du soir, l'heure où les femmes sortent pour y puiser de l'eau. Et prie ainsi : « Seigneur, Dieu de mon maître Abraham […]. La jeune fille à qui je dirai : “Incline ta cruche pour que je boive”, et qui répondra : “Bois et je vais aussi abreuver tes chameaux”, que cette jeune fille soit celle que Tu destines à ton serviteur Isaac ; je saurai ainsi que Tu as montré Ta faveur à l'égard de mon maître. » Et voilà qu'une jeune fille apparaît, une cruche à l'épaule… Comme à l'orée d'une idylle ou d'un conte. C'est elle, la promise, sans aucun doute. Eliézer lui demande une gorgée d'eau et sans hésitation, elle abaisse sa cruche pour lui donner à boire ; elle court de la source à l'abreuvoir, de l'abreuvoir à la source pour désaltérer les chameaux assoiffés. Puis elle l'invite à se reposer, lui et ses bêtes, à la maison de son père. « Je suis la fille de Betouël, le fils que Milka a donné à Nahor », annonce-t-elle.

Au dîner Eliézer demande la main de Rébecca au nom du Dieu de son maître. Sans doute inspirés par l'Ange, les parents acquiescent à l'Appel de ce Dieu Inconnu. « Ils convoquèrent Rébecca : “Veux-tu bien partir avec cet homme ?” Elle répondit : “Oui, j'irai.” » Au-delà des générations, le *me voici* d'Abraham résonne dans ce oui sans détour… et au-delà, voilé encore, le Oui de l'Immaculée resplendit telle une *rose sans pourquoi*. En ce jour, c'est bien elle Rébecca de la lignée d'Abraham, qui l'a prononcé… Libre, elle s'écoule telle l'eau vive ; elle a répondu de toute la spontanéité de ses gestes à la prière d'Eliézer. Son Oui s'en est fait l'écho. Belle et généreuse, hospitalière et pure… Virginité accueillante comme une terre bientôt épousée, couronne posée sur le Cœur de son Dieu. Ce Dieu d'Abraham, elle ne Le connaît pas encore… Il l'attend au désert, avec Isaac, au seuil d'un autre puits, d'un nouveau soir d'Où s'éveillent les étoiles par myriades. « Ils bénirent Rébecca en lui disant : "Ô toi, notre sœur, deviens des milliers de myriades, et que ta postérité conquière la porte de tes ennemis." »

Le puits

« Écoute ma fille et tends l'oreille, quitte ton pays et la maison de tes pères, le Roi sera séduit par ta beauté… » Après un long voyage, Rébecca pénètre en terre inconnue, au désert du Néguev, au désert des fiançailles… « Je te séduirai, je te mènerai au désert, et là, je parlerai à ton cœur », murmure le Dieu d'Abraham, d'Isaac et bientôt de Jacob… Comme lui, l'Araméen errant, Rébecca a quitté la Mésopotamie de ses ancêtres, abandonnant ses petits dieux et leurs superstitions… Elle a suivi Eliézer, serviteur de la Promesse. « Ce serviteur c'est la Parole prophétique », affirme Origène. L'aurait-elle trouvée, cette Parole, si elle n'avait pas puisé chaque soir, au puits des Écritures, aux eaux de l'Esprit Saint soufflant à leur surface ? « Elle n'aurait pu épouser un aussi grand patriarche qu'Isaac, né de la Promesse, si elle n'avait puisé ces eaux. », dit encore Origène.

C'est auprès d'un autre puits, en Samarie, à l'heure de midi, que Jésus dévoilera à une femme étrangère, le Mystère de Son Être et qu'Il est le Messie *:* « Je le suis, Moi Qui te parle. » Cette heure la plus chaude du jour, brûle de la plénitude des Révélations et des Annonciations… Cette heure-là enveloppa la vision d'Abraham aux chênes de Mambré : la Trinité lui apparut, conversant au seuil de sa tente dans le feu du soleil au zénith, annonçant en cette épiphanie voilée de sa lumière, la naissance d'Isaac. C'est à midi encore qu'apparaîtra l'Ange Gabriel, annonçant à une vierge de Bethléem, que le Verbe éternel prendra Chair en sa chair épousée : « Il régnera sur la maison de David et son règne n'aura pas de fin. » C'est dans l'incendie de cette Annonciation, que l'Esprit la prendra sous Son Ombre. Sans la consumer. Telle le Brasier ardent, qu'entrevit Moïse.

Mais nous ne sommes pas encore au Midi des épousailles couronnant la si longue attente des prophètes et des rois. C'est le soir. C'est l'heure des fiançailles… « Isaac s'en revenait du puits de Lahaï-Roï. Il habitait alors le Néguev. Il était sorti à la tombée du jour, pour se promener dans la campagne, lorsque, levant les yeux, il vit arriver des chameaux. Rébecca, levant les yeux elle aussi, vit Isaac. Elle sauta à bas de son chameau. » C'est au soir que Rébecca va au puits pour y puiser de l'eau ; c'est au soir, qu'elle découvre Isaac, l'enfant de la Promesse, s'en revenant d'un autre puits, le puits de ce Serment fait à son père. Le jour se couche devant le Soir d'un commencement… *Il y eut un soir…* Au commencement de l'homme et de la femme, il y avait un Jardin, chair unique de leur amour et ce Jardin s'éveille tout doucement dans la mémoire de Dieu. Il Se souvient… *Ses pas s'avancent à la brise du soir.* Ses pas sont un murmure.

Isaac a achevé sa prière quand Rébecca lui apparaît… Belle comme une action de grâce. L'écrin de cet amour naissant n'est pas un jardin mais le désert d'un autre commencement : celui de l'Alliance retissée, à travers l'éternelle promesse en l'homme et la femme, de Dieu avec son peuple. Rébecca marche vers l'époux… « Je te fiancerai à moi pour toujours, Je te fiancerai à Moi par la justice et le droit, l'amour et la tendresse. Je te fiancerai à Moi par la fidélité et tu connaîtras le Seigneur » (Os 2,21-22), lui promet El Shaddaï dans le regard émerveillé d'Isaac… À la lisière d'une nuit profonde, il se l'unira au secret de sa tente.

« Il l'épousa, elle devint sa femme, et il l'aima. » Isaac n'aura pas d'autre amour. Son union avec Rébecca est une exception dans l'histoire de la Première Alliance. Elle lui offre son cœur et elle abandonne sa vie à la Promesse d'une « postérité aussi nombreuse que les étoiles et que le sable au bord de la mer » (Gn 22,17). Par-delà cette Promesse, l'appel originel à ne former qu'une chair unique s'accomplit en leur amour, le transfigurant à l'image de Celui, éternel, de l'Époux et de l'Épouse, du Christ et de Son Église. « Ce mystère est de grande portée ; je veux dire qu'il s'applique au Christ et à l'Église » (Ep 5,32). Les Pères de l'Église ont vu dans le mariage d'Isaac et de Rébecca, la préfiguration des Noces de l'Agneau, s'unissant Celle « en qui et par qui toutes les nations de la terre s'adresseront l'une à l'autre la bénédiction, par le Nom de sa descendance ». Ceux qui naîtront d'Elle écraseront la tête du serpent, et *sa postérité conquerra la porte de ses ennemis*. « Ô toi, notre sœur, deviens donc des milliers de myriades ! »

Le voile

« Rébecca, levant les yeux elle aussi, vit Isaac. Elle sauta à bas de son chameau et dit au serviteur : "Quel est cet homme qui vient dans la campagne à notre rencontre ?" Le serviteur répondit : "C'est mon maître." Alors elle prit son voile et s'en couvrit. »

Quel est ce voile dont Rébecca se couvre, un rivage lancé entre l'homme et la femme, une frontière par-dessus la nuit, la clôture d'un jardin mystérieux, l'hymen de noces invisibles… L'exil, la séparation, le silence, les trois ensemble ? Là, au-delà et à l'abri du voile, sous l'ombre de sa chrysalide, la fille de Betouël devient l'épouse d'Isaac et fille de la Promesse. Le voile indique ce qu'il cache, mais sans le révéler : l'étymologie de Ribeqah (Rébecca) est « la crèche, la mangeoire »… Ribeqah et Isaac sont les prémices de ce Verbe qui s'offrira dans une mangeoire et sur la croix, Lui l'Agneau de Dieu, Celui qu'Isaac entrevit à l'instant du Sacrifice, dans l'éclair fugitif de la lame du couteau. « Père où est l'Agneau du sacrifice ? »

Le temps s'écoule, vingt longues années et leur amour ne porte pas son fruit… « Isaac implora Dieu pour sa femme car elle était stérile, et Dieu l'exauça. » Dans la nacelle de chair et de sang, la vie silencieusement fait sa demeure. Sous le voile de Rébecca, une Parole germe… Enfouie dans la chair du cadet Jacob, ordonné à Dieu dès le sein de sa mère. N'est-il pas l'aîné de la *lignée de la Femme, Celle qui écrasera la tête du serpent?* Jacob contemplera la Face de Dieu au bout de la nuit, au terme d'un combat et au seuil de l'abîme. Il L'adorera, à Penouël, au gué du Yabboq… Là, Dieu lui donnera son nom. « Tu t'appelleras Israël », père des douze tribus ; père de celle de Juda, l'ancêtre du Christ. Les portes de la Jérusalem céleste porteront son nom. « Elle avait une grande et haute muraille. Elle avait douze portes, et sur les portes douze anges, et des noms écrits, ceux des douze tribus des fils d'Israël. »

Sous le voile de Rébecca, au large de ses entrailles, Dieu fidèlement, tisse la chair de la Promesse… Comme un cœur trop lourd, l'œuf se brise. Son battement unique se sépare en deux vies, l'une contre l'autre étirant l'enceinte où elles creusent racine. Rébecca s'interroge… L'un des deux enfants au-dedans d'elle frémit au Nom d'El Shaddaï ; parfois il cogne et semble se débattre. Elle consulte le Seigneur ; Il murmure à son cœur : « Deux nations sont dans ton ventre. Deux peuples différents sortiront de tes entrailles : l'un sera plus fort que l'autre, et l'aîné servira le cadet. » À la naissance, Jacob saisit dans sa main le talon de son frère Esaü… À la plénitude des temps, l'Église née de Marie, *Corps de Celui* par Qui toutes les nations seront bénies, tiendra elle aussi le talon de ses enfants blessés… Pour les rapatrier au cœur de la Promesse nouvelle et éternelle, annoncée dès l'exil d'Adam et Ève chassés vers l'occident où décline la lumière. La miséricorde d'un Dieu désarmé, les étreindra par-delà la nuit de leur solitude anéantie, aux douces entrailles d'une Vierge dont Rébecca porte l'empreinte aux confins de sa chair, au secret de la crèche que dessinent les lettres de son prénom.

> « Prenez, mangez ; Prenez, buvez-en tous ; Ceci, Ma Chair ; Ceci, Mon Sang ; Celui qui mangera et boira aura la Vie éternelle » (Mc 14,22-24).

Prophétesse

« Parle, et ta servante écoute », murmure Rébecca sur la margelle du puits. Son sang s'élance à la source, ailleurs… Inconnu virginal où la Parole Se livre en Se cachant, toujours plus loin, au-delà des dunes de ce désert où son grand-oncle s'est enseveli, pour ne plus jamais revenir. Abraham, le nomade, l'insaisissable… Au cœur des longues veillées, son père Betouël lui a souvent conté son départ radical, cette folie d'avoir suivi le Dieu unique, Éternel dont le Visage mystérieux *est*, irréductible à toute image. Voilé de Sa lumière.

Où est-il ? Elle aimerait le rejoindre… Hélas, c'est en Chaldée qu'elle doit fonder sa tribu, sur la terre de ses pères, ici en Mésopotamie. Soudain, à Aram la ville d'entre les fleuves, la Providence s'avance sous les ailes d'un Ange… Eliézer vient la chercher avec ses dix chameaux pour l'emmener vers son époux, Isaac, consacré sur une montagne à ce Dieu dont l'amour suit une trajectoire implacable… Car Il l'a trouvée près de ce puits où elle écoute, au murmure des eaux remontant de la terre, l'appel d'un autre sacrifice… Celui de sa virginité.

Elle va tout quitter : terre, père, frère, mère, tribu pour devenir la mère de *milliers de myriades*, qu'elle devine déjà aux portes d'une Cité plus cristalline que le jaspe le plus fin… Apparaissant sous la nuée, à l'horizon des temps. Alors elle lance au ciel et au soleil, son oui définitif : « J'irai. » Et elle ira de oui en oui, jusqu'au large de sa mort mystérieuse que les saintes Écritures recouvrent d'un voile de silence.

*

« Elle alla consulter le Seigneur. Le Seigneur lui dit : "Deux nations sont dans ton ventre. Deux peuples différents sortiront de tes entrailles : l'un sera plus fort que l'autre, et l'aîné servira le cadet." » Rébecca ne supplie pas, elle *consulte* le Seigneur. Dieu ne S'impose pas dans une vision, Tel qu'Il apparaît aux prophètes, voilé de Sa magnificence… Il ne l'appelle pas du cœur d'un brasier, dans le feu ou la lumière… Il Se laisse chercher, Il Se laisse trouver. Touché par l'audace de cette mère inquiète et la confiance filiale dont elle témoigne en L'interrogeant, Dieu Se dépouille de Sa Gloire et lui répond tout simplement, comme un ami à une amie. Ailleurs, ils semblent dialoguer ensemble, dans la confiance de deux cœurs qui s'épanchent, l'une en l'Autre, Tels deux époux… Dieu dévoile déjà en elle, au cœur de sa féminité, l'horizon où Il la rejoindra pour assumer à la plénitude des temps, l'humanité tout entière. Ève fut la mère des vivants ; Sarah, la mère des croyants, et Rébecca, celle de la Première Alliance promise au peuple de Dieu et dont Jacob portera bientôt le nom. Au zénith de Sa Gloire, à l'heure de midi, le Seigneur couronnera la longue attente des fiançailles dans les noces d'une Alliance éternelle, posée comme un sceau sur le cœur de chair d'une Vierge de Nazareth. Son Amour, *inflexible comme le Schéol*, nous relève d'entre la mort. Marie, mère du Verus Israël, le chantera dans son *Magnificat* : « Il relève Israël Jacob son serviteur, il se souvient de son amour, de la promesse faite à nos pères, en faveur d'Abraham et de sa descendance, à jamais. »

*

Les exégètes voient en Rébecca une femme libre, lumineuse et forte ; mais certains croient déceler en elle des traces de la duplicité féminine héritée du péché originel : N'ose-t-elle pas abuser Isaac aveugle, aux portes de la mort ? N'ose-t-elle pas lui arracher la bénédiction destinée à l'aîné et envelopper le cadet de sa grâce ? N'ose-t-elle pas orchestrer une mise en scène où, sous ses ordres, Jacob présente à son père son bras imberbe recouvert d'une peau de chevreuil, simulant la pilosité de son frère ? Ce stratagème d'une mère toute puissante semble oser vouloir devancer la Providence divine. Certains théologiens s'en étonnent… D'autres, s'interrogent : « La fin justifie-t-elle les moyens ? »

Pourtant, Rébecca obéit à cette Fin sans la connaître encore… Orientée vers elle, et tout entière donnée à la Parole de Dieu, telle une fleur s'ouvrant à la nuit et pressentant l'aurore. Enceinte, Rébecca *alla Le consulter…* Dans cette *consultation*, Dieu aurait pu l'informer des deux enfants lovés en son sein… Mais Il l'emmène ailleurs, plus loin, dévoilant une vérité sans compromis : « Deux nations rivales sont dans ton ventre, deux peuples différents sortiront de tes entrailles. ». Et, au-delà de cette annonce, au cœur de ce dialogue, Dieu ordonne : « L'un sera plus fort que l'autre, et l'aîné servira le cadet. » À cet instant, la maternité de Rébecca reçoit sa vocation prophétique en même temps qu'elle lui est consacrée… Bien au-delà de sa vie, elle oriente l'ordre de la nature à Celui de l'Alliance préfigurant la Grâce. Cette Grâce déjà, en elle… « renverse les puissants et élève les humbles ». Elle bouscule les coutumes et les droits des hommes pour les ordonner à la Loi éternelle.

Esaü n'a-t-il pas sacrifié son droit d'aînesse pour un plat de lentilles ? « Jacob reprit : "Jure-le-moi, maintenant !" Et Ésaü le jura, il vendit son droit d'aînesse à Jacob. Alors Jacob donna à Ésaü du pain et un plat de lentilles. Celui-ci mangea et but, puis il se leva et s'en alla. C'est ainsi qu'Ésaü montra du mépris pour le droit d'aînesse. » En est-il digne encore, s'il *eut pour dieu son ventre*? Le subterfuge de Rébecca est charité dans le Regard de Dieu. Qui est l'aîné sinon celui qui fait la volonté du Père ? Rébecca seule le sait et elle agit dans la fidélité à La Parole qui lui fut révélée : *l'aîné servira le cadet.* Comment laisserait-elle la bénédiction d'Isaac reposer sur Esaü sans trahir cette Parole sacrée ? *La ruse* de Rébecca est une obéissance, un Oui immense… Un Oui toujours. Elle consent, à l'aube de l'Histoire sainte, à cette invitation de Dieu afin que germe « le salut préparé à la face des peuples ». Par elle. Toute Sa maternité s'élance vers ce Salut, enracinée non pas dans la *volonté de la chair et du sang*, mais dans la longue trajectoire de la Grâce.

Jacob deviendra le père de l'Israël véritable. Lui, le petit, il s'en est montré digne ; sa fronde c'est sa foi. Le Dieu de Jacob est *le Dieu des Armées. IL Se* désarmera à la plénitude des temps, enseveli, minuscule, au sein d'une vierge de Bethléem.

RACHEL

Isaac appela Jacob, le bénit et lui donna cet ordre : « Tu n'épouseras pas une fille de Canaan. Lève-toi, va dans la région de Paddane-Aram, à la maison de Betouël, le père de ta mère, et là tu prendras pour femme l'une des filles de Laban, le frère de ta mère. » Et Jacob part sur la route qu'emprunta Eliézer, de longues années avant ce jour… Il retourne vers le pays de ses ancêtres, tel Isaac au temps de sa jeunesse envoyé par son père Abraham… Il fuit la colère d'Ésaü, il fuit sa vengeance. Aucun serviteur ne l'accompagne et il n'a pas une pierre pour reposer la tête, sinon celle de Bethel… C'est là qu'il s'endort après son long voyage. Dans un sommeil profond tel celui d'Adam. Et dans un songe, une échelle apparaît entrouvrant l'azur ; des anges montent et descendent à l'infini d'un Ciel qui n'est pas de ce monde. Jacob sortit de son sommeil, il prit la pierre qu'il avait mise sous sa tête, il la dressa pour en faire une stèle, et sur le sommet il versa de l'huile : « Cette pierre dont j'ai fait une stèle sera la maison de Dieu […]. Que ce lieu est redoutable ! C'est vraiment la maison de Dieu, la porte du ciel ! »

Puis il reprend la route pour le pays des fils de l'Orient. Soudain, dans la campagne, il aperçoit un puits… Une bergère s'en approche avec ses troupeaux. « Dès que Jacob voit Rachel, fille de Laban, le frère de sa mère », il s'avance, roule la pierre posée sur l'orifice du puits et abreuve le bétail. Des profondeurs de son cœur une petite source jaillit… Jacob écoute son chant. L'inconnue le regarde, tout près de lui. Elle est la bien-aimée. Soudain, sur cette margelle de puits, « Jacob embrassa Rachel, et il éclata en sanglots ». Un jour, à la plénitude des temps, une autre pierre sera roulée, celle d'un sépulcre au Jardin retrouvé par-delà la mort pour que se réalise enfin cette Parole : « J'arracherai ton cœur de pierre et J'y mettrai Mon Cœur de chair. »

Jacob pleure... Il reconnaît en elle le visage de son amour. Dans l'émerveillement de cette naissance, il s'écrie comme Adam au jardin de l'Éden : « Voici l'os de mes os, la chair de ma chair... » Cette chair de femme c'est son cœur vivant, son cœur battant... Un cœur où la loi de Dieu s'enracine en cet éblouissement qui le met au monde aux portes d'un long voyage, à la genèse encore de l'Histoire Sainte... Où les hommes cherchent à tâtons la Face de Dieu.

Cette Alliance s'incarne tout doucement, dans le visage des femmes rencontrées sur le dur chemin de la foi balbutiante. Sur ces visages rayonne celui de l'Espérance... Au cœur de ces visages se dévoile le désir lancinant d'une soif irréductible à tout amour humain, Celui des fiançailles de Dieu avec Son peuple... L'embrassant corps et âme, car le *Seigneur est pour le corps et le corps est pour le Seigneur*.

Naissance

« Comme une biche assoiffée cherche l'eau vive, mon âme a soif du Dieu vivant », se languit le psalmiste... Cette eau vive dort encore au silence des puits, au désert des fiançailles où Dieu S'épèle et Se révèle aux patriarches et aux prophètes. C'est à Bethel, au creux d'un profond sommeil, qu'Il rencontre Jacob et Il le blesse au cœur d'une soif et d'un désir inachevés. Les anges vont et viennent, de sa chair jusqu'à la mémoire de Dieu... Là s'ouvre un Jardin. La femme en est la clef... Elle, gardienne des puits où s'est enfouie l'eau vive, avant que n'en soit descellée la source au sein d'une chair virginale. Auprès d'une autre fontaine. Alors seulement, cette source pourra jaillir de nos cœurs, libérée en vie éternelle.

« Jacob embrassa Rachel, et il éclata en sanglots ». Les saintes Écritures sont sobres et cette phrase, unique dans le livre de la Genèse, vient bousculer les détails très concrets du récit. C'est une fêlure au gué d'un abîme d'où surgit le torrent des larmes, eaux d'une naissance où Jacob entrevoit un autre abîme : celui de la miséricorde d'un Dieu Qui Se donne en se retirant. Il s'émerveille au seuil de la femme… Rachel, son grand amour, son seul amour. N'y a-t-il pas le nom de Dieu dans son prénom ? El Shaddaï se penche sur Jacob dans les yeux de Rachel. Voilé sous son regard.

Il l'embrassa. Ce baiser soudain ouvre une faille dans la chair rude du récit biblique. Au seuil d'un vertige, l'éternité s'invite. Sur la margelle d'un puits où se sont nouées et se noueront encore tant d'histoires d'amour : celle de Rébecca et d'Isaac, Moïse et Cippora. Un jour, à l'heure de midi, une femme de Samarie usée de s'être perdue dans les désirs de ses amants de passage, reconnaîtra le plus beau des enfants des hommes, le Désiré des collines éternelles. Lui Seul fera jaillir la source tarie sous la pierre de son cœur.

L'Esprit souffle sur la chair comme au commencement du monde dans l'alliance de l'homme et de la femme. Dieu y reconnaît Son Visage. Les larmes, un baiser chaste et passionné… Rachel est cet amour, sur le point d'être perdu, toujours… Et qui en devient fou. Au cœur d'une tragédie égarée en terre d'Aram.

Exil

Sept longues années d'attente, où le désir se suspend à une promesse qui sera ajournée, car la nuit des noces avec l'aimée, Laban substitue Léa, sa fille aînée. À l'aube et dans l'effroi, Jacob découvre la ruse. Jacob épouse Léa, d'abord… Léa dont il n'est pas amoureux et qui lui donne six fils. Il traverse la lassitude et les yeux ternes de Léa, miroirs de cette terre morne et pourtant si fertile de Mésopotamie. Il attend sept ans encore, de labeur au service de Laban, pour que Rachel soit sienne, enfin. *Ce temps lui parut court tant il l'aimait…*

Il y a des milliers d'années, en Mésopotamie, un homme aime une femme malgré sa stérilité. Il ne la répudie pas, mais il l'attend deux fois sept ans ; comme Isaac qui patienta vingt ans avant d'avoir deux fils... Comme Abraham qui n'espérait plus l'enfant de sa vieillesse et chemina plus de cent ans avec sa sœur épouse, *aide contre l'homme* que Dieu lui a donnée. Oui, à l'aube des temps, sur la terre d'Aram en Chaldée, Jacob aime Rachel pour ce qu'elle est, pour ce visage unique qui est au seuil de la maison de Dieu... Au seuil de ses deux enfantements, quand Dieu Se souviendra et ouvrira enfin son sein. Pour le creuser des dernières portes des fondations plantées à même le roc de la Parole, les portes des douze tribus de la maison d'Israël.

« Fais-moi un enfant ou je meurs » et en son souffle ultime, Rachel donne la vie. « La sage-femme murmure : "N'aie pas peur ! Tu as encore un fils !" Dans un dernier soupir, au moment de mourir, Rachel l'appelle Ben-Oni, Fils-du-deuil, mais son père l'appelle Benjamin, Fils-de-la-droite. » Elle l'inconsolée, elle meurt semée sur le bord du chemin, mère d'une multitude, des exilés, des tout petits rendus aux entrailles de la terre. Elle les baigne de ses larmes, enfouie à Bethléem, sur la voie douloureuse qui monte vers Jérusalem... De l'exil à la Pâque... De la crèche à la Croix. « On l'enterra sur la route d'Éphrata, c'est-à-dire Bethléem. Jacob érigea une stèle sur sa tombe. Aujourd'hui encore, c'est la stèle de la tombe de Rachel. » Elle est là sur le chemin, pleurant et espérant par-delà le Schéol, le retour de ses enfants... Elle est là, sur la route de l'exil à Babylone, séparée dans la mort de celui qui fut son époux et le père des douze tribus d'Israël à qui il donnera son nom.

Elle veille, la préférée, plantée en terre, épouse inépousée, à la croisée d'un chemin de gloire... « Ils s'en viennent en pleurant, ils reviennent en chantant... Qui sème dans les larmes récolte la semence dans des cris de joie... » Elle est cachée dans la bonne terre de Bethléem, au chemin des montées vers la joie de « Jérusalem, Jérusalem... Construite comme une ville où tout ensemble fait corps… » Jérusalem, descendue du Ciel ouvrant ses portes à ses enfants. Rachel dort, semant ses larmes et creusant le sillon du retour vers la Terre Promise de la Cité de Dieu, espérant là aux profondeurs, ensevelie… Celui qui reviendra de la mort, le Crucifié offert aux quatre horizons. Portant tous les sanglots et les clameurs des innocents exterminés là-bas à Nazareth, pour les ressusciter au Royaume de Son Cœur.

« Une voix retentit dans Rama, une voix plaintive, d'amers sanglots. C'est Rachel qui pleure ses enfants ; elle refuse d'être consolée, car ils ne sont plus. » Ne pleure pas Rachel. Ton tombeau est un berceau au bord du chemin, comme une promesse inachevée… Il faut que le grain tombe en terre pour porter Son fruit de Gloire… Et c'est à Bethléem, caché dans la maison du pain, qu'une vierge le bercera au creux de son sein, tout contre son cœur. Le Verbe éternel y prendra Chair pour y inscrire Sa loi. Alors les femmes de Jérusalem, croisées sur la via Dolorosa, ne pleureront plus leurs enfants… Car la pierre de tous les cœurs, de tous les puits et de tous les tombeaux sera roulée dans la lumière de la Résurrection. Or, dit le Seigneur, que ta voix cesse de gémir et tes yeux de pleurer car « Voici venir des jours – oracle du Seigneur –, où je conclurai avec la maison d'Israël et avec la maison de Juda une alliance nouvelle… Je mettrai ma Loi au plus profond d'eux-mêmes ; je l'inscrirai sur leur cœur. Je serai leur Dieu, et ils seront mon peuple. Ils n'auront plus à instruire chacun son compagnon, ni chacun son frère en disant : "Apprends à connaître le Seigneur !" Car tous me connaîtront, des plus petits jusqu'aux plus grands – oracle du Seigneur. Je pardonnerai leurs fautes, je ne me rappellerai plus leurs péchés. »

LÉA

L'indésirée

« Au matin, voilà que c'était Léa. Alors Jacob dit à Laban : "Qu'est-ce que tu m'as fait ? N'est-ce pas pour Rachel que j'ai servi chez toi ? Pourquoi m'as-tu trompé ?" » (Gn 29,25). La nuit des noces, Jacob croit étreindre Rachel et aux premières lueurs de l'aube, Léa le dévisage, corolle tristement éployée entre ses mains ouvertes. « Jacob n'aimait pas Léa. » Le terme hébreu est « *haï* » et il exprime toute la violence d'un non se dérobant au projet d'un mariage forcé. Beaucoup d'exégètes ont interprété la ruse de Laban comme la réponse implacable d'une justice immanente, sanctionnant l'ancien subterfuge de Jacob : Ne déroba-t-il pas la bénédiction d'Ésaü auprès d'Isaac aveugle aux portes de la mort ? Pourtant, en deçà des usages religieux et bousculant les coutumes d'une Mésopotamie païenne, l'Éternel tisse l'Histoire. Dès le sein maternel, Jacob fut élu pour devenir l'aîné d'une multitude de frères. Dieu l'annonça à Rébecca : « l'aîné servirait le cadet », Esaü servirait Jacob. Mais il faut que celui-ci embrasse la nuit d'un labyrinthe, la nuit de sa foi, la nuit d'une purification de sa soif. Devenu l'aîné, Jacob épouse Léa, la fille aînée de Laban, le « blanchisseur ». Il traverse la morne plaine de l'exil et le brouillard d'un regard gris de cendres… avant les épousailles au désert flamboyant de son amour.

Rachel n'est pas un début pour Jacob, ni un balbutiement… Elle est fulgurance d'un désir en suspens, cet amour entrevu sur la margelle d'un puits, ce chant d'appel où homme et femme s'unissent en une étreinte unique au cœur de laquelle « Celui Qui est » les attend. Rachel, seule en sa sépulture sur un chemin d'errance, est le couronnement de son amour. Mais auparavant il faut traverser la plaine de Shinéar et les yeux tristes de Léa… Il faut s'engloutir dans cette terre morne et humide avant d'embrasser la lumière des Anges montant et descendant l'échelle mémorielle dans l'unité embrasant la nuit de chaque atome… Et le Corps à corps sur le gué du Yabboq, la lutte au seuil de l'abîme pour que resplendisse et se lève à l'aube, en terre de Penouël, la Plénitude de la Face de Dieu… Au petit matin, Jacob reçoit son nom ; et au terme de deux fois sept ans, il s'unit enfin à celle que son cœur aime. Et, dans les yeux de Rachel, mais au seuil de sa mort, à Bethléem, la naissance de Ben-Oni, fils de sa douleur, ouvre la Maison de Dieu, dans l'accomplissement de ses douze fondations que sont les pères des douze tribus d'Israël.

L'Action de Grâce

Selon la règle en terre païenne, en Mésopotamie et en ces temps anciens, Léa aurait dû épouser Esaü… L'aîné était pour l'aînée selon la loi des hommes, la dure loi du clan dans l'ordre du patriarcat. La tradition juive nous apprend qu'elle en pleurait le jour et la nuit car elle en avait peur. N'était-il pas un homme emporté, les mains couvertes du sang des bêtes qu'il chassait ? L'Éternel entendit son appel, *d'un cœur meurtri, Dieu n'a pas de mépris, et* Léa épouse Jacob. Hélas, le cœur de l'époux est ailleurs, et il bat pour Rachel. Pauvre Léa, obscure Léa… Délaissée, silencieuse… Ses yeux ne sont pas ternes, mais délicats. Et si leur éclat semble voilé d'un crêpe, c'est qu'elle a trop pleuré. Ses cils en sont tombés, nous confie un midrash. Or les larmes des femmes ont un pouvoir théurgique, elles attirent le Dieu de toute miséricorde, elles déchirent Ses entrailles de pitié. Et l'Éternel se souvint de Léa… Il ouvrit son sein comme les eaux de la mer… « L'Éternel vit que Léa n'était pas aimée de Jacob et IL la rendit féconde, tandis que Rachel était stérile » (Gn 29,31). Jacob s'unit à elle dans une nuit obscure, à tâtons, obéissant à ce Dieu, qui, par-delà la ruse du *blanchisseur* Laban – c'est l'étymologie de son prénom – rend *l'écarlate* de son amour contrarié pour la belle Rachel, *blanc comme la laine,* purifié tel l'or fin au *feu du fondeur,* au creuset de la chair morne de Léa.

« Léa devint enceinte et enfanta un fils qu'elle appela Roubène car, dit-elle, "le Seigneur a vu ma détresse et maintenant mon mari m'aimera". Elle devint encore enceinte et enfanta un fils. Elle dit : "Le Seigneur a compris que je n'étais pas aimée et il m'a encore donné cet enfant !" Elle l'appela Siméon. Elle devint encore enceinte et enfanta un fils. Elle dit : "Maintenant, cette fois-ci, mon mari va s'attacher à moi car je lui ai donné trois fils !" C'est pourquoi on l'appela Lévi. » Les prénoms Roubène, Siméon et Lévi épèlent la gratitude d'un chant s'élançant vers Dieu. Hélas, cet élan se brise. Le besoin de reconnaissance empêche l'envol d'une joie pure. Léa tourne et tourne dans l'orbite d'un désir de revanche où échoue sa prière. Par ses nombreuses maternités, elle croit triompher de Rachel, la bienaimée *désolée en sa stérilité.* Pourtant, à la naissance de Juda, son quatrième fils dont le prénom est pure louange, sa joie s'élève par-delà l'obsession des luttes rivales... Par-delà le cri de victoire d'une guerre lasse où l'épouse si féconde est pourtant négligée. Alors, Léa devient belle dans le regard de Dieu. Elle se laisse aimer, grande ouverte à ce don sans partage... Sa prière est une offrande et une consécration : « "Cette fois-ci, je louerai le Seigneur !" C'est pourquoi elle l'appela Juda. Et elle exulte en Dieu son Sauveur... » Peut-être entrevoit-elle déjà, en cette lignée bénie, l'aurore du Salut envelopper le monde. Cette chair délaissée se réjouit de la tendresse d'un Dieu Qui l'a visitée de Sa vie donnée en plénitude, s'écoulant tel le fleuve du Jourdain et enveloppant de ses eaux baptismales la descendance des fils d'Israël... Mille siècles, un jour... Là-bas, en Terre Promise, après l'Incarnation du Fils de Dieu fait Fils de l'homme, dans la tribu royale du lion de Juda... La prière de Léa monte devançant les siècles, telle une action de grâce.

La malaimée

Pourtant, malgré les six fils qu'elle met au monde, elle est demeure inhabitée pour Jacob qui ne l'aime pas. Elle est absence en terre étrangère ; elle est la lourde et morne plaine de Shinéar ; elle est cet exil qu'il doit traverser éclipsant son amour qui l'attend. Les larmes de Jacob se sont taries à la source scellée aux lèvres de la bien-aimée qu'il embrassa sur la margelle d'un puits... Rachel, chair de sa chair, os de ses os, visage de la toute belle... Brebis perdue murmurant au bord du chemin, au large de la mort : « Pose-moi comme un sceau sur ton cœur, comme un sceau sur ton bras. Car l'amour est fort comme la Mort, la passion, implacable comme l'Abîme : ses flammes sont des flammes de feu, fournaise divine. Les grandes eaux ne pourront éteindre l'amour, ni les fleuves l'emporter. Un homme donnerait-il toutes les richesses de sa maison pour acheter l'amour, il ne recueillerait que mépris. »

Pauvre Léa donnée en partage par son père à un époux qui ne l'aime pas... N'est-elle pas prophète inconnue, celle qui s'adresse à Dieu dans les supplications et les larmes ; n'a-t-elle pas goûté à cette liberté souveraine d'avoir choisi tous les prénoms de ses enfants ? Rabbi Yohanan rapporte les paroles de Rachdi : « Depuis le jour de la création du monde, la première personne qui a appelé Dieu Adonaï *(אדני)* était Abraham ». Il ajoute : « Depuis le jour où le Saint, béni soit-il, a créé le Monde, personne ne l'a remercié jusqu'à la venue de Léa qui, elle, Le remercie en s'écriant : "Je rends grâce à l'Éternel" (Gn 29,35). » Il était une fois pour la toute première fois au monde, un être humain qui remercia Dieu... C'est une femme aux yeux tristes, abîmée au silence dont elle se voile pour mieux louer le Protecteur des humbles, le Consolateur des affligés. C'est pour cela sans doute, qu'au-delà de la mort, elle est réunie à l'époux qu'elle a tant aimé, à la grotte du champ de Macpéla. Elle y repose, au tombeau parfumé des matriarches, Sarah et

Rébecca… Bercée dans la paix du Dieu d'Abraham, d'Isaac et de Jacob. Avec eux, elle dort, au sein de la terre que l'Éternel leur a donnée en héritage… à Hébron, au pays de Canaan où s'écoulent pour l'éternité, le lait et le miel de la Parole du Christ Qui est venu, au soir du grand Sabbat, à la veille du Jour de Pâques, les éveiller…

Écoutez donc au creux de la terre le chant de Léa : « Je suis un rempart, mes seins sont des tours ! Et je suis devenue à ses yeux celle qui a trouvé la paix » (Ct 8,10).

RUTH

Chemin vierge

Sur les hauts plateaux à l'est de la mer Morte, entre les champs fructueux de Moab et Bethléem de Juda, deux silhouettes s'avancent sur une route aride… Sous le soleil implacable, elles montent, fragiles, vers la terre de Canaan. Deux veuves, l'une toute jeune encore ; l'autre plus âgée ployant sous le deuil d'Élimélek et de leurs deux fils, Mahlone et Kilyone. Belle-mère et belle-fille. Noémi, « Ma douceur », et Ruth, la Moabite… L'étrangère, la compagne.

Noémi la *toute belle*, amputée de l'époux et de ses enfants, est devenue *l'amère*. Elle retourne à la *maison du pain* d'où elle s'était enfuie, dix ans auparavant, désertant la famine en même temps que la terre où reposaient ses pères. À l'orée d'un chemin incertain, où Douleur bientôt creusera le sillon d'une naissance, elle confie à ses deux belles-filles : « Mon sort est trop amer pour que vous le partagiez. Car c'est contre moi que la main du Seigneur s'est levée. » Au-delà d'elles, Noémi s'adresse à Dieu Qui semble Se taire. Élimélek, époux perdu de la tribu de Juda, ne portait-il pas Son Visage de Gloire tissé aux lettres de son prénom, « Mon Dieu est Roi » ?

Un autre Roi appelle Noémi, là-bas à Bethléem, *il a un âne comme monture* ! Mais comment pourrait-elle le savoir ? Un Fils l'attend dont le nom, « *bar* », signifie aussi le grain de blé. Au doux soleil de l'aube, sur des aires d'abondance, il repose sous la paille avant d'être battu à la moisson des humbles, Serviteur caché aux silos des cœurs, Roi pauvre des petits. Mais avant de retourner là-bas, au berceau de Bethléem, il faut s'enfoncer en pays étranger, au plus lointain de la plaine de Moab… Pour qu'en ses profondeurs inconsolées, y meurent Mahlone et Kilyone, dont les noms signifient maladie et épuisement… Il faut tout perdre afin qu'un germe y porte sa semence.

Sur les hauts plateaux balayés par le vent, deux femmes inventent un chemin. Vierge. S'invitant au sillage de leurs pas, la royauté d'Israël les enveloppe déjà, suspendant l'ombre portée d'une onction invisible… Le soleil brûle la terre résistant sous l'étreinte… Orpa, l'autre belle-fille, fidèle au sens de son prénom a déjà fait *volte-face*, tournant le dos à Noémi, au Dieu se dévoilant au-dedans d'elle. On ne peut voir Dieu sans mourir et Orpa ne veut pas mourir. Orpa a la nuque raide ; elle ne risquera pas l'inconnu où IL l'appelle. Elle retourne à ses dieux… Dans le pays voilé de Lot. Ruth seule demeure, enfouie en terre inépousée. Portée par son prénom, dont la valeur numérique *606* est celle de la colombe… Elle s'élance obscurément vers la Lumière du Dieu d'Israël… Elle ignore qu'Il Se cache, au secret de sa chair.

Promise

Noémi, « quitte ta robe de tristesse, voici ton Roi qui vient vers toi ». Il t'enserre, et tu ne le sais pas… Il t'aiguillonne dans l'âpre voyage où le silence enceint l'éclat de Son Verbe. Ta désolation bientôt se changera en une danse. L'entaille creusée par tes pas remonte vers la terre de Juda d'où débordent en gerbe d'or, l'orge et le miel… Là-bas, à Bethléem, orient où la Promesse se lève… Sur cette route, tu n'es pas seule. Est-ce un Ange qui marche à tes côtés sur les montées ? Non, c'est Ruth, l'amie. Ruth la Compagne. La jeune Moabite s'attache à tes pas, retournant à la source inconnue d'un Amour absolu, sans retour, sans partage… *Dabâq*… Mot rare serti précieusement au cœur de l'Écriture pour exprimer la communion définitive. Ainsi dit la Genèse, « l'homme quitte son père et sa mère et s'attache à sa femme » (Gn 2,24). Par-delà l'amour invincible, *Dabâq* reflète la profondeur de la fidélité à laquelle Dieu appelle son peuple : « C'est le seigneur votre Dieu que vous suivrez, c'est à Lui que vous vous attacherez » (Dt 13,5).

Sur le chemin de Bethléem, Ruth lie sa destinée à celle de Noémi. Irrémédiablement : « Ne me force pas à t'abandonner et à m'éloigner de toi, car où tu iras, j'irai ; où tu t'arrêteras, je m'arrêterai ; ton peuple sera mon peuple, et ton Dieu sera mon Dieu. Où tu mourras, je mourrai ; et là je serai enterrée. Que le Seigneur me traite ainsi, qu'il fasse pire encore, si ce n'est pas la mort seule qui nous sépare ! » Ce Serment d'amitié défie la mort. Au-delà, s'ouvre une profession de foi vertigineuse. « Retournez à Moi », supplie l'Éternel. Ce verbe traverse l'Écriture Sainte tel le battement de Son Cœur. Le Dieu d'Abraham séduit Ruth, jeune fille obscure d'une lignée sans Promesse, sans Histoire… Il l'attire au désert, Lui, le Dieu des humbles et des petits. Elle lui répond, vêtue de sa foi nue, scellée au lit des fiançailles où Il l'attend.

Ruth monte en fiancée vers Bethléem. Israël l'épousera-t-il… C'est le temps de la moisson des orges. *Elle* supplie Noémi : « Laisse-moi aller glaner dans les champs, derrière celui aux yeux de qui je trouverai grâce. » C'est en mendiante que jour après jour, cette reine dépouillée vient glaner l'orge, ses pas posés dans les sillons creusés par ceux des moissonneurs, dans la parcelle d'un champ appartenant à Booz, riche propriétaire parent de Noémi, du clan d'Élimélek. « À qui est cette jeune femme », demande-t-il à ses ouvriers… Et Booz comprend… Booz voit au-delà de cette jeune veuve « dont l'entrée dans l'Assemblée d'Israël est prohibée à jamais aux Moabites » (Dt 23,3-6) ; il voit au-delà de l'étrangère, signe de perversion en Israël « le peuple se mit à forniquer avec les filles de Moab » (Nb 25,1) ; il voit par-delà la malédiction de Sophonie s'écriant « par ma vie ! Moab deviendra comme Sodome » (So 2,9)… Il voit et loue le *hèsèd* de Ruth (Rt 3,10), charité étincelant telle une source d'eau pure, au cœur de la miséricorde d'un Dieu Qui Se donne, et Se dévoile… Ici, dans le visage de cette pauvre qui lui est confiée, telle une manne de bonté ensemençant son aire de larmes de reconnaissance. « Alors Ruth se prosterna face contre terre et lui dit : “Pourquoi ai-je trouvé grâce à tes yeux, pourquoi t’intéresser à moi, moi qui suis une étrangère ?” Booz lui répondit : “On m’a dit et répété tout ce que tu as fait pour ta belle-mère après la mort de ton mari, comment tu as quitté ton père, ta mère et le pays de ta parenté, pour te rendre chez un peuple que tu n’avais jamais connu de ta vie.” »

Ruth s’abrite sous le pan du manteau de Booz. Par la bénédiction qu’il prononce, émerveillé, le Nom de l’Éternel repose enfin sur elle. *C’est sous Ses ailes, kânâp, qu’elle est venue s’abriter* (2-12), ces ailes que le Dieu des armées avait déployées Tel un aigle sur le peuple de l’exode (Ex 19,4 ; Dt 32,11) et sur son cœur, quand celui-ci dormait encore… En terre d’Edom. Oui, c’est à l’ombre de Ses ailes que Ruth est venue chercher refuge… Dans les gestes protecteurs de l’époux, elle cherche Sa Face : « Étends sur ta servante le pan de ton manteau car tu es un racheteur. » Booz est son défenseur, son Goel… Appelé par la loi du lévirat à l’épouser, elle, belle-fille de Noémi, sa plus proche parente. Booz la regarde… Au-delà de lui, le Rédempteur pose Ses yeux sur elle, Dieu de miséricorde dont la justice enveloppe les pauvres, les veuves, les proscrits. « Qu’elle soit complète, la récompense dont te comblera le Seigneur, le Dieu d’Israël, sous les ailes de Qui tu es venue t’abriter ! », lui murmure-t-il. Booz retire sa sandale et la lance dans un élan si puissant que le roi David s’en souviendra trois générations plus tard : « Moab est le bassin où je me lave, je jette ma sandale sur Edom » (Ps 108,10). « Booz prit Ruth comme épouse, elle devint sa femme et il s’unit à elle. Le Seigneur lui accorda de concevoir, et elle enfanta un fils. » La pousse de Jessé repose désormais au large de son sein, portant mystérieusement la sève du sacerdoce royal. Ruth sera la mère d’Obed, *le serviteur*, père de Jessé ; et Jessé engendrera le roi David. « La souche de l’arbre de Jessé fleurira jusque dans la pierre et les verrières des cathédrales. » Au cœur de la rose, le Prêtre éternel tisse l'alpha et l'oméga du monde ressuscité.

Le Cœur de la Loi

La Torah forme les pétales d'une rose enveloppant un Cœur battant. Or, ce cœur s'est endurci. L'obsession de restaurer une dynastie messianique, l'interprétation d'une Loi vidée de l'Esprit Qui l'anime ont occulté le droit des veuves, de glaner dans les champs d'orge et de blé. « Voici l'alliance que je ferai avec la maison d'Israël, Après ces jours-là, dit l'Éternel : Je mettrai ma loi au-dedans d'eux, Je l'écrirai dans leur cœur. » Au soir de sa vie, Booz épouse Ruth, icône de la piété, « capacité offerte où Dieu Se fait torrent ». « Je répandrai sur vous une eau pure, et vous serez purifiés » (Ez 36,25). Le vieux Booz se plonge dans la bonté d'une femme, aux eaux d'une nouvelle naissance, au principe de la *Thora* qui est *hèsèd* et il est justifié. En elle. « Moab est le bassin où je me lave… En vérité, en vérité, si un homme ne naît d'eau et d'Esprit, il ne peut entrer dans le royaume de Dieu » (Jn 3,5). La colonne gauche septentrionale à l'entrée du Temple bâti par Hiram de Tyr et détruit par les Babyloniens porte le nom de Booz. Le psaume 21 le révèle : « En la force de YHWH, le roi se réjouira ». Booz, maison de la force de Dieu, entoure comme d'une enceinte, le cœur de la Loi inscrite aux battements de celui d'une femme, mendiante à la porte de la Maison du Dieu d'Israël. Et sur son aire, elle vient glaner l'orge de la bénédiction et la gerbe de l'offrande.

« Il est venu chez les siens et les siens ne L'ont pas reconnu », déjà. Mais « De ces pierres Je ferai naître des enfants à Abraham. » Un jour, Jésus y reposera sa tête, et y plongera Son Cœur. N'annonce-t-elle pas, la foi de Ruth, celle des nations païennes… La foi sans retenue de la Cananéenne, la soif de la Samaritaine, de toutes ces étrangères selon la chair, mais nées de l'Esprit et du Feu… Celle de la race de ceux qui

Le cherchent, de « ceux qui cherchent Ta Face, Seigneur. Le semeur est parti pour semer... » Les orges, *s'orim*, sont aussi la chevelure et le frisson de celle qui annonce Marie Madeleine. Ruth s'étend aux pieds de Booz et délace sa sandale... Déjà, aux champs d'orge de Bethléem, au berceau de la maison du pain, germe la vocation royale. En écho, et par-delà les siècles, cette royauté sera consacrée par l'onction d'une femme, Marie un soir, à Béthanie... Madeleine... Chevelure d'orge blonde frissonnant sous le Souffle du Verbe... Et, agenouillée aux pieds du Sauveur, les baignant de ses larmes, elle lui offre la moisson d'or nu de ses cheveux épars. Pas un ne s'est perdu. Pour Lui. Le sacerdoce du prêtre éternel y fera son nid. Au creux de sa chair s'ouvrant à l'Alliance d'un Roi dont le *Royaume étranger à ce monde* porte pourtant le monde déjà transfiguré.

Des siècles avant la naissance de ce Roi dépouillé, une femme a perdu tout ce qui lui était cher... Elle, Ruth la Moabite, *impure* en regard d'une loi qui a durci ses ordonnances, à tel point qu'elle exclut les étrangers de la communauté, elle incarne par l'amour qu'elle ose vivre, plus précieuse que le lin et que l'or le plus fin, la foi de la Maison d'Israël... « Une si grande foi qu'on en trouve la pareille chez personne, même en Israël » (Mt 8,10). Elle accomplit par son attachement radical à une Mémoire qui n'est pas celle de son peuple, au cœur de sa chair donnée sans détour, l'Alliance avec un Dieu dont « la fidélité s'étend d'âge en âge pour ceux qui Le craignent ». « Car Son Amour ne s'écartera pas de toi, Son alliance de paix ne chancellera pas » (Is 54,10). Aux yeux du parti théocratique au pouvoir à Jérusalem, Ruth la Moabite s'inscrit dans la lignée de ces femmes « scandaleuses ». Elle tombe sous le coup de leur ostracisme, alors qu'elle est, avec Tamar, Rahab et Bathshéba, parmi les aïeules du Christ à venir. Par son union avec Booz, Ruth « rétablit » Noémi et elle établit la dynastie Davidique, trône donné au Fils du Très-Haut Qui S'est fait Serviteur. En elle, silencieusement, s'unissent déjà le Sacre et l'Autel. « Il sera grand et sera appelé Fils du Très-Haut, et le Seigneur Dieu lui donnera le trône de David, son père. Il régnera sur la maison de Jacob éternellement, et son règne n'aura point de fin. »

« En ce jour, le rejeton de Jessé, Sera là comme une bannière pour les peuples ; les nations se tourneront vers Lui, et la gloire sera sa demeure… Édom et Moab et les fils d'Ammon Lui seront assujettis » (Is 11,10-16). Or, Ruth est Moabite ; Naomi, la charmante, est une contraction linguistique évoquant Naamah d'Ammon ; Obed, le serviteur, rappelle Obed-Edom. Ces trois prénoms, au-delà de leur sens littéral et poétique, ou même allégorique, enveloppent tel un voile, une réalité trop subversive pour la caste des grands prêtres. Avec Ruth, et remontant des champs fertiles de Moab, de la terre voilée de Lot, les nations sont *revenues* à Bethléem. La foi de Ruth dévoile et accomplit le tout premier commandement, celui qu'Israël a négligé pour *s'abreuver à des citernes percées*… S'égarant dans une interprétation tatillonne et stérile de la loi.

« Écoute, Israël, le Seigneur, notre Dieu, est l'unique Seigneur. Ne t'a-t-Il pas appelé ? Revenez à moi, de tout votre cœur ! » Ne murmure-t-Il pas à la brise du soir : « Mon fils, donne-moi ton cœur » (Pr 23,26). Au-delà de la loi où tu t'empierres, une femme, une étrangère, Lui a donné son âme, sa chair, son sang. Elle « enfonce le glaive jusqu'à la garde dans le ventre de l'Adversaire » (cf. Jg 3,21), la main qui le brandit est la flèche de l'aurore ! Elle ne dévie pas de sa trajectoire et monte vers la lumière au feu d'un dévoilement.

Icône

Pour beaucoup d'exégètes, *Ruth* est la forme abrégée de *Re'uth*, la *compagne*, et les traducteurs de la Bible s'obstinent à proposer cette filiation linguistique. Or, *Ruth* n'apparaît qu'ici, dans ce petit livre. Seul, il porte ce prénom. En réalité *Ruth* dérive tout simplement de *rwh*, « être arrosé à saturation », puis, par métaphore, « être comblé de biens ». Jérémie l'annonce dans une vision du retour de l'exil de Babylone : « Les Israélites seront comblés de tous les biens et de la bonté du seigneur » (Jr 31,12.14). Isaïe promet : « Le Seigneur sera toujours ton guide. En plein désert, il comblera tes désirs et te rendra vigueur. Tu seras comme un jardin bien irrigué, comme une source où les eaux ne manquent jamais » (Is 58,11). Dieu murmure *rwh*, soufflant sur la chair de la fille de Sion, visitée jusqu'en son cœur, par ses enfants, « ses fils et filles portés sur la hanche », et, au-delà encore, à l'horizon des temps, par les nations païennes, revenues en son sein. « Les trésors d'au-delà des mers afflueront vers toi, vers toi viendront les richesses des nations. En grand nombre, des chameaux t'envahiront, de jeunes chameaux de Madiane et d'Épha. Tous les gens de Saba viendront, apportant l'or et l'encens ; ils annonceront les exploits du Seigneur. Tous les troupeaux de Qédar s'assembleront chez toi, avec les béliers de Nebayoth pour ton service [...]. Des étrangers rebâtiront tes remparts, et leurs rois seront à ton service. Oui, dans ma colère je t'avais frappée, mais dans ma bienveillance je t'ai fait miséricorde. On tiendra toujours tes portes ouvertes, elles ne seront jamais fermées, ni de jour ni de nuit, afin qu'on fasse entrer chez toi les richesses des nations et les rois avec leur suite » (Is 60,5-11). Le sens profond de *Ruth* se dévoile alors : la jeune Moabite est l'icône d'un visage virginal, si nu que la Lumière Seule peut y creuser une source. À la plénitude des temps, au cœur de l'Histoire Sainte, La Comblée de Grâce ouvrira ce Salut à tous les peuples... Elle, la porte toujours ouverte, au seuil d'une Rédemption universelle.

ÉPILOGUE

Nous quittons la terre de Canaan, Bethléem, le royaume de Juda. Nous quittons le visage radieux des matriarches… Le souvenir de l'Éden y demeure, écho lointain d'étoiles remontant les marées du temps… Ève a les yeux grands ouverts, baignés d'éternité. Avant la chute. Depuis, l'horizon de la mort est une enceinte. Traversons-la pour Le rejoindre. De l'Éden à l'effroi, de l'exil au retour, une respiration soulève l'Histoire Sainte tel un battement de Cœur. Revenez à Moi… supplie l'Éternel. Les matriarches montent vers la lumière d'une origine… Non pas perdue, mais à venir, Promesse ressuscitée d'un éternel amour. Espérance triomphante au cœur d'un pèlerinage qui est une ascension. Une Pâque étincelante. De Sarah à Ruth, *Isha d'Israël*, la femme des commencements, part et retourne… Elle part pour revenir… Elle revient car elle part… Ses pas fondus à ceux des patriarches, elle s'élance avec eux vers la genèse de l'homme. Au seuil d'un vertige qui est une naissance, l'éternité s'avance telle une Promesse.

Sa maternité n'est pas une fonction, un rôle, une prison. Elle n'y est pas assignée ; elle n'est pas arrimée à la tyrannie d'une lignée à sauvegarder ; elle n'est pas la victime d'une idolâtrie de la chair et du sang, ni la prêtresse d'une origine scellée. Non, l'Esprit l'attire au désert d'une alliance mystérieuse… Sa maternité est un Oui s'élançant à travers les siècles, s'envolant à l'appel du Dieu de la Vie, à tire d'ailes, là-bas où le Salut Se lève… à l'orient de Son Cœur. Cette maternité est la terre d'élection d'une Promesse inouïe. Elle est la plénitude d'une vocation s'avançant à l'assaut de la mort, belle telle une armée rangée en bataille. Elle est le lit des fiançailles de Dieu avec Son peuple. Elle est le tabernacle où veille une Présence, tissant et retissant en elle, la Maison d'Israël. Et cette maison est jardin clos, source scellée, tour d'ivoire jusqu'à ce que l'espérance messianique d'un Sacerdoce éternel prenne chair en elle. Dans l'Offrande d'un Cœur Qui bat, Celui d'un Serviteur souffrant… D'un Roi de gloire ressuscité déjà en elle. « Il dansera au milieu de toi avec des cris de joie, guerrier vainqueur ! »

Sarah est la mère des croyants, Rébecca fonde la Maison de Jacob, Rachel et Léa établissent les douze tribus d'Israël dont les noms sont inscrits sur les portes de la Cité Céleste ; Ruth, la Moabite, inaugure la dynastie davidique, l'alliance du trône et de l'Autel. En elle fleurit la tige de Jessé éclose au Oui d'une vierge de Bethléem. « Je suis la servante du Seigneur, qu'il me soit fait selon ta Parole » promet Marie à l'Ange suspendu à ses lèvres. L'Esprit Saint la voile de Son Ombre. La Promesse la saisit tout entière, sang, os et moelle. Le Verbe Se fait Chair en sa chair. Le monde se renverse irrémédiablement en elle. « Tous les siècles la diront bienheureuse. »

Et puis il y a les autres, toutes les autres, dont la foi lumineuse annonce déjà Marie, annonce déjà l'Église… Joyeuses, elles dansent au son de la cithare, de la harpe à dix cordes. Miryam, la sœur de Moïse chante la louange d'Israël. Sa joie éclate sur son tambourin. Elle chante entre les eaux de la mer Rouge, la Pâque de l'Agneau. Entrevoit-elle déjà aux Cieux ouverts, les bienheureux unir leurs voix à celles des Anges, des Archanges, des Chérubins, des Séraphins, des Trônes et des Principautés, des Vertus et des Dominations ? Perçoit-elle l'écho frémissant des myriades de voix Cristallines… Entend-elle le Cantique de l'Agneau embraser l'horizon d'une Pâque transfigurée ?

Elle va et revient, elle part et retourne de la terre vers le ciel, elle s'élance telle une flèche du carquois à la cible où rayonne en mille prismes de lumière, la Loi enchâssée au rouleau de son cœur. La Thora éternelle danse. Le deuil déjà se change en une fête. Du Jardin aux pas perdus, à la montée vers la terre Promise, et au-delà encore, vers cette Cité resplendissante de la Gloire de Dieu, habillée de Lui Seul. Parée de Son Amour. Mères, vierges et veuves, mendiantes ou princesses… Sentinelles de la Grâce…

Toutes sont l'icône inachevée de cette Cité de Dieu, se tissant et s'effilochant au fil de la trame des temps, jusqu'à l'accomplissement des Noces avec l'Époux comblant toute chair de Sa miséricorde, comme les eaux recouvrent les abysses de la mer. Miryam bat la démesure, au son du tambourin, sur la harpe à dix cordes des temps... Elle désarme déjà le Dieu des armées de son Oui comme un éclat de rire. Liberté virginale s'élançant jusqu'aux Cieux ouverts. « Ils n'auront plus besoin du soleil ou de la lune car l'Agneau Véritable sera leur torche et leur flambeau. » Son Cœur est un Brasier. La mort s'y est anéantie. « De larmes, de cris, il n'y en aura plus. Il essuiera toutes larmes de nos yeux. »

« Anne, la mère du prophète Samuel » s'avance. Et avec elle, la martyre, la veuve, la stérile... Pour les grands prêtres de Jérusalem, son corps est une terre désolée, malédiction au seuil d'une chute vertigineuse. Sur elle, le Seigneur Se lèvera-t-Il ? Oui. Au cœur de son infirmité, il fait jaillir une source. Car le Seigneur l'a visitée... Il l'établit en Sa Maison. L'aurore du Salut se lève sur Israël. « Réjouis-toi, stérile, toi qui n'enfantes plus ! Fais éclater ton allégresse et ta joie, toi qui n'as plus de douleurs ! Car les fils de la délaissée seront plus nombreux Que les fils de celle qui est mariée, dit l'Éternel. Élargis l'espace de ta tente ; Qu'on déploie les couvertures de ta demeure : Ne retiens pas ! Allonge tes cordages, Et affermis tes pieux ! » (Is 54,1-2). On ne l'appellera plus désolée, mais « Ma bien-aimée ». Elle est la fondation du Temple véritable où le Salut s'invite, déjà... Dans l'Offrande éternelle de l'Unique Sacrifice Qui a sauvé le monde. Le visage de l'Église resplendit au cœur de ce Vaisseau prenant le large, sous le voile de la *tente allongeant ses cordages*. Ses enfants seront plus nombreux que les étoiles, car ils seront les saints du Ciel chantant avec les Anges : « Saint, Saint, Saint le Seigneur Roi de l'univers. Le ciel et la terre sont comblés de Ta Gloire, hosannah au plus haut des cieux. Béni soit Celui Qui vient au Nom du Seigneur... hosannah au plus haut des Cieux ! »

HÉROÏNES

Je Suis le Roi
Cœur
Suspendu
à mon sceptre de Foi

Ma Couronne
est cachée
aux eaux de vos silences

J'attends

Mes soldats
mes fous
mes cavaliers

J'attends au secret de la diagonale.

אֶהְיֶה אֲשֶׁר אֶהְיֶה

PRÉLIMINAIRES

Soudain, dans l'éclat des armées, sur les champs de bataille, la guerrière s'avance… Brisant la Règle des docteurs de la Loi d'Israël. Dans la grâce du combat, elle se lève tel un lys, parfumant le sceptre des rois du parfum d'Adonaï… Elle apparaît, délicate, pour affronter de sa fragilité, la force brute du tyran. Tel David avançant sur Goliath, une fronde à la main… Tel l'argile abandonnée à la main du Potier ; belle comme une armée rangée en bataille, elle ouvre le front de la guerre sainte… Dans la justice de ce Dieu des armées dont elle se pare et dont la Loi sacrée frappe comme le glaive de vérité, les hommes qui trahirent Sa Parole. Elle se dresse alors pour destituer les rois de la terre d'un pouvoir illégitime ou qu'ils ont usurpé… Pour délivrer le peuple des invasions étrangères, des idolâtres, d'un despote ou des guerres fratricides.

ESTHER

En la voilée, Dieu Se dévoile

Nous quittons la terre lumineuse de Canaan, Bethléem, le royaume de Juda, pour nous ensevelir en pays d'exil, au cœur d'une citadelle, à Suse la scandaleuse ; au palais d'Assuérus dont l'empire gigantesque s'étend de la plaine de l'Indus jusqu'en Éthiopie. Suse a succédé à sa rivale Babylone, après la victoire des Perses sur les Chaldéens. Elle a recueilli beaucoup d'émigrés babyloniens dont les déportés de Jérusalem, implantés dans les cent vingt-sept provinces du royaume, forment une diaspora disséminée dans ce monde païen.

C'est là, dans cette cité de Suse, la rose perse, qu'Esther attend, cachée au creux d'un prénom étranger… Là, dans un monde barbare où Dieu semble éclipsé, elle veille telle une rose parmi les épines, tel le sel au cœur d'une chair corrompue. Orpheline de père et de mère, elle est élevée par son oncle Mardochée qui tait leur identité juive. Personnage important, ayant une fonction à la cour, il fait partie des captifs que Nabuchodonosor, roi de Babylone, avait déportés de Jérusalem avec le roi de Juda, Jékonias.

La vocation d'Esther est contenue dans son prénom d'origine, *Hadassa*, le myrte sauvage, dont la douceur des feuilles se mêle d'amertume, à l'image du destin du peuple irréductible qu'un décret du roi, influencé par Amane, son Premier ministre, voue à l'extermination… mais douceur victorieuse dans le triomphe de ce peuple sauvé par la supplication de la jeune fille. En un lieu retiré, aux profondeurs de son cœur, apparaît peu à peu le Visage du Dieu des Armées. Car Esther, au-delà de la consonance païenne, *Ishtar*, l'astre de la nuit, recèle la racine hébraïque *Estar*, le mystère, le secret. Esther, la servante voilée, attend ensevelie dans un monde éclaté où Dieu semble s'être retiré… Là, au hiatus de Son absence apparente, le mal prolifère et plante ses métastases. Mais Un Cœur veille.

Dans la version hébraïque, contrairement à la version grecque, le Nom d'Adonaï n'apparaît jamais, sinon de façon codée… Pourtant, celui qui a les yeux ouverts L'entrevoit, tissé au cœur du texte, Se révélant dans quatre notarikons et dans un palindrome. Là, à travers la structure admirable de Sa Parole, Dieu manifeste Son Être et Son Nom, comme Il Se révéla à Moïse dans le livre de l'Exode : « Dieu dit à Moïse : "Je Suis Celui Qui Suis, Ehyeh Asher Ehyeh, אֶהְיֶה אֲשֶׁר אֶהְיֶה." Et il ajouta : "Voici ce que tu diras aux Israélites : Je Suis m'a envoyé vers vous." »

Or, le livre d'Esther conte un autre exode, une Pâque nouvelle : de l'oubli à la conscience, de l'absence à la Présence, du voilement à la Révélation éclatante. Au fur et à mesure qu'Esther annonce son identité au roi, Adonaï manifeste Son Nom… Au cœur de sa féminité. Sous la trame de l'Histoire.

*

Ce petit livre aux allures de conte persan ne s'ouvre pas sur les mille et une nuits d'une princesse en sursis, suspendue au désir d'un prince malade d'amour, mais sur un songe. « À la deuxième année du règne du grand roi Assuérus, le premier jour du mois de Nissane, Mardochée, fils de Jaïre, fils de Shiméï, fils de Qish, de la tribu de Benjamin, fit un songe. » Le combat entre les deux dragons évoqué dans ce songe mystérieux, dévoile le combat final du livre de l'Apocalypse et il annonce une guerre qui en sera la préfiguration, livrée ici, en citadelle de Suse, entre Esther de souche royale, et Amane, de la lignée maudite d'Amalek. Huit générations auparavant, le roi Saül désobéissant à Dieu pour plaire aux hommes, avait épargné Agag, ancêtre d'Amane. Il en perdit sa couronne. Aujourd'hui, Amane sera vaincu par une reine d'Israël ; Esther portera le coup de grâce, obéissant à la justice implacable d'un Dieu « renversant les superbes » par le bras délicat d'une femme, en Se retirant.

*

« La troisième année de son règne, Assuérus donna en sa présence un banquet pour tous ses princes et ses serviteurs, les chefs de l'armée de Perse et de Médie, les nobles et les gouverneurs des provinces. Il voulait leur montrer la richesse de sa gloire royale et la splendeur de sa grande magnificence, pendant de longs jours – cent quatre-vingts jours durant. »

Sous l'apparence d'une fête, ce festin est une orgie où le vin coule à flots, recouvrant le sang des victimes sacrifiées aux idoles. Luxe, passion et volupté, ors et magnificence sont le berceau d'une barbarie triomphante sous le masque de la libéralité. « On servait à boire dans des vases d'or de différentes formes, et le vin du roi était versé avec une libéralité royale. La règle était de boire sans contrainte, car le roi avait ordonné à tous les maîtres d'hôtel de servir selon le bon plaisir de chacun. » Dans la confusion d'une sensualité sans limites, l'humanité rentre en exil. L'union des corps est contrainte au néant. Profané, le Visage de Dieu semble s'être retiré du cœur de la conscience ensevelie au claquement des chairs qui se cherchent, au-delà des frontières de la loi d'amour de יהוה. Ces cent quatre-vingt jours portent trois fois soixante jours. Ôtons le zéro qui le voile en le multipliant, et soudain apparaît le chiffre de la *Bête de l'Apocalypse*, trois fois six.

Le septième jour, alors que le roi a le cœur joyeux sous l'effet du vin, il donne l'ordre de faire venir devant lui la reine Vasti, « portant sa couronne royale, pour montrer sa beauté aux peuples et aux princes, car elle était agréable à voir ». Celle-ci refuse ; le roi très irrité s'enflamme. Il demande conseil à Memoukane, spécialiste de la loi et du droit. Ce dernier lui suggère de publier une ordonnance de répudiation irrévocable : « Assuérus donnera son titre de reine à une autre, meilleure qu'elle. Le décret que le roi aura publié sera connu dans tout son royaume – et il est grand ! Alors toutes les femmes témoigneront du respect pour leurs maris, du plus important au plus humble. »

Soudain, trait de foudre et d'or brisant la sentence du « sage », surgit à son insu, le Nom imprononçable de Dieu : Les premières lettres de « Alors toutes les femmes témoigneront » ; en hébreu, *Hi Vékhol-Hannashim Yiténou*, וּנתְּיֵ, סינָּשְׁהַ- כָּלוְ ; יאהִ forment le Tétragramme. Cette Présence du Nom Sacré révèle le Plan de Salut d'un Dieu Qui veille sur Son peuple dispersé parmi une nation barbare. Et Si les lettres du Saint Nom se lisent à l'envers, c'est qu'Adonaï renversera le décret du roi obligeant les femmes à obéir à leur mari : Assuérus réalisera bientôt la volonté d'Esther, et le peuple de Juda sera sauvé. Son relèvement, il le devra à une femme. Elle seule, à l'ombre des ailes d'Adonaï, triomphera des puissances du Mal.

« Les gens qui étaient au service du roi dirent alors : "Qu'on cherche pour le roi des jeunes filles vierges, agréables à voir ; la jeune fille qui plaira au roi deviendra reine à la place de Vasti." » Le conseil plut au roi, et il le suivit. Après la répudiation de la reine Vasti, Assuérus fait rassembler par ses eunuques les vierges les plus belles du royaume. Au terme d'une préparation d'un an dans « la maison des femmes », où elles sont parfumées, ointes d'onguents et de baumes, elles se présentent tour à tour devant le roi. Au cours de cette année à l'ombre du harem royal, Esther est remarquée pour sa grâce et sa délicatesse. Elle « a un corps splendide et elle est belle à regarder » (Est 2,7). Par ces deux expressions, la Parole de Dieu nous révèle sa filiation sacrée. Celle d'une élection. Elle partage « la beauté du corps, *yefêh-tar* » (Gn 29,17), avec Rachel, l'épouse bien-aimée de Jacob-Israël… Et, tout comme Rébecca, épouse d'Isaac, le fils de la Promesse, Esther est belle à regarder, « *tôvat-mare'êh* »

(Gn 24,16). « Comme un lis au milieu des épines, Telle est mon amie parmi les jeunes filles », murmure le Bien-aimé du Cantique des Cantiques. En effet, une douce lumière semble habiter Esther, telle une source cachée. Dans une gestation mystérieuse, la jeune fille paraît dormir… Mais Dieu, silencieusement, a rassemblé en elle les troupes de Galaad et y a établi Son Camp.

Enfin, au terme d'une année, Esther est présentée au roi. Ébloui par sa beauté, il tombe éperdument amoureux. « Elle gagna sa bienveillance et sa faveur plus que toutes les autres jeunes filles. Il mit sur sa tête la couronne royale et la fit reine à la place de Vasti. » Par-delà les multiples rebondissements d'une idylle persane, par-delà l'écrin poétique d'un conte de harem, le livre d'Esther est un récit guerrier. La Gloire du Dieu des Armées rayonne, enfoui au visage pâle d'une jeune fille de la Maison d'Israël, qui, sous le voile de son prénom d'emprunt, cache son origine au monde. Cette Gloire éclatera bientôt, lorsque Esther, de la tribu royale de Benjamin, prendra conscience de sa mission sacrée. En attendant, La Providence veille, suspendue à sa grâce. Esther couronnée devient reine de Perse, reine d'un empire démesuré, épouse d'Assuérus. Semée par la main du Dieu d'Abraham, d'Isaac, de Jacob, elle est levain caché aux profondeurs d'un monde barbare… Pour convertir le cœur du roi et relever le peuple de la Promesse : Israël dispersé, humilié, condamné.

La Foi contre l'oracle

Amane, ennemi héréditaire des enfants d'Israël, des serviteurs de Dieu, a persuadé le roi de publier une ordonnance irrévocable, programmant l'anéantissement de la population juive traquée et massacrée bientôt dans toutes les provinces du royaume, sans exception, du fleuve de l'Indus jusqu'aux confins de l'Éthiopie. Amane dit au roi Assuérus :

« Il y a un peuple à part, dispersé au milieu des peuples, dans toutes les provinces de ton royaume. Ses lois ne ressemblent à celles d'aucun autre peuple, et ils n'observent pas les lois du roi. Le roi n'a pas intérêt à les laisser en paix. S'il plaît au roi, qu'il donne par écrit l'ordre de les faire périr, et sur leurs biens je ferai compter par les fonctionnaires dix mille talents d'argent à remettre au trésor royal. » Le roi ôta alors son anneau de sa main, et le donna à Amane, fils de Hamdata, du pays d'Agag, l'ennemi des Juifs. Le roi dit à Amane : « Je t'abandonne l'argent, le peuple aussi, pour en faire comme bon te semblera » (Est 3,8-11).

Amane, dont la généalogie est évoquée en contrepoint maudit, à celle bénie, de Mardochée, est de la tribu d'Amalek. Sa fortune colossale provient du pillage du trésor du Temple, profané et anéanti lors de la prise de Jérusalem. Il incarne le mystère du Mal absolu, ennemi héréditaire des petits et des humbles ; il préfigure déjà cette machine infernale broyant les libertés individuelles, haïssant toute transcendance échappant à la raison d'État ; il annonce ces totalitarismes gris imposant la relativité de leurs lois uniformes, implacables ; asservissant les peuples, de leurs droits illégitimes, blasphémant la sainte Loi de Dieu. Après tirage au sort et consultation de ses oracles, l'extermination des enfants d'Israël est fixée au douzième mois.

*

Mardochée l'apprend le premier. Son cri silencieux résonne jusqu'aux entrailles du Dieu de Miséricorde, faisant droit au malheureux. « D'un cœur brisé, Dieu n'a point de mépris. » Le vieil homme Le supplie de défaire la trame d'une Histoire, où tout apparemment semble déjà perdu. Caché dans le jardin du harem, il confie une lettre aux servantes de la reine Esther, pour l'informer du drame qui se trame ; il la conjure d'aller trouver le roi pour incliner son cœur. Sa parole, inspirée par la prière, lui dévoile sa mission surnaturelle :

« Ne t'imagine pas que, parce que tu es dans la maison du roi, tu en réchapperas, seule parmi les Juifs. Car si tu persistes à te taire aujourd'hui, c'est d'un autre *lieu* que viendront pour les Juifs soulagement et délivrance, et toi et la maison de ton père, vous périrez. Qui sait si ce n'est pas en vue d'une circonstance comme celle-ci que tu as accédé à la royauté ? » (Est 4,13-14).

Tout d'abord, la jeune fille se fige au seuil d'une vocation qui la dépasse, à l'instar d'Isaïe répondant à Dieu « je ne suis qu'un enfant ». Devant l'inouï d'une élection l'enveloppant au faisceau de la Lumière éternelle, elle hésite, pétrifiée : « Tous les serviteurs du roi et les habitants des provinces royales savent bien que, pour quiconque, homme ou femme qui se rend auprès du roi dans la cour intérieure sans avoir été convoqué, il n'y a qu'une seule loi : la mort » (Est 4-11). Mais Dieu appelle Esther. Plus loin, au-delà : « Qui sait si ce n'est pas en vue d'une circonstance comme celle-ci que tu as accédé à la royauté ? » Cette Parole inspirée, prononcée par son oncle, infléchit sa volonté et, avec elle, la trajectoire du destin de Son peuple. Ces mots démesurés, elle les berce en son cœur. « La lumière se lève avec le soleil, les humbles sont exaltés et dévorent les superbes. » Car le Dieu d'Israël est le Dieu des petits.

Mardochée a évoqué un *lieu*, un autre *lieu* d'où viendraient pour les juifs soulagement et délivrance : *Mâqôm*. Quel est ce *lieu* ? C'est un non-lieu ou plutôt une Demeure en deçà du temps et de l'espace, au seuil vertigineux sans horizon où s'ouvre l'Éternité. Jacob nomma ce lieu *Bethel*, la Maison de Dieu… C'est là, qu'il s'endormit et entrevit l'échelle aux portes de la nuit, où des Anges vont et viennent en une danse qui est louange. *Mâqôm*… Ce terme tente de dire l'indicible, le point où au-delà du voile de la lumière, la Présence Se révèle. Ce lieu est un sanctuaire. « En vérité יהוה est dans ce lieu et je ne le savais pas ! » (Gn 28,16) s'exclame Esther avec Jacob, son père dans la foi. Tel le myrte sauvage, *Hadassa* sait à présent que cette Présence l'attend, cachée dans l'amertume de son prénom, et que Sa Parole est plus douce que le miel… Esther, l'astre de la nuit, enveloppe *Estar*, le mystère où bat le Cœur portant le monde.

« Esther fit répondre à Mardochée : "Va, rassemble tous les Juifs qui se trouvent à Suse. Jeûnez pour moi, ne mangez pas, ne buvez pas pendant trois jours, nuit et jour. Moi, je jeûnerai aussi avec mes servantes. C'est alors que j'irai chez le roi, en dépit de la loi, et s'il faut périr, je périrai" » (Est 4,16).

*

Elle s'ensevelit trois jours dans les supplications et le jeûne… Trois longs jours comme une descente au séjour des morts… Une mort qui est un long Sabbat. Cachée dans son palais, la reine intercède pour son peuple le plus proche et le plus lointain. Dans cette communion silencieuse, le temps s'est suspendu à sa prière. Alors que tout semble perdu, là… Dans l'angoisse et les larmes, Hadassa douce-amère s'éveille d'un long sommeil. De l'exil vers une Pâque éclatante.

> « Quand je marche dans la vallée de l'ombre de la mort,
> je ne crains aucun mal,
> car Tu es avec moi :
> ta houlette et ton bâton sont là qui me rassurent.
>
> Tu prépares la table pour moi
> devant mes ennemis ;
> tu répands le parfum sur ma tête,
> ma coupe est débordante. » (Ps 23,4-5)

Elle regarde désormais vers l'orient de son cœur. Aux profondeurs d'une gangue de pierre, un murmure s'éveille, celui d'une Espérance, celui d'une délivrance. Sa prière s'élève, malgré la nuit :

> « Mon Seigneur, notre Roi, Tu es l'Unique ; viens me secourir, car je suis seule, je n'ai pas d'autre secours que Toi, et je vais risquer ma vie. Depuis ma naissance, j'entends dire, dans la tribu de mes pères, que Toi, Seigneur, Tu as choisi Israël parmi toutes les nations, et que parmi tous leurs ancêtres Tu as choisi nos pères, pour en faire à jamais ton héritage ; Tu as fait pour eux tout ce que Tu avais promis. Et maintenant, nous avons péché contre Toi, Tu nous as livrés aux mains de nos ennemis, parce que nous avons honoré leurs dieux : Tu es juste, Seigneur. Donne-moi du courage, Toi, le Roi des dieux, qui domines toute autorité. Mets sur mes lèvres un langage harmonieux quand je serai en présence de ce lion, et change son cœur : qu'il se mette à détester celui qui nous combat, qu'il le détruise avec tous ses partisans. Délivre-nous par Ta main, viens me secourir car je suis seule, et je n'ai que Toi, Seigneur » (Est 4,17L-17T).

Ce chant traverse les siècles, et se pose tel un bouclier sur tous ceux qui risquent leur vie, les condamnés à mort s'avançant dans l'aube du dernier soleil… Chant nuptial, enveloppant ceux qui transgressent la loi parés de l'amour Seul, de cette qualité d'amour osant affronter la mort. Car c'est appuyé sur une autre Loi, que cet Amour se lève, « inflexible comme le Schéol, et Ses ardeurs sont des ardeurs de feu, une flamme de l'Éternel ». C'est ainsi qu'Esther monte du désert de son palais, du désert de sa prière *appuyée sur son Bien-aimé* pour paraître devant Assuérus le troisième jour, et le Nom de son Bien-aimé est sur elle, comme une huile qui s'épanche. « Qui est celle qui apparaît comme l'aurore, belle comme la lune, pure comme le soleil, mais terrible comme des troupes sous leurs bannières ? » (Ct 6,10).

En Nom Dieu, la victoire !

Lorsqu'elle apparaît devant le roi, la reine Esther est resplendissante de la beauté de Dieu. Elle vient à sa rencontre plus translucide que le jaspe le plus fin… La robe de mariée dans laquelle elle s'est enveloppée cache une autre robe, celle des noces de l'épouse avec l'Époux ; c'est Son Saint Nom dont elle se recouvre, c'est le Nom de l'Époux qu'elle dit à l'époux… Ce Nom de Dieu, ce Nom imprononçable, elle le place devant elle, telle une Colonne de Feu. Elle s'abrite à l'ombre de Son Verbe et au seuil de la mort : n'a-t-elle pas violé l'interdiction royale en franchissant les portiques du palais sans y avoir été conviée ? Ce Verbe, elle L'a murmuré, psalmodié et chanté, ensevelie en ses trois jours de jeûne ; c'est Lui qu'elle porte et Il combat en elle : « Dieu changea le cœur du roi et l'inclina à la douceur. Saisi d'angoisse, il s'élança de son trône et la prit dans ses bras jusqu'à ce qu'elle se remît. Il la réconfortait par des paroles apaisantes : Levant son sceptre d'or, il le posa sur le cou d'Esther, puis il l'embrassa en disant : “Parle-moi” » (Est 5,1^{E}.2).

Alors, la reine lance cette invitation : « Que le roi ainsi que Amane assiste aujourd'hui au festin que je lui ai préparé. » « *Yavo Hammèlèkh Véhaman Hayyom* : סיוֹהַ וּמָהָן הַמֶּלֶה אוֹבִי ! »

Le Nom du Bien-aimé Se dresse soudain, caché dans la chair des mots, telle une muraille flamboyant dans le secret. Le Tétragramme, cinglant, fend le silence ! Les premières lettres de chaque mot épèlent le Nom sacré et se lisent à l'endroit, car Dieu fait avancer son Plan, inspirant à Esther l'organisation de ce banquet fatal, où le sort d'Amane sera scellé. En prononçant le Nom du Seigneur, Esther a transpercé le cœur du roi des rayons de Sa miséricorde. Ce cœur ravi est inondé d'une douceur inconnue : la lumière d'une Présence mystérieuse le déborde… Un Amour, une naissance.

Mais Dieu, en contrepoint, a endurci le cœur d'Amane. L'orgueil et la fureur l'aveuglent, contre Mardochée, serviteur intègre d'un Dieu qui lui fait ombrage et démasque toute œuvre de mort. Il confie à sa femme : « Mais *tout cela est sans prix* pour moi, tant que je verrai Mardochée, le Juif, assis à la porte du roi. » Amane ignore qu'à son insu, il a dit *Dieu* : les dernières lettres des quatre mots hébreux *zèH énènnOU shovèH lI*, זֶה, אֵינֶנּוּ שֹׁוֶה לִי épèlent les quatre consonnes du Tétragramme imprononçable. Tissé à la trame des mots, L'Éternel dit Sa Justice, en la voilant. Il la dit, dans la bouche même de celui qu'Il va confondre. Sémantiquement enclos à la Lettre du peuple de la Promesse, le sort d'Amane est scellé. Car le piège tendu à l'innocent se referme inexorablement sur lui, et le gibet dressé pour Mardochée dans son jardin, sera le sien.

« Si j'ai trouvé grâce aux yeux du roi, s'il lui plaît d'exaucer ma demande et de réaliser ma requête, que le roi vienne encore demain avec Amane au banquet que je préparerai pour eux, et je me conformerai à la parole du roi. » … Le roi Assuérus ne dort pas, Assuérus veille. Blancheur de cette nuit précédant le banquet où la présence d'Amane, convié une deuxième fois par la reine, excite sa jalousie. Le lendemain, au cours du festin, Esther dévoile au roi sa véritable identité. Assuérus comprend que la reine tant aimée est fleur de souche royale, se recevant de Dieu, Seul… Descendante d'Esaü, premier roi d'Israël oint par les prêtres de l'huile sacrée, et enveloppé de la Bénédiction du Nom imprononçable… Elle, Hadassa, myrte des déserts irréductibles… Elle, douce-amère, éveillant son cœur barbare à l'impossible. Au fil des heures s'égrenant du sablier de la Justice du Dieu des Armées, Esther démasque le projet d'Amane : l'anéantissement de tout son peuple.

« Plein de fureur, le roi se leva, quitta la salle du banquet pour gagner le jardin du palais, tandis qu'Amane se tenait près de la reine Esther et lui demandait grâce pour sa vie, voyant bien que *sa perte était résolue.* » Les dernières lettres de *kI-khaltaH élaiV hara'aH* lues à l'endroit, הָעָרָה וילָאֵ הַתָלְכָ-יכּ tracent le Tétragramme imprononçable. Elles signent la condamnation d'Amane : et elles dessinent l'ultime Parole de la Justice de Dieu.

Dans le jeûne, la prière, et l'offrande de sa vie, Esther a combattu, implacable, les oracles de mort. En elle, l'action de grâce, le repentir et la supplication se sont fait chair et sang de tout un peuple, triomphant quand il est le plus petit ; si désarmé, si nu, si pauvre… que Dieu ne peut l'abandonner. Les quatre *notarikons*, tissés à la trame du récit, révèlent Un Visage… Triomphant, au corps des lettres de la langue sacerdotale du peuple de l'Alliance. Ils sont quatre échos des quatre consonnes du Tétragramme, enveloppant l'en deçà de la parole, fin murmure d'une Providence pénétrant le silence et *s'avançant incognito* ; Cœur battant pénétrant la chair du texte où, par-delà ses signes, l'Éternité berce le monde. Tissant et dévidant la trame de l'Histoire Sainte, au fil d'écarlate des lèvres d'une femme.

« Le roi Assuérus prit la parole et demanda à la reine Esther : "*Qui est-il, où est-il*, celui qui a eu l'audace d'agir de la sorte ?" » : en hébreu, אהו הזֶ-יאֵן הזֶ אהו, les cinq dernières lettres de chacun de ces mots, lues à l'endroit, comme à l'envers, forment le mot « *EHYHE* » – qui est un palindrome, mot identique à lui-même, sens dessus dessous – ; Il signifie « Je Suis », un des noms d'Adonaï : « Je Suis Celui Qui Suis, *EHYH ashèr EHYH* », répondit L'Éternel à Moïse qui Lui demanda Son nom… « Où est-il, qui est-il ? », interroge le roi. Et Adonaï lui répond : א הי ה א ! « Je Suis », a le pouvoir de renverser tous les décrets du roi de Perse : les plus cruels, les plus irrévocables et rien n'est impossible à Dieu. « Il renverse les puissants de leurs trônes, Il élève les humbles », Il relève tous ceux qui sèment leur vie en pure perte car c'est en la perdant qu'ils la retrouveront, dans le Royaume où les derniers sont les premiers, les « pauvres relevés de la poussière, assis parmi les princes ».

Offrande nue

Ensevelie au secret d'une pénitence de trois longs jours de jeûne, la reine Esther s'est dépouillée jusqu'à la mort, embrassant la peur la plus anéantie jusqu'en ce « Cœur » où tout chavire. Là, le deuil se change en une danse. « Heureux ceux qui pleurent, ils seront consolés… » Joie suspendue au-dessus de l'abîme ! « Il n'y a pas de plus grand amour que de donner sa vie pour ceux qu'on aime », les méprisés, les condamnés, son peuple martyrisé. À flanc de vertige, elle s'est livrée au Bien-aimé, abandonnée à l'ombre de Son Souffle… « Bienheureux les cœurs purs, ils verront Dieu. » Dans cette offrande nue, ne laisse-t-elle pas deviner déjà le visage de la toute-Belle, de la toute-Pure intercédant pour les pécheurs… Le sourire de Celle qui pleure, enveloppant de son long voile immaculé, les minuscules aux portes du schéol ? N'annonce-t-elle pas à l'aube des temps la Reine des vierges et des martyrs… Consolatrice des affligés, de ceux qui sont tués pour cet Amour qu'ils portent au jour, traversant les éclipses les plus désespérées et les plus nues ?

« Viens me secourir car je suis seule, et je n'ai que toi, Seigneur. Tu connais tout… Tu sais la contrainte où je suis, que j'ai du dégoût pour l'orgueilleux emblème qui est sur ma tête aux jours où je parais en public. Il m'inspire du dégoût comme un linge souillé, et je ne le porte pas les jours où je me repose. […] Ta servante n'a pas mangé à la table d'Amane, ni honoré les banquets du roi, ni bu le vin des libations. Ta servante n'a pas connu la joie depuis le jour de son élévation, si ce n'est auprès de toi, Seigneur, Dieu d'Abraham. Ô Dieu, qui as pouvoir sur tous, écoute la voix des désespérés, délivre-nous de la main des méchants, et délivre-moi de ma peur ! » (Est 4,17T-17Z).

N'est-elle pas l'ombre portée de Celle, osant suspendre de ses supplications et de ses larmes, la colère éternelle ? N'est-elle pas l'ébauche du rire radieux de la douce fiancée, toute parée pour l'Époux, de sa Grâce inviolée ; habillée de sa Foi nue et de son Espérance… Avançant, victorieuse, enveloppée de la Justice du Dieu des Armées qui Se désarme en elle… Pour qu'elle Le porte au monde qui ne Le reçoit pas, mais qui n'arrêtera jamais Sa course vagabonde.

Esther supplie encore… Et Il S'éveille, soleil levant au cœur d'un prince barbare. Il dit au roi : « Viens, *Je suis Celui Qui suis,* le Premier, le Dernier, Alpha et Oméga du monde voilé de Ma lumière. » Assuérus pose son beau sceptre d'or sur le front pur d'Esther… Sur son front nu de reine de la piété et de la charité. Sa main tremble un peu car, pour la première fois, et il ne le sait pas… Il aime : « Qu'y a-t-il, Esther ? Je suis ton frère. Rassure-toi ! Tu ne mourras pas : notre décret ne vaut que pour le commun des gens. Viens avec moi ! »

Levant son sceptre d'or, il le posa sur le cou d'Esther, puis il l'embrassa en disant : « Parle-moi » (Est 5,1F-2).

SABRE NU

Nabuchodonosor a déclaré la guerre à tous les peuples de la terre. Holopherne, son général en chef, avance sur Israël. Après avoir exterminé ceux qui refusent d'être réduits en esclavage, il traverse la plaine de Mésopotamie ; il incendie ses champs, rase ses villes, renverse ses lieux de culte. À son approche, crainte et tremblement, effroi et épouvante. Aux territoires alentour, tous les territoires de Cilicie, de Damascène et de Syrie, ainsi qu'en région de Moab, dans toute l'Égypte jusqu'aux abords de Tyr et de Sidon, razzias, viols, massacres d'une violence inouïe ; les eaux des rivières et des mers, le sable des côtes et la poussière des déserts, les sillons de la terre, regorgent du sang des cadavres abandonnés sans sépulture. Le chaos sème la ruine et la désolation. Femmes, nourrissons et vieillards, tous sans exception, sont passés au crible de la fureur et de la barbarie des troupes d'Holopherne, pullulant telles les colonies de sauterelles sauvages.

Son armée est désormais aux portes de Béthulie, cité sentinelle perchée sur les hauteurs vertigineuses surplombant la Judée, la Samarie, la Galilée et tout le territoire d'Israël. Au cœur de Jérusalem, le Saint des saints est menacé de *l'abomination de la désolation.* De la Profanation. Des centaines de milliers de guerriers redoutables campent au pied des montagnes de la ville… Mais ses habitants refusent de se rendre ; ils résistent, irréductibles, veillant aux avant-postes aux sommets des cols. Holopherne, furieux de la révolte d'un si petit nombre, interroge Akhior, commandant de tous les fils d'Ammone. Celui-ci le met en garde : Ce peuple est un peuple à la nuque raide, il n'obéit qu'à un Seul Chef Yahvé Sabaoth, « Roi de toute la terre, l'Éternel est Son Nom ».

Les chefs des fils d'Esaü, les commandants du peuple de Moab et les généraux du littoral, anciens ennemis d'Israël et qui se sont rendus, conseillent à Holopherne de prendre le contrôle de la source qui jaillit au pied de la montagne. Bientôt, tous les cours d'eau sont asséchés.

Malgré le jeûne et les supplications, le peuple de Béthulie se meurt de soif; à bout de force, il reproche aux chefs de la ville d'avoir refusé d'engager des pourparlers de paix avec les fils d'Assour. Il supplie les princes de la livrer au pillage et de se rendre à l'ennemi : Plutôt subir la honte de la captivité, de l'esclavage, du rapt, que de voir succomber les mères et leurs petits, à la torture de la soif; plutôt la vie sauve que l'intégrité de la Foi. Plutôt la reddition que le martyre!

Le peuple exsangue est au seuil du blasphème. Comme ses ancêtres jadis, fuyant l'Égypte et l'esclavage de Pharaon, le doute s'insinue dans son cœur. Il accueille le serpent des origines, celui dont Moïse érigea l'image sculptée, au désert, en haut d'un mât. Pour en délivrer la foule assujettie; et ce même peuple aujourd'hui murmure contre Dieu, accusant le Père de toute Grâce de l'avoir vendu : « "Maintenant, il n'y a personne pour nous porter secours. Au contraire, Dieu nous a vendus pour que nous tombions entre les mains de l'ennemi." [...] Une plainte immense et unanime s'éleva du milieu de l'assemblée. Ils crièrent d'une voix forte vers le Seigneur leur Dieu. »

Alors Ozias, le grand prêtre, cède devant le désespoir de son peuple et il accepte de soumettre l'éternelle miséricorde de Dieu à l'épreuve du temps. Si au terme de cinq jours de prière et de jeûne, Dieu n'intervient pas pour les sauver, il promet de se rendre : « Ozias leur dit : "Courage, frères, tenons encore cinq jours; d'ici là, le Seigneur notre Dieu fera revenir sur nous sa miséricorde. Il ne nous abandonnera pas jusqu'au bout! Mais si ces jours s'écoulent sans qu'il nous vienne du secours, alors j'agirai selon vos paroles." » Après ces paroles un abattement profond tombe sur la ville. Comme un masque de deuil.

Femme providentielle

C'est à ce moment précis qu'apparaît Judith. Elle se lève du milieu de son peuple, épée flamboyante au fil de la grâce. Elle surgit d'une aube incertaine et elle ose croire à la délivrance. Le blason de sa tribu n'est-il pas le glaive à double tranchant de la Parole de Dieu fracassant les cœurs empierrés de Sa Miséricorde et de Sa Justice. « Cette Parole est dure, qui peut l'entendre ? » Cette épée est gravée dans le roc, à la porte de Sichem en mémoire de Siméon qui attaqua la ville avec Lévi, pour venger le viol de leur sœur Dina (Gn 34). Cette épée s'est posée comme un sceau sur son cœur.

Je suis l'Éternel des Armées
Désarmé
de l'Amour !
Ma Parole est un glaive, mon Regard, l'éclair !

Belle à fendre l'âme, Judith est veuve depuis trois ans ; son époux Manassé lui a laissé de grands biens… « de l'or et de l'argent, des esclaves, garçons et filles, des troupeaux et des champs, dont elle garde la disposition ». Libre de toute attache, elle vit dans la solitude et la prière. Ne brisant le jeûne qu'aux jours de fêtes et les veilles de sabbat. Sa chasteté est un lit d'offrande où sa chair et son sang brûlent, suspendus au silence d'une prière ininterrompue. « Elle s'était fait une tente sur sa terrasse. Elle avait mis sur ses reins une toile à sac et elle portait des vêtements de veuve par-dessus », préfigurant le don sans retour de la vie des vierges, des moniales et des saintes.

Car son veuvage en voile et en incarne un autre, universel : celui d'Israël, *fille de Sion*, éternelle fiancée du Cantique des Cantiques, attirée au désert de la Rencontre avec son Bien-aimé, l'Époux divin, Lui, sa Justice et son Droit, l'unique gardien de sa souveraineté. Judith porte son deuil, comme les prophètes leur célibat… En signe d'expiation du péché collectif d'un peuple, infidèle à la Loi… Penchée au-dessus de son cœur… Cherchant à s'y graver et à y prendre chair… Pour le désaltérer de sa Parole de vie : « Je te séduirai, Je t'entraînerai au désert et là Je parlerai à ton cœur ; Je te fiancerai à Moi pour toujours dans la Justice et dans le Droit. » Cernés par la soif, les habitants de Béthulie sont sur le point de trahir cette Parole et de capituler devant l'adversaire : survivre esclaves, plutôt que mourir libres ; faire allégeance à Holopherne, général en chef sanguinaire de Nabuchodonosor, l'ennemi de Dieu. Avec le prophète Jérémie, Judith se lamente et s'indigne : « Cieux, soyez étonnés de cela ; frémissez d'épouvante et d'horreur ! dit l'Éternel. Car Mon peuple a commis un double péché : Ils M'ont abandonné, Moi Qui Suis une Source d'eau vive, Pour se creuser des citernes, des citernes crevassées, Qui ne retiennent pas l'eau » (Jr 2,12-13).

Judith avance vers sa mission sacrée. Elle portera bientôt le coup de la Miséricorde. Le sang d'Holopherne jaillira comme une fontaine, et dans ce sang impur, elle sauvera son peuple et signera le Nom de la Justice de Dieu. Oui, le Seigneur change son deuil en une danse. Et c'est une danse nuptiale. La chasteté l'auréole de la Grâce de Dieu, Auquel elle s'est livrée, cœur et corps perdus… Tout entière, sans retour, sans condition et sans partage. Tout simplement. Elle veille, enveloppée du manteau de la nuit semée d'étoiles et son murmure résonne d'une autre Voix. Les mains et le cœur vides, cachée au Cœur de son Dieu, sa vie s'écoule vers la source descellée de Sa Parole. Judith écoute. Et elle entend… « Elle quittera ses habits de veuve pour le relèvement des affligés d'Israël ; elle parfumera son visage, retiendra ses cheveux d'un bandeau et mettra une robe de lin, pour séduire Holopherne. Sa sandale ravira son regard, sa beauté captivera son âme et le sabre lui tranchera la gorge. »

Non, ce n'est pas devant une armée puissante et innombrable que le monstre succombera ; ce ne sont pas des fils de Titans, ni des géants, qui le frapperont… Mais c'est Judith, « fille de Merari… Par la beauté de son visage, elle le paralysera ». Dieu le confondra par la main d'une femme. Et, comme son ancêtre Abraham, elle Lui répond : « Seigneur, me voici. »

Elle convoque dans sa demeure, princes et grands prêtres de Béthulie, prêts à capituler… Comment osent-ils défier la Miséricorde de Dieu, accorder un délai à la manifestation de Sa justice, fixer cinq jours au terme desquels, si un miracle n'intervient pas, le peuple pourrait se rendre à l'ennemi ? Son cœur se soulève. L'idée d'un jeûne sous condition, et sous réserve d'intervention divine, lui fait horreur. Elle se souvient peut-être du livre des martyrs d'Israël : cette mère suppliant ses sept fils d'accepter la torture plutôt que de renier le Dieu Qui les tissa en son sein… Broda leurs reins, au secret de sa chair.

Judith pleure devant l'extermination programmée de tout son peuple. Mais plus encore, elle tremble d'indignation, car le Royaume de Dieu souffre violence. C'est Lui, la cible d'Holopherne : Dieu, dont l'autre Nom est Charité et dont l'Éternité menace la vanité de tous les potentats de la terre. La ville haute de Béthulie ne capitulera pas. Elle sera le rempart de Jérusalem, la Cité Sainte, la tour de garde de Son sanctuaire. Elle, Judith, en sera la gardienne. Elle exaltera la Gloire de l'Éternel des Armées Qui combattra en elle.

« Le Seigneur danse au milieu de toi, Guerrier vainqueur ! » À cet instant, elle rompt avec l'ordre patriarcal défaillant. La liberté ou la mort ! Judith sauvera Israël et servira son Dieu. Elle en sera l'enceinte. Elle, Judith, à l'ombre de Son bras éployé et d'un seul geste, elle tranche le col de l'hydre à mille têtes. Elle décapite Holopherne. De son sang versé éclaboussant sa robe de lin immaculée, elle lave l'honneur de toutes les vierges d'Israël, celles que ses hordes auraient violées. Car au berceau de leur virginité, repose une promesse inouïe : « la vierge enfantera un Fils, on l'appellera Emmanuel », Dieu au milieu de son peuple. Un jour, à l'heure de midi, au zénith de l'attente multiséculaire de tout un peuple ; à l'ombre de Son Souffle et à la plénitude des temps, le Verbe prendra chair, en elle… Un jour de rien, enfoui au chapelet des ans, à Bethléem de Juda. Toutes les idoles se briseront contre son Oui rangé en bataille, écho de la Parole Unique de YHVH dont elle sera le tabernacle. « Je suis la servante du Seigneur. Qu'il me soit fait selon Ta Parole. »

Judith est le geste qui L'annonce et La précède : l'épée à double tranchant s'abat sur la gorge d'Holopherne… Pourtant c'est les mains nues, qu'elle frappe le général en chef d'une armée innombrable car elle s'est enveloppée dans la justice du Dieu des petits et des humbles… Des humiliés de Son Royaume où les derniers sont les premiers. Et dans l'action de grâce du *Fiat* de Celle qui transparaît déjà en elle, elle frappe, du tranchant de son glaive.

« L'amour est fort comme la mort,
la passion est implacable comme l'abîme.
Ses flammes sont des flammes brûlantes,
C'est un feu divin ! »

Sous l'azur du Voile

Par-delà la déclaration d'une guerre planétaire, par-delà le projet totalitaire de Nabuchodonosor et celui d'une colonisation mondiale, se cache une autre guerre : « Il voua totalement la terre à la malédiction. Ils décidèrent d'exterminer tout être qui n'avait pas obéi à la parole de sa bouche. » Ce projet d'une solution finale est né ailleurs, au creux de la terre, se déployant en métastases dans ses sillons obscurs : « Vous serez comme des dieux. » C'est un ange rebelle qui en poussa le premier cri de ralliement : *Non Serviam*! Cette déclaration de haine absolue se propage toujours en vagues d'écho de sang et de larmes… *Les grincements de dents* des âmes perdues sonnent l'Hallali funèbre aux portes des enfers.

Mais les *portes de l'enfer ne l'emporteront pas, sur Elle.* La *Femme*, et en *Elle* toutes les femmes – vierges, saintes, guerrières, mères ou veuves –, porte au vif de sa chair, la Promesse de la Rédemption. En Elle repose la puissance du Sacerdoce éternel; son Oui plus vaste que les Cieux, a déjà vaincu le monde dans le chemin du sang; de la Crèche à la Croix. Au vertige d'une naissance, là… Dans une Joie sans partage, au désert d'un engendrement silencieux, la Femme écrase la tête du serpent. Les noms de ses enfants, des *myriades de myriades*, aussi nombreux que les étoiles, sont inscrits dans les cieux. « Heureux les cœurs purs ils verront Dieu! » En Elle, ressuscité pour le Royaume, *Adam blessé au talon*, rescapé de l'exil, recouvre ses vêtements de fête : « Jésus leur dit : Je voyais Satan tomber du ciel comme l'éclair. Voici, Je vous ai donné le pouvoir de marcher sur les serpents et les scorpions, et sur toute la puissance de l'ennemi; et rien ne pourra vous nuire. Cependant, ne vous réjouissez pas de ce que les esprits vous sont soumis; mais réjouissez-vous de ce que vos noms sont écrits dans les Cieux. »

Marie, enveloppée de soleil, se love au Sein Éternel… Elle se voile de la Gloire de Dieu qui Se dit en sa chair : « Ceci mon Corps, Ceci mon Sang, le sang de l'Alliance, versé pour la multitude. » Mystérieusement, et à l'orée des âges, Judith porte déjà cette Parole, vers la plénitude de son accomplissement. Elle est le doux fourreau de Sa justice : « Repens-toi donc; sinon, Je viendrai à toi bientôt, et Je les combattrai avec l'épée de ma bouche. » Son prénom, YeHouditH, enceint les trois consonnes du Nom de Dieu. Elles n'attendent plus que le *V* de la Victoire, le *V* de la Vierge féconde, Marie comblée de Grâce et gloire d'Israël; elles n'attendent plus que la virginité absolue d'un Oui plus tranchant que toutes les lames des épées les plus affinées... Plus précis que les trajectoires de flèches dessinées par les arcs les plus souples... Plus prompt que l'élan de la lumière la plus crue. C'est au Cœur de ce Nom imprononçable que combat Judith; c'est au Chœur de ce Nom qu'elle affronte le Léviathan Holopherne.

C'est enveloppant le soleil de ce Nom que Marie triomphe du dragon et écrase Satan. Alors le Visage du Dieu Vivant se lève à l'Orient de tous les cœurs purs : « De Sa bouche sortait une épée aiguë, à deux tranchants; et Son Visage était comme le soleil lorsqu'il brille dans sa force. »

Il était une fois, de l'autre côté du miroir et en deçà du temps, devant la Face de l'Éternel, un Archange dansait : le plus beau, le plus pur. Il annonçait la Splendeur de la lumière; la précédait et la portait tel un flambeau. Il aurait aimé en être l'enceinte; l'étreindre et l'éteindre; l'absorber tout entière, l'annihiler peut-être. Il détesta la femme, car d'elle, il le savait, naîtrait Marie; et Marie envelopperait cette Splendeur de toute la joie de son cœur et de toute la profondeur de sa chair. En elle, dans le souffle d'un Oui lancé à la face du monde dérivant dans la nuit, Justice et Miséricorde s'enlaceront dans l'instant absolu du Verbe éternel : « C'est la parole que Je vous ai dite Qui vous jugera. Et de Sa bouche sortait une épée aiguë, pour frapper les nations; Il les paîtra avec une verge de fer; et Il foulera la cuve du vin de l'ardente colère du Dieu tout-puissant. »

La vengeance de Dieu c'est Son Amour. Judith le sait. Un jour, l'Ange Gabriel annoncera à une Vierge d'Israël le tout premier matin d'un monde ressuscité. En elle, le Dieu des Armées jettera les armes et Se fera petit enfant. Judith chante son cantique à l'ombre du *Magnificat*, la recouvrant déjà de son long voile d'azur où plonge l'Éternité. Entendez-vous le Chant de la Vierge traversant les dunes et les siècles? Judith chante, au son des cymbales triomphantes la victoire d'*El Shaddaï*, Il a planté le germe de Sa Grâce au jardin de son cœur.

« Chantez pour mon Dieu sur les tambourins. Jouez pour le Seigneur sur les cymbales. Joignez pour lui l'hymne à la louange. Exaltez-le ! Invoquez son nom ! Le Seigneur est un Dieu briseur de guerres ; son nom est "Le Seigneur". Il a établi son camp au milieu de son peuple pour m'arracher à la main de mes persécuteurs. Assour est venu des montagnes du nord, son armée est venue par dizaines de milliers ; leur multitude obstruait les torrents, leurs chevaux recouvraient les collines. Il voulait incendier mon territoire, faire périr mes jeunes gens par l'épée, jeter à terre mes nourrissons, livrer au rapt mes tout-petits et m'enlever mes jeunes filles. Mais le Seigneur souverain de l'univers les a confondus par la main d'une femme » (Jdt 16,1-5).

DÉBORA

Après la mort de Josué, Mille ans avant Jésus Christ, quelque part entre Rama et Béthel, dans la montagne d'Ephraïm, sous un palmier, siège Débora… « Une prophétesse, qui jugeait Israël en ce temps-là. » En ce temps-là, au moment où les tribus d'Israël cherchent encore leur unité en terre Promise, les juges étaient des chefs et des sauveurs élus de Dieu Seul. Avant elle, il y eut Otniel, Éhoud et, pour peu de temps seulement, Shamgar. Après la mort d'Éhoud, le peuple abandonna la voie de la Torah et se livra à l'idolâtrie des peuples alentour. Alors « le Seigneur les vendit à Yabine, roi de Canaan, qui régnait à Haçor. Les fils d'Israël crièrent vers le Seigneur, car Yabine avait neuf cents chars de fer et il avait opprimé durement les fils d'Israël pendant vingt ans ». Sous la domination de son général, le cruel Sissera, opprimés, humiliés, ils crièrent vers Dieu.

Au cœur de cette humiliation, de cette dévastation, apparaît Débora. « Les guides manquaient, ils manquaient en Israël, jusqu'à ce que je me lève, moi, Débora, jusqu'à ce que je me lève, mère en Israël ! » Déchirant les ténèbres du péché et de l'idolâtrie, elle brille pareille aux lampes allumées jour et nuit dans le temple, par son époux Lappidoth… Flamme dressée dans la crainte de son Dieu, elle brûle d'un « zèle jaloux pour le Seigneur et Sa loi lui tient aux entrailles… » Elle est là, arbre planté au cours des eaux de la Parole de Vie dont le feuillage toujours vert enveloppe les brebis perdues de la maison d'Israël. Sous un palmier à découvert, en ce lieu où tous peuvent l'entendre, elle illumine comme une torche les cœurs désolés, les faisant revenir au Dieu de la vie dont elle est la servante : « Le Seigneur donne un ordre… Les messagères de bonnes nouvelles sont une grande armée » (Ps 68,12). À l'ombre du palmier dont les feuilles croissent et se déplient dans un élan unique, tournées vers le soleil et à l'assaut du ciel, elle réenfante le peuple… Dans la fidélité à la Foi du Dieu Qui le sauva de l'esclavage au pays d'Égypte, fendit les eaux de la mer Rouge en deux cimes dressées, lui découvrant l'abîme de Sa miséricorde qu'il franchit à pied sec.

D'où vient Débora? Sa généalogie voilée demeure dans l'ombre multiséculaire d'une Alliance silencieuse. Sa postérité est là, posée comme une île, un parfum éclatant dont l'essence imprègne la femme des siècles à venir d'une vocation surnaturelle : elle est une petite clef d'or posée dans la main du Seigneur des combats, héroïne de Sa Gloire, bannière de Sa victoire.

Abeille de Dieu

Son prénom est le totem de la fileuse de miel… Est-ce une allusion à la Parole de Dieu dont il est dit dans les psaumes qu'elle est plus désirable que l'or, « plus douce que le miel des rayons »? Le prophète Ézéchiel se souvient de son goût si suave au palais :

> « J'ouvris la bouche, il me fit manger le rouleau et il me dit : “Fils d'homme, remplis ton ventre, rassasie tes entrailles avec ce rouleau que je te donne.” Je le mangeai donc, et dans ma bouche il fut doux comme du miel » (Ez 3,2-3).

Dans le Livre de l'Apocalypse, saint Jean révèle son amertume :

> « Je m'avançai vers l'ange pour lui demander de me donner le petit livre. Il me dit : “Prends, et mange-le; il remplira tes entrailles d'amertume, mais dans ta bouche il sera doux comme le miel.” Je reçus le petit livre de la main de l'ange, et je le mangeai. Dans ma

bouche il était doux comme le miel, mais, quand je l'eus avalé, il remplit mes entrailles d'amertume. Alors on me dit : "Il faut que tu reprennes ta mission de prophète ; tu parleras sur un grand nombre de peuples, de nations, de langues et de rois" » (Ap 10,9-11).

Cette Parole absolue se déploie telle la lumière, au silence d'un cœur donné, d'un cœur qui écoute… Ainsi, la parole prophétique de Débora. Elle enceint le Verbe, et envoie à l'assaut des ténèbres, « avec mon Dieu je passe la muraille ». Sa parole incisive lève la résistance (Jg 4,6) ; sa foi élevée comme une colonne de feu conduit à la victoire (Jg 4,9). Et traverse la nuit.

Les hommes les plus forts et les plus nobles de cette époque ont tous abdiqué leur espérance. Le peuple est éparpillé *tel un troupeau sans berger*, arraché à la foi qui l'a vu naître et se dresser, flèche du Yod parmi les nations. Il est rentré dans l'ombre grise de la résignation et il consent à l'oppression. Débora elle, ne se résigne pas. « Le zèle de Ta Maison me dévore » et « je murmure Ta Loi jour et nuit », aimerait-elle graver en lettres de feu dans la chair et au cœur de son peuple. Elle convoque Baraq, le fils d'Abinoam, l'homme le plus influent d'Israël et lui demande de rassembler au pied du mont Tabor, dans les plaines d'Esdrealon, une armée de dix mille hommes choisis parmi les tribus de Nephtali et de Zabulon. À la tête de cette armée, il attaquera l'oppresseur cananéen. Baraq tergiverse, Baraq se dérobe. Il fléchit d'effroi, impressionné devant les chars innombrables et la cavalerie redoutable de Sissera. Tel un enfant craintif s'abritant sous le sein de sa mère, il supplie Débora de l'accompagner, lui… grand chef militaire, soldat aguerri dont le courage flanche déjà au seuil de l'assaut contre les troupes ennemies : « Si tu marches avec moi, j'irai ; mais si tu ne marches pas avec moi, je n'irai pas. » Car là où va Débora, Dieu est avec elle ; sa parole s'enveloppe d'une Autre, infinie, éternelle, et c'est à l'ombre de Ses ailes que Baraq cherche refuge ; c'est sous Sa nuée incandescente qu'il s'abrite et veut combattre ; oui, c'est voilées de cette Présence que ses troupes marcheront sur l'ennemi ; sous la houlette du Berger Qui rassemble et rassure… Avec Lui, elles traverseront les ravins de la mort. Débora prophétise : « Je marcherai donc avec toi. Mais, sur la voie où tu marches, l'honneur ne sera pas pour toi : car c'est à une femme que le Seigneur abandonnera Sissera. » En dépit de la victoire éclatante qu'il remportera, la gloire et le triomphe d'Israël reviendront à Yaël.

Victoire !

Débora se lève et se rend à Qèdesh. Alors seulement Baraq surmonte sa peur, et enveloppé de la promesse inouïe d'une femme, il accepte de combattre pour son Dieu. La voilà, étendard déployé dans la main d'Adonaï, chantant aux côtés des guerriers redoutables, exaltant leur courage d'hymnes et de cantiques ; sa grande vision est une enceinte de feu enveloppant les hommes d'armes… Son poème farouche est une déclaration d'amour sur un champ de bataille, à la gloire du Saint Nom. Un Souffle la saisit et, à travers elle, l'Éternel des armées S'engage dans le combat :

> « Éveille-toi, éveille-toi, Débora ! Éveille-toi, éveille-toi, lance ton chant ! Lève-toi, Baraq, emmène tes captifs, ô fils d'Abinoam !
> Que le reste du peuple l'emporte sur les puissants, que pour moi le Seigneur l'emporte sur les héros ! […]
> Du haut des cieux, les étoiles ont combattu ; depuis leurs sentiers, elles ont combattu Sissera.
> Le torrent de Qishone les a balayés, le torrent d'autrefois, le torrent de Qishone. Avance hardiment, ô mon âme !

> Alors les sabots des chevaux ont martelé le sol. Ils galopent, ses coursiers, ils galopent !
> Maudissez Méroz, dit l'ange du Seigneur ! Maudissez, maudissez ses habitants : ils ne sont pas venus au secours du Seigneur, au secours du Seigneur, contre les héros. »

Sissera lance son armée contre les juifs ; les colonnes cananéennes, innombrables et terribles dans l'éclat des chars, prennent le dessus. Mais, soudain, Dieu jette la confusion dans leurs rangs. Des pluies transforment le champ de bataille en boue, le torrent de Qishone déborde de son lit emportant dans ses eaux limoneuses les puissants guerriers de Sissera. La débâcle est totale. Transportées de joie, les troupes juives poursuivent les vaincus et pas un seul ne leur échappe. Désarçonné, le général ennemi s'enfuit à pied.

La Femme terrasse le Léviathan

Comme il cherche un refuge où se cacher, Sissera aperçoit Yaël, épouse de Hèber le Qénite. Accueillante, elle s'avance vers lui, l'invitant à s'abriter sous sa tente, jusqu'à ce que l'armée juive soit passée. Sissera accepte : Hèber n'est-il pas l'ami de son souverain Yabine, roi des Cananéens ? Yaël l'enveloppe au nid douillet d'une couverture moelleuse, l'abreuve de lait caillé. Confiant et épuisé par la bataille, Sissera sombre dans un profond sommeil. Aussitôt, à pas de loup, la femme s'approche du guerrier endormi et elle enfonce dans sa tempe, un piquet de tente. Dans un craquement sourd de conque pleine, le crâne s'ouvre en son milieu, laissant s'échapper des morceaux de chair mêlée à des torrents de sang. « Dieu brise la tête de ses ennemis, le crâne chevelu de ceux qui marchent dans leurs iniquités » (Ps 68,22). Entre-temps, Baraq, lancé à la poursuite de l'oppresseur, parvient au seuil de la tente. Yaël l'accueille par ces mots : « Viens et je te montrerai l'homme que tu cherches. » Elle le conduit à l'intérieur… Là gît Sissera, défiguré. Son crâne fracassé est noyé dans le lait et le sang.

La prophétie de Débora s'accomplit. *La plus haute gloire de la victoire* couronne une femme. Son chant d'action de grâce s'élève, exaltant au-delà d'elle, la justice du Libérateur des petits d'Israël : « Bénie soit parmi les femmes Yaël, la femme de Hèber, le Qénite; parmi les femmes qui vivent sous la tente, bénie soit-elle! Il demandait de l'eau, elle donna du lait; dans la coupe d'honneur, elle offrit de la crème; elle étendit sa main vers un piquet, et sa droite vers un marteau de travailleurs. Elle martela Sissera et lui broya la tête, elle frappa et lui perça la tempe. » Sa voix lumineuse porte l'écho triomphal du Cantique de Moïse s'élevant aux portes du désert après que Dieu a fendu les eaux de la mer Rouge, dévoilant crêtes et abysses. De pierre et de sel.

Canaan… Terre où coulent le lait, le miel et le sang… Canaan, terre de la Promesse. Débora distille le miel de la Parole de Vie. Yaël abreuve Sissera du lait de la victoire du Dieu des armées. Pour l'oppresseur, ce sera le lait amer de sa défaite et de sa mort, violente et honteuse. Débora, l'abeille, survole les champs de bataille; Yaël, le cabri des montagnes, veille sur les hauteurs escarpées, guettant le général ennemi pour le séduire et fracasser sa tête. Enveloppée de la clarté du Verbe, elle frappe. Dans la rigueur de Sa Justice Qui est Miséricorde. Yaël et Débora sont un même cœur battant pour l'Éternel. En elles éclate Sa Gloire.

Mais cette justice est voilée du crêpe de la violence et de la ruse, d'une dissimulation dormant au clair-obscur de la Révélation, inaccomplie encore. Héroïnes fatales, Judith et Yaël terrassent le Léviathan de leurs douces mains d'enfants… Ni concessions ni compromis avec Satan. « Le Dragon des origines attend pour dévorer l'Enfant mâle, Celui Qui conduira les nations avec un sceptre de fer… » Implacables, elles tranchent.

Car elles le savent, il faut couper le mal à la racine avant qu'il ne se multiplie en métastases. Elles le combattent quand, absolu, il se tapit au secret de son nid. Elles tentent d'en pénétrer le mystère, pour en extraire le germe d'iniquité : l'Abomination de la désolation « scellée jusqu'au temps de la fin » (Dn 12,9). C'est la dévastation du temple de la conception, l'extermination des tout petits, des humbles, des innocents, qu'elles voudraient repousser du territoire de notre humanité. Et malgré la barbarie de leur geste meurtrier violant le cinquième commandement de Dieu, la lumière de la Grâce point. De l'au-delà du temps.

J'ose imaginer des milliers d'années avant la naissance de la bergère de Domrémy et l'annonçant déjà… Oui, j'imagine Débora encourager ses troupes, de son chant de Salut et de sa Foi : « Les hommes d'armes combattent et Dieu donne la victoire ! » Débora est prophétesse et Dieu Se dit en elle… Mais elle n'est pas la vierge sainte du doux royaume de France ; et pourrait-elle chanter avec la voix si claire de la pucelle : « Mon étendard était blanc. Dessus il y avait écrit Jésus Marie… Mon étendard, je l'aimais quarante fois plus que mon épée ! » Dans le silence du désert traversé de tant de siècles et de combats, résonne un chant d'enfant… Si pur, sur la plus haute branche de l'arbre de la Croix… Et aux confins des temps, Jeanne, *fille de Dieu, fille au grand cœur*, martyre pour le Royaume du Roi du Ciel, sera béatifiée et déclarée sainte patronne de la France.

Le Oui de la Femme couronnée d'étoiles s'enveloppe des myriades de particules d'or des vierges du soleil levant, de l'armée innombrable des messagères de la Bonne Nouvelle… Le Oui de l'Immaculée écrase la tête du serpent. Elle seule, comblée de Grâce, pénètre le secret des origines ; elle seule, en arrache la malédiction, ivraie semée par le plus beau des Anges. Elle plante son Espérance au nid de la mort où trône Satan… Elle cache au cœur du monde qui ne sait pas aimer, le Oui de la virginité, le Oui de la victoire, le Oui nu de la Foi.

Une mère attend son fils

« Par la fenêtre, elle jette un regard, la mère de Sissera, elle se lamente, à travers la claire-voie : “Pourquoi son char tarde-t-il à venir ? Pourquoi la marche de ses chars est-elle si lente ?” »

De l’autre côté du miroir des siècles, dans l’ombre du récit, tissée à la lisière des mots, une mère attend son fils… Elle pleure ; elle seule le pleure peut-être. Elle se désole et l’imagine paré d’étoffes douces qu’elle a tissées pour lui… Rien n’est trop beau pour son enfant malade et qui ne revient pas de la bataille perdue… Et où est-il, et quand reviendra-t-il ? Sissera, le nom de son petit… Il gît dessous la tente d’Hèber, un pieu planté dans ses cheveux… Elle pleure. Tant qu’il y aura des mères, il y aura des larmes pour féconder la terre des hommes, de cet amour où transparaît Celui de Dieu. Débora chante : « Bénie sois-tu Yaël entre toutes les femmes »… L’écho emporte sa voix jusqu’à cet autre chant d’une mère qui sent bouger l’enfant au cœur de ses entrailles : « Je vous salue Marie, comblée de Grâce, vous êtes bénie entre toutes les femmes et Jésus, le fruit de votre sein est béni. » Marie, Mère de l’Église, vous triomphez dans l’Espérance d’un *Fiat* transfigurant le monde, le relevant en cet Amour Qui a vaincu la mort. Votre amour, je le crois, s’écoule dans les larmes de cette mère, qui seule parmi les hommes, pleure Sissera, son fils, le dictateur.

Comme elle, l’Église attend à l’autre bout du temps, un fils, une fille, qui ne reviendra plus… Elle tisse le vêtement de fête pour son enfant perdu… Elle file les langes ou le suaire l’enveloppant, de son Pardon… Elle rit au banquet des fiançailles, où l’eau se change en vin, le deuil en une danse et l’amertume en joie. Elle murmure : « Même si ta mère t’abandonne, Moi, Je ne t’abandonnerai pas. » J’ai posé un signe sur le front de Caïn, *l’œil grand ouvert d’Abel le suivait dans la tombe…* Je t’attends… Non pas pour te donner la mort, mais pour t’offrir ma vie.

Je veux te recouvrir, pareille à cette mère tissant et retissant une robe pour son fils mort, Je veux te revêtir de l'aube baptismale, de la robe des Noces éternelles, de la tunique immaculée de la Résurrection… « Car mon fils était mort et il est revenu à la vie ; il était perdu et Je l'ai retrouvé. »

TES LÈVRES, UN FIL D'ÉCARLATE

« J'habite à la frontière ; j'ai fait mon nid au creux de la muraille de Jéricho, la ville forte, je suis là, sur la ligne de passage ; au cœur de la pierre des murs de la cité où je reçois tous mes amants… Ils vont et viennent de leur vie à la mienne, qui fuit comme le Jourdain vers un Souffle Qui appelle… Et je ne sais d'où Il vient ni où Il va… Mon cœur, mes entrailles se soulèvent au vent Qui vient, de l'autre côté de la rive où s'ouvre la mer de sel aux portes du désert.

Ma maison est taillée dans le roc ; je suis postée ici au secret de la faille, à l'entrée de la ville. Nichée au cœur du rocher, je cours sur les remparts, cherchant Celui que mon cœur aime… Et les gardes de Jéricho ne L'ont pas connu. Ils me bousculent et se moquent de moi. Je suis prostituée et pourtant belle. Mon nom est Rahab.

Je L'attends au-delà de ces visages d'une nuit, d'un jour ou d'un instant… J'attends Celui qui vient… C'est Sa Face que je cherche, Son Visage que j'essuie dans les sillons de leurs péchés, de leurs grimaces et de leurs vices. C'est Son Visage outragé que j'embrasse malgré l'ennui de la chair triste et des amours décomposés… Oui, j'attends Son Visage comme le soleil levant sur mon insignifiance ; je m'élance avec la biche de l'aurore au son de Sa voix.

> — Je les ai reçus et reconnus, eux qui portaient Ton Nom inscrit au creux de leur chair, Ton Nom flamboyant comme la torche qui bientôt embrasera ma ville… Alors j'ai trahi mes citoyens et j'ai caché les espions de Josué… Ils étaient sombres, ils étaient beaux et leurs paroles d'une liberté sauvage… À travers eux je T'ai désiré, Ô Dieu, et après Toi soupire ma chair ! Alors, désobéissant aux ordres des chefs de la

ville, je les ai dissimulés sous les nattes de feuilles de palmier. J'ai désobéi ; j'ai eu l'esprit frondeur car j'ai écouté un chant terrible venu des dunes inviolées et c'est Ton chant, Seigneur, Toi que je ne connaissais que par ouï dire… Ils m'ont dit que la ville, ma ville, cette ville qui fut la fierté de mon peuple, au seuil de la terre de la Promesse, cette ville comme une peau encerclant la Judée, cette ville comme une frontière de pierre… Ils m'ont appris, mes deux espions, que cette cité irréductible serait bientôt vaincue, en Nom Dieu, en Nom de l'Éternel des armées d'un Amour invincible. Et cet amour fond sur moi tel un aigle. Je m'abrite à l'ombre de Ses ailes ; je nouerai un fil écarlate au fronton de ma maison pour que moi et les miens, les gens de ma maison, soyons épargnés par les troupes de Josué et Ta Colère, Ô Inconnu vers Qui j'avance… Et mon cœur en moi, devient pareil à celui de l'agnelle. Mon cœur bat en ma chair et c'est un cœur nouveau. Il bat pour Toi.

Ils firent le tour de la ville, une semaine entière ; et le septième jour, ils tournèrent sept fois… Ils chantaient des cantiques et des psaumes et invoquaient Ton Nom ; ils ouvraient la marche portant une Arche d'Alliance et je crois même que je les vis danser… Quelle est cette force Qui les saisit ? Le septième jour, les murailles de Jéricho s'écroulèrent, et la ville tout entière disparut dans les flammes d'un Brasier Ardent. Comme ils me l'avaient promis, les hommes de Josué sont venus me chercher avec les miens, à l'abri de l'incendie exterminant mon peuple.

J'étais une païenne, je suis entrée dans l'Alliance éternelle ; le fil rouge a tracé un cercle de miséricorde autour de ma maison et je suis là, toute vive contre Son Cœur. J'étais une prostituée et je serai la mère de Booz de la tribu de Juda. C'est moi Rahab, l'ancêtre du roi David et, aux confins des siècles, je donnerai un fruit de Grâce : Jésus, Le Messie d'Israël dont le Règne n'aura pas de fin. Peut-être S'est-Il souvenu de ma fidélité quand Il déclara, Lui le plus beau des enfants des hommes : *« Celui qui ne Me préfère pas à son père, sa mère, ses frères n'est pas digne du Royaume des Cieux.* » Le fil rouge flottant à ma fenêtre est comme le sang de mon amour lancé à la volée pour Lui Qui pose Son regard sur moi et Qui me dit : « Tes péchés seraient-ils rouges comme l'écarlate, ils deviendront blancs comme la laine… En vérité en vérité, les prostituées vous précéderont dans le Royaume des Cieux. »

*

Des ruines de pierres consumées des murailles de Jéricho, « Dieu a fait naître une enfant à Abraham… » Sa vie suspendue à un fil d'écarlate, Rahab a été épargnée par les troupes de Josué. Ainsi, la veille de l'exode, à l'ombre du sang de l'Agneau Pascal imprimé sur le linteau des portes de leurs demeures, les Hébreux échappèrent au châtiment de l'Ange exterminateur. La foi embryonnaire de Rahab s'est nourrie à un chemin vermeil où s'est ouvert son oreille et son œil. Mais au-delà d'elle, ce fil pourpre ouvre un cordon ombilical reliant l'humanité errant dans la prostitution et l'idolâtrie, à la Maison de Jacob où point déjà l'Église : « Étends tes cordages, élargis l'espace de ta tente » et reçois Rahab, ta fille prodigue et retrouvée… « On ne l'appellera plus délaissée mais Ma bien-aimée… » Oui, Ce fil cramoisi est le chemin d'une naissance sertie déjà dans la Passion du Fils de l'Homme, dans l'enceinte de Son Verbe animant l'Église en germe croissant au-delà des limites des tribus et des clans… l'Église épousant déjà au secret de Sa Chair les nations païennes dont Rahab est la fleur, qui, à la plénitude des temps, donnera son fruit de gloire.

Là, au sein de cette Arche, les cœurs de pierre deviendront chair d'un Cœur battant dans la douleur du monde ; les fondations des Jéricho de nos endurcissements et de nos illusions s'écrouleront. Alors Sodome, Gomorrhe, Babel et Babylone convoquées, accourront aux portes d'une Cité nouvelle qui n'aura « plus besoin du soleil ni de la lune car l'Agneau Seul sera sa torche et son flambeau ».

TON ÉPOUX
C'EST TON RÉDEMPTEUR

Je Suis le Roi

L'Onction me creuse une plaie au front
une déchirure
au Cœur

Sacrifié,
Je vous ressusciterai
des ruines

Où vous M'avez cherché.

אֶהְיֶה אֲשֶׁר אֶהְיֶה

יֵשׁוּעַ

LA FIANCÉE

Un cœur bat au cœur de la Rose. Tous les visages de femmes convergent vers ses portiques. Guerrières, prostituées ou saintes dessinent une silhouette gracile, se laissant deviner recouverte du pan d'un manteau d'azur ou de nuit, à l'ombre du Rédempteur. Israël, et Jérusalem sa ville sainte et son cœur… s'incarnent peu à peu. Une chair frémit, une personne se souvient… Une fiancée, aimée jusqu'à ses meurtrissures, avec pour horizon depuis la chute, la mort. La fille de Sion esquisse un pas de danse et c'est une danse nuptiale, elle respire aux arabesques des lignes et des signes ; elle trace une voie douloureuse remontant des profondeurs anéanties vers la lumière. Elle avait fui l'abandon, la honte ou la prostitution et elle était partie… Seule. Au désert. L'Éternel l'y attendait pour l'éprouver et épouser sa pauvreté, sa radicale pauvreté… Nue comme le fut Ève, chassée d'Éden. Au jour de sa naissance, elle fut jetée comme une ordure sur le bord d'un chemin, baignant dans son sang. Dieu, son Sauveur, l'enveloppa de Sa miséricorde parce qu'elle était la plus petite et la plus pauvre d'entre les femmes… D'entre la terre. La plus abandonnée et la plus désolée.

> « À ta naissance, le jour où tu es née, on ne t'a pas coupé le cordon, on ne t'a pas plongée dans l'eau pour te nettoyer, on ne t'a pas frottée de sel, ni enveloppée de langes. Aucun regard de pitié pour toi, personne pour te donner le moindre de ces soins, par compassion. On t'a jetée en plein champ, avec dégoût, le jour de ta naissance. Je suis passé près de toi, et je t'ai vue te débattre dans ton sang » (Ez 16,4-6).

Au Principe du monde, au balbutiement d'une vie, est l'Amour :

> « Au commencement était le Verbe, et le Verbe était auprès de Dieu, et le Verbe était Dieu. Il était au commencement auprès de Dieu. C'est par Lui que tout est venu à l'existence, et rien de ce qui s'est fait ne s'est fait sans Lui. En Lui était la vie, et la vie était la lumière des hommes » (Jn 1,1-4).

Le Verbe dit à l'enfant : « Vis dans ton sang, Je veux que tu vives ! » Et la malédiction devint bénédiction. Une Promesse, une Alliance éternelle recouvrit Israël nouveau-né d'un vêtement de noces et de Salut :

> « Tu étais complètement nue. Je suis passé près de toi, et Je t'ai vue : tu avais atteint l'âge des amours. J'étendis sur toi le pan de mon manteau et Je couvris ta nudité. Je me suis engagé envers toi par serment, Je suis entré en alliance avec toi – oracle du Seigneur Dieu – et tu as été à Moi. Je t'ai plongée dans l'eau, Je t'ai nettoyée de ton sang, Je t'ai parfumée avec de l'huile. Je t'ai revêtue d'habits chamarrés, Je t'ai chaussée de souliers en cuir fin, Je t'ai donné une ceinture de lin précieux, Je t'ai couverte de soie. Je t'ai parée de joyaux : des bracelets à tes poignets, un collier à ton cou, un anneau à ton nez, des boucles à tes oreilles, et sur ta tête un diadème magnifique. Tu étais parée d'or et d'argent, vêtue de lin précieux, de soie et d'étoffes chamarrées. La fleur de farine, le miel et l'huile étaient ta nourriture. Tu devins de plus en plus belle et digne de la royauté. Ta renommée se répandit parmi les nations, à cause de ta beauté, car elle était parfaite, grâce à Ma splendeur dont Je t'avais revêtue – oracle du Seigneur Dieu » (Ez 16,8-14).

Malheureuse battue par les vents, ou radieuse, vêtue de l'Amour seul de son Seigneur ; courant sur les chemins de ronde de la cité, cherchant son Bien-aimé, « Celui que son cœur aime… » Fidèle ou adultère, la fille de Sion avance vers une figure plus achevée encore, telle qu'elle fut établie aux fondations du monde, dans l'éternel sourire de la sagesse jouant auprès de Dieu avant les siècles, invitant les boiteux, les lépreux, les gueux, au banquet du Royaume. Là, le pauvre est relevé de la poussière, assis parmi les princes, en Sa Maison… « La sagesse a dressé une table, elle invite tous les hommes au banquet, venez et voyez… » Des profondeurs de la trame de l'Écriture Sainte, un visage affleure : celui de l'Église. « Ouvre-moi, ma sœur, mon amie, ma colombe, ma parfaite ! Car ma tête est couverte de rosée, mes boucles, des gouttes de la nuit » (Ct 5,2). Tressé à la couronne de Communion des vierges et des saintes, un cœur bat déjà, au cœur de la Rose.

Noces de sang

Mais il dort, ce cœur, enseveli… Il dort, otage de ses ténèbres : luxure, idolâtrie et sacrifices d'enfants offerts à Baal occultent ses battements embryonnaires. Malgré son adultère avec les dieux d'abomination, sa prostitution avec *les clients de la mort*, Dieu attend l'éclosion des fiançailles… Il taille et taille encore, Il sarcle et purifie mais Il n'extermine pas… Ne l'a-t-Il pas promis à Noé quand les eaux du Déluge refluèrent, dénudant la terre désolée ? « Je ferai comme au temps de Noé, quand j'ai juré que les eaux ne submergeraient plus la terre : de même, je jure de ne plus m'irriter contre toi, et de ne plus te menacer » (Is 54,9). Pourtant l'Amour Se plaint et Il Se plaint encore de n'être pas aimé… Il s'en plaindra jusqu'à la fin des temps :

« Tu t'es fiée à ta beauté, tu t'es prostituée en usant de ta renommée, tu as prodigué tes faveurs à tout passant : tu as été à n'importe qui. Tu as pris de tes vêtements, tu as fait des lieux sacrés aux riches couleurs, et tu t'y es prostituée – cela ne s'était jamais fait et ne sera plus. Tu as pris tes bijoux d'or et d'argent que je t'avais donnés ; tu t'es fabriqué des idoles masculines, tu t'es prostituée avec elles. Tu as pris tes vêtements chamarrés et tu les en as recouvertes. Mon huile et mon encens, tu les as déposés devant elles. Mon pain que Je t'avais donné, la fleur de farine, l'huile et le miel dont Je te nourrissais, tu les as déposés devant elles, en parfum d'apaisement. Il en fut ainsi – oracle du Seigneur Dieu. Tu as pris tes fils et tes filles que tu M'avais enfantés, et tu les as sacrifiés pour qu'elles s'en nourrissent. Était-ce donc trop peu que ta prostitution ? Tu as égorgé Mes fils et tu les as livrés en les faisant passer par le feu pour elles. Dans toutes tes abominations et tes prostitutions, tu ne t'es pas souvenue des jours de ta jeunesse, quand tu étais complètement nue et que tu te débattais dans ton sang. Et après tant de méchanceté – quel malheur, quel malheur pour toi ! Oracle du Seigneur Dieu » (Ez 16,15-23).

C'est une histoire d'amour, la plus belle, la plus ardente, la plus folle… Une Passion, celle d'Adonaï avec Son peuple… L'Alliance est retissée, puis profanée, et renouée encore… Et Dieu revient de Sa colère, Il pardonne, toujours. Dieu est un Amoureux transi pour Israël, cette vigne qu'Il planta sur une terre aride, Cep et sarments fondus en un seul Corps, Son Corps… Jardin clos ensemencé de cet Amour portant le monde qui n'en veut pas… Peuple sacerdotal, chéri d'autant plus qu'il est un tout petit reste, gué au seuil de l'abîme appelant l'abîme de la miséricorde de l'Éternel amour… Un jour, il donnera sa fleur, puis son fruit : l'Oint faisant toute chose nouvelle, *l'Alpha et l'Oméga, le Vivant.* À la plénitude des temps, « Il ne retiendra pas jalousement le rang qui l'égalait à Dieu mais Il Se fera pauvre jusqu'à la mort et la mort sur une Croix » (Ph 2,6-8). L'entendez-vous Qui vient… Il vient déjà dans cette chair aimée, planter Son Verbe, tisser Sa gloire, au silence de la nuit d'un adultère immémorial… Il vient transfigurer cette chair infidèle, reprendre l'Alliance par le cœur, dans le sang. Sur la Croix. Israël émerge de la nuit d'un corps à Corps, où, au terme d'un combat d'amour, il reçoit son nom et la bénédiction de Dieu… Au Golgotha, il naît à la vie de la Grâce, dans l'étreinte des deux cœurs unis et transpercés, de l'épouse immaculée et de son Bien-aimé.

Un rythme bat la mesure, en démesure. Ce Cache-cache amoureux, cette respiration, ce Souffle, embrasent l'Écriture Sainte, l'incendient de ferveur et d'amour. « J'aimerais allumer un feu sur la terre et comme il me tarde qu'il soit allumé », soupire le Christ : Feu dévorant qu'entrevoit Moïse au cœur du Buisson Ardent, alors qu'il s'en approche, enveloppé du voile de la Foi ; hymen que Dieu seul pénétrera, quand, *éternellement à toi, éternellement à moi, éternellement l'un à l'Autre*, le *Fiat* de la Vierge d'Israël scellera la nuit des noces de Dieu avec l'humanité. Alors, Le face-à-Face ouvrira le Ciel… Consomption des Noces dans Sa lumière et dont le lit nuptial sera la Croix.

« Pose-moi comme un sceau sur ton cœur, comme un sceau sur ton bras. Car l'amour est fort comme la Mort, la passion, implacable comme l'Abîme : ses flammes sont des flammes de feu, fournaise divine. Les grandes eaux ne pourront éteindre l'amour, ni les fleuves l'emporter » (Ct 8,6-7).

C'EST FACE À L'AMOUR QUE TU RENDRAS LES ARMES

« Va épouser une femme de prostitution et accepte ses enfants adultérins car le pays se méconduit envers le Seigneur. »

C'est ainsi que l'Éternel apostrophe le prophète Osée… Et dans cet ordre étrange, par-delà la morale, au-delà de la Loi, apparaît cette sagesse de Dieu qui est folie aux yeux des hommes, car l'aune de Sa miséricorde est la démesure d'un amour contrarié qui, envers et contre tout, poursuit sa trajectoire, implacable. Cet amour sonde les reins et les cœurs, et traversant tous les déserts, il part à la recherche de la brebis perdue, Sa bien-aimée. Il voit, à l'horizon de ses infidélités, de ses vices, de ses trahisons… Il voit le cœur virginal qu'Il créa à Son image, où s'abîme Sa tendresse. Il connaît ses probabilités perdues ou à venir… Il sait, qu'à l'origine, en l'Éden de Son Cœur, il n'en fut pas ainsi. Appelée en ce berceau de l'union de l'homme et de la femme, à ne former qu'une chair unique, l'humanité trahit sa vocation nuptiale. Pourtant, malgré cette communion rompue, ses pauvres tentatives d'amour, Dieu Se dit, Se dévoile : en ce don de l'époux et de l'épouse réfléchissant le Sien, absolu, entier, infini… où, sous la nuée de l'Esprit Saint, le Verbe S'unit à la Source Qui L'engendre : en ce point invisible d'où jaillit toute aurore, dans l'éternel retour d'un balancier où se suspend le monde. « Je m'en irai, Je retournerai en ma demeure, jusqu'à ce qu'ils s'avouent coupables et recherchent Ma Face, et que dans leur détresse ils Me cherchent » (Os 5,15).

Le prophète Osée est convoqué pour porter cet amour éconduit, cet amour profané, cet amour méprisé… Il le porte en étendard, telle la bannière de l'invincible Miséricorde d'un Dieu désarmé. Et Qui ne sait qu'aimer. Oui, Osée épouse une prostituée malgré ses adultères… Il épouse une femme infidèle courant après des amants qui la méprisent, comme la maison d'Israël convoite les Baalim et se prostitue avec les idoles. Il l'aime par-delà son péché car c'est ainsi qu'Adonaï aime son peuple. Au jour du grand Pardon, Il l'aimera jusqu'à étreindre sa mort sur le lit de la Croix. N'est-ce pas la miséricorde qu'Il désire et non le sacrifice ? L'appel d'Abraham, le corps à Corps avec Jacob, l'Alliance avec Moïse quand Il lui insuffla Sa Loi Bouche à bouche ; le rouleau de Sa Parole embrasant Isaïe... Présence douce-amère au cœur de ses entrailles et dont le psalmiste, « terre altérée sans eaux », a si soif : « j'ouvre la bouche et j'aspire Ta Parole ». Toutes ces prévenances, sont la déclaration d'un amour fou et les prémices des épousailles : Lune de miel des commencements de l'homme en l'Éden de Son Cœur, puis lune de fiel d'une chute vertigineuse. La colère de Yahvé, tel le torrent du Yabboq, submerge Israël infidèle pour qu'en sa terre dévastée, se lève la foi nue rescapée du Déluge ; qu'elle n'ait pas d'autre issue que de s'abandonner à la Grâce... Parée du Vêtement de Noce tissé de tous les oui, donnés à la vie éternelle.

> « Je dévasterai sa vigne et son figuier dont elle disait : "Ils sont à moi, c'est le salaire que m'ont donné mes amants." Je les changerai en friche et les bêtes sauvages les dévoreront. Je sévirai contre elle à cause des jours des Baals, quand elle brûlait pour eux de l'encens, se parait de ses anneaux et de son collier, et courait après ses amants. Et moi, elle m'oubliait ! – oracle du Seigneur » (Os 2,14-15).

La vengeance de Dieu, c'est Son amour, Son Amour douloureux, éconduit, passionné : « Celui qui n'entre pas par la porte de Ma miséricorde, entrera par la porte de Ma Justice », révèle le Christ au crépuscule des temps à sainte Faustine. Cette Loi de l'amour divin court à travers les siècles... Désir qui ne se rend jamais... Cime d'eau dressée brisant toutes les écluses, et emportant en ses courants profonds ce qui en l'homme résiste à Son appel. Exil, destruction du temple, invasions… Les calamités enserrent Israël et purifient son cœur incirconcis jusqu'à ce qu'il perçoive au large des grandes eaux… Ce chant nuptial, là-bas… Au lieu de l'Alliance sur une terre aride, au désert des fiançailles, au creuset de l'Amour qui épure comme on épure l'or fin… Et n'a de cesse d'être choisi par-delà tous les amours… Au cœur du Rien. « Ce n'est pas pour rire que Je t'ai aimée. » « C'est la Parole que je t'ai dite Qui te jugera au dernier jour. » Toi, mon aimée, tu périras par l'épée de Mon Verbe. Et c'est devant l'amour encore que tu rendras les armes. Oui,

> « Mon épouse infidèle, Je vais la séduire, Je vais l'entraîner jusqu'au désert, et Je lui parlerai Cœur à cœur. Et là, Je lui rendrai ses vignobles, et Je ferai du Val d'Akor (c'est-à-dire "de la Déroute") la porte de l'Espérance. Là, elle Me répondra comme au temps de sa jeunesse, au jour où elle est sortie du pays d'Égypte. En ce jour-là – oracle du Seigneur –, voici ce qui arrivera : Tu M'appelleras : "Mon époux" et non plus : "mon Baal" c'est-à-dire "mon maître". J'éloignerai de ses lèvres les noms des Baals, on ne prononcera plus leurs noms. En ce jour-là Je conclurai à leur profit une alliance avec les bêtes sauvages, avec les oiseaux du ciel et les bestioles de la terre; l'arc, l'épée et la guerre, Je les briserai pour en délivrer le pays; et ses habitants, Je les ferai reposer en sécurité. Je ferai de toi Mon épouse pour toujours, Je ferai de toi Mon épouse dans la justice et le droit, dans la fidélité et la tendresse.
>
> Je ferai de toi Mon épouse dans la loyauté, et tu connaîtras le Seigneur. En ce jour-là Je répondrai – oracle du Seigneur –; oui, Je répondrai aux cieux, eux, ils répondront à l'appel de la terre. La terre

répondra au froment, au vin nouveau et à l'huile fraîche, eux, ils répondront à la "Vallée-de-la-fertilité". Je m'en ferai une terre ensemencée, J'aimerai celle qu'on appelait "Pas-Aimée" et à celui qu'on appelait "Pas-mon-Peuple", Je dirai : "Tu es mon peuple", et il dira : "Tu es mon Dieu !" (Os 2,16-25)

JE T'AI GRAVÉE SUR MON CŒUR

Ma blessure est profonde...
Seule la remplit la mer,
la Miséricorde infinie de Dieu.

Ce Dieu jaloux, le Seigneur des combats, terrible en Sa fureur, rend Son Visage dur comme pierre quand Sion se détourne de l'Orient où le Salut Se lève. Son éclipse n'est pas la Sienne, mais celle du peuple : tiédeur, indifférence, obscurité de son cœur endurci dans la nuit. Pourtant, dans l'absence sidérale d'une désertion de l'homme, envers et malgré tout Dieu aime, brisant les cœurs pour y entrer : « Vois Je Me tiens à la porte et Je frappe. Si tu ouvres, Mon Père et Moi viendrons et Nous établirons en toi Notre Demeure ». Car « le Dieu de tendresse, lent à la colère et plein d'amour » fait briller le soleil sur les bons comme sur les méchants. « Comme un berger, il paîtra son troupeau, Il prendra les agneaux dans ses bras, Il les portera dans son sein, les bercera sur Ses genoux » (Is 40,11). Cet amour inconditionnel, irréductible est de la même chair que l'amour maternel : absolu, il en est la source. « Une femme oublie-t-elle l'enfant qu'elle allaite ? N'a-t-elle pas pitié du fruit de ses entrailles ? Quand elle l'oublierait, Moi l'Éternel Je ne t'oublierai point. Voici, Je t'ai gravée sur mes mains ; tes murs sont toujours devant Mes yeux » (Is 49,15-16).

Au-delà de l'image maternelle, la Rédemption a un Visage... « Fais briller sur nous la splendeur de Ta Face et nous serons sauvés. » Cette splendeur est celle de l'Époux. Sur le lit de la Croix, le Christ enceint l'humanité en deçà de sa mort, et enjambant l'abîme, franchissant les montagnes, le Messager de la Bonne Nouvelle, étreint ce qui était perdu pour lui donner Son Cœur. « Je te fiancerai à Moi dans la vérité et tu connaîtras le Seigneur. » Connaître, n'est-ce pas déposer sa vie dans celle de l'aimé… ? Naître l'un en l'autre, l'un de l'autre en cet embrassement, et d'aube en aube jusqu'à la nuit, mourir à soi pour vivre en l'Autre ? Dans l'épître aux Éphésiens, saint Paul s'émerveille de ce Mystère présent dès la fondation du monde, lorsqu'il affirme que le Christ de toute éternité désire l'Église, qu'Il en prend soin, l'habille, la nourrit et l'aime plus que Son propre Corps… Qu'Il donne Sa vie pour Elle, « belle et immaculée en Sa Présence… » Ainsi l'époux doit aimer l'épouse, leurs noces ordonnées et accomplies dans cet Amour-là, divin, sponsal et nourricier… Amour Se donnant par-delà tout don et malgré notre indignité, notre misère, notre infidélité. Car tel est Son Principe. « Dieu est Amour, chante saint Jean, les ténèbres ne L'ont pas connu… » Mais ils ne L'arrêteront jamais quels que soient leur densité, leur solitude ou leur refus. Une Promesse inouïe enveloppe la fille de Sion, et au-delà, les nations païennes absorbées un jour en Elle, l'unique Bien-aimée.

> « Crie de joie, femme stérile, toi qui n'as pas enfanté ; jubile, éclate en cris de joie, toi qui n'as pas connu les douleurs ! Car les fils de la délaissée seront plus nombreux que les fils de l'épouse, – dit le Seigneur. Élargis l'espace de ta tente, déploie sans hésiter la toile de ta demeure, allonge tes cordages, renforce tes piquets ! Car, tu vas te répandre au nord et au midi. Ta descendance dépossédera les nations, elle peuplera des villes désertées. Ne crains pas, tu ne connaîtras plus la honte ; ne tiens pas compte des outrages, tu n'auras plus à rougir, tu oublieras la honte de ta jeunesse, tu ne te rappelleras plus le déshonneur de ton veuvage. Car ton époux, c'est Celui qui t'a faite, Son nom est “Le Seigneur de l'univers”. Ton rédempteur, c'est le Saint d'Israël, Il s'appelle “Dieu de toute la terre” » (Is 54,1-5).

Qui est l'épouse ? Par-delà le peuple de la Première Alliance – dont l'accomplissement est l'Église – L'humanité entière est convoquée. Il y a des milliers d'années, à Aram en Mésopotamie, Abram devint Abraham et Dieu le caressa d'une promesse inouïe : sa descendance serait plus nombreuse que les étoiles ; toutes les nations de la terre s'adresseraient la Bénédiction par le Nom d'Un de ses enfants. Au bout d'une autre nuit, sur le gué d'un abîme, à l'aube immaculée et au terme d'un corps à Corps extatique… Jacob, jeune homme chétif, devint Israël.

Du cœur de la cible, Dieu ouvre le Salut en cercles exponentiels… Simultanément, ces cercles se concentrent vers un point infinitésimal : au silence de l'Histoire, à l'aurore de la Grâce suspendue à un Oui virginal, fondue au secret d'une chair toute transparente pour L'adorer : « Qui regarde vers Lui resplendira sans ombre ni trouble au visage. »

LA PORTE DE LA RÉDEMPTION

La grâce au zénith... Midi. L'éternité traverse la Promesse de l'Ange, en cette chambre haute... Les grains de poussière se suspendent à un souffle enfantin saisi au faisceau d'un autre Souffle, recouvrant l'enfant de Son ombre. C'est dans ce petit rien-là, que la Parole Unique de Dieu veut reposer. Ici, Sa joie demeure, invincible. L'enfant comblée jusqu'à l'abîme lance un grand Oui comme un éclat de rire, déchirant l'azur. Le cœur de l'humanité, c'est elle ; son essence inviolée, sa liberté inflexible, elle. Sa fécondité, elle... Cette page inexplorée sans marges ni ponctuation, vierge absolument, c'est elle encore. Au plus obscur de ses atomes, le Tout Autre se fait murmure... Le Verbe, silence. En cet amour qu'aucun horizon ne limite, l'Éternel plante Sa tente. Et c'est Ici, du Tabernacle de ses entrailles, que la Présence étreint l'humanité blessée. Car en son cœur de chair, s'inscrit la Loi, l'Alliance nouvelle et éternelle annoncée par les prophètes Ézéchiel, Jérémie et Isaïe, afin que toutes les nations puissent s'unir à l'Église du Christ, et que toute âme renaisse à la Grâce d'un cœur transfiguré.

> « Nicodème demanda à Jésus : “Comment un homme peut-il naître quand il est vieux ? Peut-il entrer une deuxième fois dans le sein de sa mère et renaître ?” Jésus lui répondit : “Amen, amen, Je te le dis : personne, à moins de naître de l'eau et de l'Esprit, ne peut entrer dans le royaume de Dieu” » (Jn 3,4-5).

En sa conception immaculée, Marie porte et berce la mémoire édénique de l'humanité. En son admirable Assomption, elle annonce son couronnement au firmament d'une chair graciée et glorifiée... Du seuil de la Jérusalem Céleste, elle tisse avec les

Anges, l'Église transfigurée. En elle et avec elle, s'accomplit la Promesse :

> « Même si les montagnes s'écartaient, si les collines s'ébranlaient, Ma fidélité ne s'écarterait pas de toi, Mon alliance de paix ne serait pas ébranlée, – dit le Seigneur, qui te montre Sa tendresse. Jérusalem, malheureuse, battue par la tempête, inconsolée, voici que Je vais sertir tes pierres et poser tes fondations sur des saphirs. Je ferai tes créneaux avec des rubis, tes portes en cristal de roche, et toute ton enceinte avec des pierres précieuses. Tes fils seront tous disciples du Seigneur, et grande sera leur paix. Tu seras établie sur la justice : loin de toi l'oppression, tu n'auras plus à craindre ; loin de toi la terreur, elle ne t'approchera plus » (Is 54,5-14).

*

Les femmes de la Première Alliance – matriarches, prophétesses, guerrières, reines, veuves, stériles, prostituées – et, les transfigurant toutes, l'Épouse, veillent et s'éveillent aux seuils, aux passages, aux termes ; semées aux naissances des aubes et des nuits. Toutes s'acheminent, irriguant le monde aride, au cœur du chaos, des guerres, de la mort, vers la *Toute Belle* dont la maternité est une virginité féconde… Elles annoncent Celle qui les récapitulera toutes en son Oui s'élançant au cou d'un temps immaculé. Le Verbe éternel, germe sans faire de bruit, en Elle, la désirée d'avant la fondation du monde, connue de toute l'éternité de Son amour.

Depuis, le Salut s'accomplit, où la violence avait scellé la malédiction ; l'homme reprend Son Souffle… où il l'avait expiré. L'impossible déploie son rire, là où l'horizon de la mort étreignait l'Humanité captive.

À travers ces visages et au-delà d'eux se tisse doucement de chair en chair, au secret de la moelle d'un peuple choisi car il fut l'infime, le plus insignifiant, le plus minuscule et le plus indigne… Se tisse au secret de l'atome le plus vil, un visage suspendu tel une île entre la terre d'exil et celle de la Promesse, entre l'Éden perdu et la Cité Céleste ouvrant la trame du temps de sa lumière… Ce visage est celui de Marie, épouse de l'Esprit Saint, *Demeure de Dieu parmi les hommes…* Afin qu'en elle, l'humanité déchue soit couronnée de sa beauté originelle… Qu'y resplendissent comme dans un ostensoir, la miséricorde et la Justice, la Grâce et le Pardon de Dieu.

Là est *la Femme* et sur la ligne de diffraction de la lumière, tout bascule soudain. Posté sous l'Arbre de la Vie veille un Chérubin… Il dépose le glaive du feu de la Parole entre les mains de la Vierge. Dans l'écrin de son *Fiat.*

Et le Verbe Se fait chair.

En elle.

La peau cornée de l'Histoire frémit… L'Éternel opère sa révolution silencieuse au cœur d'une femme. La liberté change de cap. La féminité s'ouvre sur les confins d'éternité et se dérobe enfin à la concupiscence, à l'emprise ou au conditionnement immémorial de l'homme qui en fit sa pâture. La glaise éclot sous le soleil de la Grâce, enveloppant de son manteau de lumière la nuit glacée d'une attente multiséculaire. La femme s'avance au large des temps ; l'horizon se déplace déjà, et sa peau s'étire à l'infini d'un Cœur Qui Se penche.

« Oui dit-elle à l'Ange…

Je suis la servante du Seigneur désarmé des armées, du Roi des cieux et de la terre et depuis je suis reine. Je ne suis plus l'esclave d'un homme jaloux de son pouvoir volé aux dieux des vainqueurs… Je suis l'âme épousée de l'Esprit Qui m'a prise sous Son Ombre ; je suis l'icône de l'Amour et Son Verbe Se forme doucement en mon sein… Je suis l'écrin de Sa Grâce, l'effigie de Sa gloire… La porte de la Rédemption.

De la crèche à la Croix, cachée sous le voile du silence, neige éternelle à l'horizon du cœur… Moi, la plus pauvre parmi les femmes… Au-delà du givre, à l'aurore élevée de la Promesse, je L'attends… Entendez-vous Celui Qui vient ? Son sang s'écoule de Son Cœur à mon cœur ; Il Se lève à l'Orient immaculé de ma conception, au sanctuaire de mon corps, au lieu vierge du Don, au lieu nu de l'Espérance… Son Royaume n'est pas d'ici, Son Amour renouvellera la face de la terre, des flots, du ciel… De l'amour même. Son amour est le scandale d'un départ absolu, une aurore radicale. Et Sa Loi me tient aux entrailles.

Je vous parle d'un Roi Qui est le Roi des pauvres et des découronnés… Je vous parle d'un Roi et c'est un Enfant nu, mendiant d'amour… Il pleure au creux du tabernacle et bat dans la divine Hostie… Et je Le berce de nuit en nuit, couchée au pied de Son Berceau… Mais Il S'échappe toujours plus loin et disparaît dans un rayon de Sa lumière. Sa Couronne s'est tressée aux épines de mon cœur. »

AURORE
DE LA GRÂCE

Je Suis
le Roi
J'attends

Au Royaume
où vos fils et vos filles
se dessinent

Et les champs déjà,
d'or et de feu
à l'aube des ailes des Chérubins

אֶהְיֶה אֲשֶׁר אֶהְיֶה aime שׁוּעַ aime אֶהְיֶה אֲשֶׁר אֶהְיֶה

LE SILENCE DE ZACHARIE

> « L'Ange du Seigneur lui apparut, debout à droite de l'autel de l'encens. À sa vue, Zacharie fut bouleversé et la crainte le saisit. L'Ange lui dit : "Sois sans crainte, Zacharie, car ta supplication a été exaucée : ta femme Élisabeth mettra au monde pour toi un fils, et tu lui donneras le nom de Jean. [...]" Alors Zacharie dit à l'Ange : "Comment vais-je savoir que cela arrivera ? Moi, en effet, je suis un vieillard et ma femme est avancée en âge." L'Ange lui répondit : "Je suis Gabriel et je me tiens en présence de Dieu. J'ai été envoyé pour te parler et pour t'annoncer cette bonne nouvelle. Mais voici que tu seras réduit au silence et, jusqu'au jour où cela se réalisera, tu ne pourras plus parler, parce que tu n'as pas cru à mes paroles ; celles-ci s'accompliront en leur temps." »

L'Évangile de Luc s'ouvre sur un silence... Celui de Zacharie, « un prêtre du groupe d'Abia, assurant le service du culte devant Dieu ». Ce silence enveloppe *l'Annonce faite à Marie* d'une traîne neigeuse... Ultime préambule, cette annonciation suspendue au oui virginal, la précède de six mois. Sixième de la Première Alliance, elle clôt la litanie de ces stérilités visitées par la Grâce et d'où jaillit la source d'une vie qui est offrande à Dieu. Vies d'Isaac, de Jacob, de Joseph, de Samuel, de Samson, et à présent celle de saint Jean le Baptiste... Vies consacrées, rayons de l'unique Lumière s'annonçant en elles ; grains de blé du Pain de vie germant bientôt au sein d'une Vierge de la maison de David... « Moi, Je suis le Pain de vie descendu du ciel, qui mange de ce Pain ne goûtera jamais la mort. » Cette Annonciation advient au cœur du temple de Jérusalem, par-delà le voile… Au lieu infiniment sacré du Saint des saints où seul le prêtre peut pénétrer. Zacharie est de l'illustre lignée sacerdotale des sacrificateurs devant l'Éternel. Sa femme, de la maison d'Aaron, est maison vide, terre désolée. Malgré les suppliques, les offrandes, les holocaustes de boucs, de taureaux, de colombes… Sa vie, ligaturée dès sa source, s'est figée ; son ventre reste scellé. Zacharie s'est résigné, cœur empierré au sein d'Élisabeth comme en son tombeau où crisse une chanson triste : « Ne va pas au-delà. » Faut-il qu'il se dépouille de sa peau, de son cœur, de tout lui… Et de sa vie passée, jetée par-dessus bord… Faut-il qu'il se déleste de tous ces rites bien plantés en dedans comme des stèles blanchies de siècles amoncelés sur la voix des prophètes… Certitudes grises passant sans faire de bruit. Anonymes, intangibles. Il y a une source en un lieu au-delà, que l'enfant seul, sait. Zacharie pleure. « Il a été désigné par le sort pour aller offrir l'encens dans le sanctuaire du Seigneur. » La foule du peuple de Jérusalem est suspendue à l'offrande du soir. Zacharie pénètre par-delà le voile dans le Saint des saints au creuset Éternel. L'Arche d'Alliance rayonne du Verbe s'enveloppant au rouleau des tables de la Loi, battant sous les pétales de jaspe, de saphir et d'or fin… À la droite de l'autel de l'encens, « L'ange du Seigneur lui apparaît. » Les contours de Son corps s'effacent jusqu'au vertige d'une joie mêlée de crainte, le terrassant. C'est un Incandescent, un Chérubin. Le vieux Zacharie n'a plus la force de Jacob… Il ne lutte pas, il rit au seuil de l'impossible. Son rire s'égrène puis s'évanouit sous les ailes repliées de l'Ange, voilant sa face : « “Sois sans crainte, Zacharie, car ta supplication a été exaucée : ta femme Élisabeth mettra au monde pour toi un fils, et tu lui donneras le nom de Jean. Tu seras dans la joie et l'allégresse, et beaucoup se réjouiront de sa naissance, car il sera grand devant le Seigneur. Il ne boira pas de vin ni de boisson forte, et il sera rempli d'Esprit Saint dès le ventre de sa mère ; il fera revenir de nombreux fils d'Israël au Seigneur leur Dieu ; il marchera devant, en présence du Seigneur, avec l'esprit et la puissance du prophète Élie, pour faire revenir le cœur des pères vers leurs enfants, ramener les rebelles à la sagesse des justes, et préparer au Seigneur un peuple bien disposé." Alors Zacharie dit à l'ange : "Comment vais-je savoir que cela arrivera ? Moi, en effet, je suis un vieillard et ma femme est avancée en âge." L'ange lui répondit : "Je suis Gabriel et je me tiens en présence de Dieu. J'ai été envoyé pour te parler et pour t'annoncer cette bonne nouvelle." »

« Ces trois étrangers qui semblaient être un Seul, apparus à Abraham sous un chêne, à Mambré, étaient-ils donc des Anges ? Ils annoncèrent au patriarche la naissance d'Isaac. Dans l'ombre de la tente l'épouse reposait… Au-delà du seuil, ces trois paires d'yeux dardaient le feu du soleil de midi en un regard univoque. Pourquoi cette Annonciation à droite de l'autel des parfums… Est-ce fantaisie de Dieu pour le confondre ; est-ce privilège dû à sa lignée sacerdotale, en souvenir de son père Abraham ? » L'Ange le reprit : « Seule la Grâce ouvre une création toute vive, conduisant les prescriptions de la Loi ancienne vers le Jour de Son accomplissement… Arcs-boutants de pierre soulevant le chœur vers la clef de voûte d'un Inconnu que Dieu Seul sait. » Cet Inconnu illumine déjà le tissage des étoiles déployant la longue nuit de l'attente de la Première Alliance, avant qu'elle ne dévoile à la face des humbles et des superbes, l'aurore… La Promesse sertie dans la chair d'une toute petite, une Vierge, Son tabernacle.

Pour annoncer la conception du Précurseur, blotti depuis six mois au sein d'Élisabeth reconnaissant le Fils de Dieu fait fils de l'homme alors qu'il n'est qu'un germe, dans celui de la Vierge ; pour dévoiler la naissance du « plus grand parmi les hommes et du plus petit dans le Royaume des cieux » ; pour préparer le berceau de celui-là, désignant le Rédempteur : « Voici l'Agneau de Dieu qui enlève les péchés du monde » ; pour éveiller Zacharie à sa parole nue, éclatante sous l'azur radical : « moi je vous baptise dans l'eau, Lui vous baptisera dans l'Esprit et le feu » ; pour annoncer le dernier prophète de la Loi Mosaïque, voix tonnant et ricochant aux rocs des déserts… Il fallait l'écrin du Saint des saints du temple de Jérusalem… Là Où, au-delà du voile tissé au Souffle de l'Esprit par la Vierge des vierges, bat la Parole de Dieu soulevant le chœur de pierre des tables de la loi… Et qu'en jaillisse, battant en dessous de la lettre morte, un cœur… Et qu'en sa chair et son sang, soit scellée une loi nouvelle, une loi de Grâce.

— Vois, Je fais toute chose nouvelle
Et la virginité
Féconde.

Il fallait que la naissance du Baptiste fût annoncée au cœur du temple de Jérusalem, là où Marie fut élevée, là où bientôt la Loi ancienne s'inclinerait devant l'Enfant de Bethléem. Car l'ancien temple bientôt ne sera plus que cendres. « Et il n'en restera pas pierre sur pierre. » Il fallait que fût annoncé à Zacharie, grand prêtre sacrificateur, que le fils qui allait naître de son union avec Élisabeth, *fille d'Aaron*, s'inclinerait devant le Prêtre éternel dont l'unique Sacrifice écartèlera le monde aux quatre branches de l'arbre de Sa Croix. Et que désormais, bientôt, Il dirait à une femme de Samarie : « Ce n'est plus au temple de Jérusalem que vous adorerez le Père mais vous L'adorerez, à Ciel ouvert, en esprit et en vérité. »

Il fallait la sixième annonce d'une fécondité miraculeuse jaillie de la stérilité, pour que la septième sourde d'une fontaine scellée, d'une source cachée, du jardin clos de la virginité. En l'Éden retrouvé d'une conception immaculée. Oui, il fallait cela… Pour parachever la douloureuse espérance de tout un peuple de prophètes… Et qu'en la virginale et toute dernière septième Annonciation, advenant juste avant le septième mois de la maternité d'Élisabeth, soit inaugurée la Création nouvelle où la Parole se fait Petit Enfant… Où le Très-Haut s'ensevelit, non plus au bois précieux d'un ostensoir de cèdre et d'acacia, mais dans l'épaisseur de la nuit la plus pauvre, au creux d'une mangeoire, pendu au bois d'une croix de supplice, caché au sépulcre creusé à même le roc d'un jardin s'éveillant au tout premier matin du monde ressuscité.

Il fallait que Zacharie, le père du dernier prophète, celui appelé « voix qui crie dans le désert », perde la sienne. Bien au-delà du doute, le silence qui l'étreint est un silence d'adoration, *signe* que le temps vient où la Loi s'émerveille devant la Grâce éclose d'entre son sein de pierre. Zacharie se tait. Il fait silence pour laisser place au Verbe creusant la lettre morte, d'un cœur de chair, d'un cœur de Femme s'éveillant aux tables de la Loi. Le *Saint des saints* du temple de Jérusalem s'efface devant l'arche nouvelle accueillant bientôt Celui que l'univers ne peut contenir, pour qu'en nos cœurs et nos corps, désormais, Il fasse Sa demeure.

À cet instant, Zacharie retrouvera sa voix : « Ouvre ma bouche et mes lèvres publieront Ta louange. »

ET LE VERBE SE FAIT ÉGLISE

Sur certaines icônes de l'Annonciation coptes, byzantines ou orthodoxes du IVe siècle à nos jours, l'Ange Gabriel suspend sa main levée, d'où s'échappe un fil pourpre se dévidant jusqu'à la Vierge… à ses pieds une pelote incarnat repose dans une corbeille… la Bible ouverte posée à ses côtés, elle tisse à la quenouille le voile du Temple de Jérusalem. Après tirage au sort, elle a reçu des mains de Zacharie, le grand prêtre, l'écheveau de pourpre et d'écarlate. Aux six autres vierges de la maison de David, échurent « le fil d'or et d'amianthe et de fin lin et de soie et d'hyacinthe ».

Royal et messianique, le pourpre est la couleur du sang de la Passion du Christ. Avant l'Annonciation, dès sa naissance et en deçà de sa conception immaculée, Marie y est unie, invisiblement. Dans la nuit âpre du Golgotha la Pietà veille son Dieu Qui meurt… Elle se souvient… C'était la fête de la Présentation au temple; elle s'avançait, vers l'autel de l'offrande, serrant le nouveau-né contre son cœur; soudain, un vieil homme prophétisa qu'un jour, une épée transpercerait son âme. « Syméon les bénit, puis il dit à Marie sa mère : "Voici que cet enfant provoquera la chute et le relèvement de beaucoup en Israël. Il sera un signe de contradiction – et toi, ton âme sera traversée d'un glaive." » Le ciel soudain, s'est voilé d'un linge de mort… Un tapis d'encre enserre la roche du Golgotha, où s'est plantée la croix. C'est la sixième heure… L'heure de la Soif terrible de Dieu : « Quand il eut pris le vinaigre, Jésus dit : "Tout est accompli." Puis, inclinant la tête, il remit l'esprit. » L'hymen du *Saint des saints* du temple de Jérusalem tissé de pourpre et d'écarlate se rompt en son milieu. Les noces de Dieu avec l'humanité sont consommées : la prophétie de Syméon s'accomplit. Aussitôt, Le *Glaive à double tranchant* du Verbe Éternel, transperce le cœur de la Vierge jusqu'en sa source…

Et le Verbe Se fait Corps, Il Se fait Corps en sa douleur… Église en elle.

Les juifs crient : « Que Son Sang retombe sur nous et sur nos enfants ! » Leurs cœurs empierrés se condamnent à la malédiction du monde dont le prince est Satan. Le refus des pharisiens déchire la trame de l'Histoire Sainte : il lacère la tunique du Salut tissée par Dieu Seul d'un fil royal, s'élançant depuis la Promesse faite à Abraham jusqu'au Oui de Marie que l'Ange Salue ainsi, « *comblée de* Grâce ». Car En elle s'accomplit l'Alliance nouvelle et éternelle qu'entrevit le prophète Isaïe : « La vierge enfantera un fils, on l'appellera Emmanuel. » Les Noces de Dieu avec l'humanité consument la mort au lit de chair d'une vierge de Nazareth. De l'Annonciation, jusqu'aux ténèbres du Golgotha.

À l'ombre de la croix, la Pietà berce contre son cœur ouvert la Promesse de l'Ange : « Son Règne sera un règne éternel. » Le voile d'or et d'écarlate du Saint des saints s'est déchiré en son milieu, il recouvre le calvaire et toute la Judée d'un suaire pourpre… Pourpre du sang du Serviteur souffrant, du Fils de Dieu fait Fils de l'Homme, mis à mort par les grands prêtres de Jérusalem. Du Temple, il ne restera bientôt plus pierre sur pierre, mais le fil incarnat noué au poignet de l'enfant premier né de Tamar… bondissant avec Rahab sur les murailles de Jéricho… cours, toujours plus vif et éclatant. Le fil vermeil poursuit sa course de Salut… Il tisse, dévidant et filant, le Oui des enfants de la Grâce et il égrène les *Ave Maria* au large des horizons du monde… Car le temple désormais, c'est un cœur immaculé.

Le voile du Saint des saints s'est déchiré, mais un autre voile flotte : celui des Noces de sang de Dieu avec l'humanité, sur le lit de la Croix écartelant le monde. La création nouvelle porte son premier fruit : « Fils, voici ta mère. »

L'Église naît ici dans l'Eau et le Sang, scellant le don de Marie à saint Jean, ouvrant la lignée de la Femme qui écrasera la tête du serpent. Marie est là, enceinte de tous ces pauvres qui lui sont confiés, tressaillant d'allégresse en son *Magnificat* retentissant jusqu'à la fin des temps. Un sourire se dessine enveloppant l'Histoire des hommes et l'Espérance ouvre le monde.

SOUS L'OMBRE DU LAURIER

L'évangile de Luc recouvre l'enfance de la Vierge d'une ombre lumineuse posée sur son silence… Marie se tait, elle médite les paroles de l'Ange en son cœur. Elle les berce de ce silence qui est lumière et feu des Chérubins… Aucune voyelle, aucune consonne ne peut étreindre l'amour dont elle est embrasée… Elle ne dit mot pour laisser dire le Verbe Qui d'elle tisse Sa chair, Buisson Ardent où brûle l'amour en Son Brasier. Pénétrons au-delà du voile posé par saint Luc sur sa petite enfance. Entrons dans la Tradition des Églises d'Orient dont le cœur est l'évangile apocryphe de Jacques le Mineur. Il éclaire ce continent inconnu de la féminité de Marie, qui dès son origine, reflète les frémissements les plus ténus de la Lumière… Clarté sans diffraction, pleine et nue, telle qu'en sa source offerte. Mais qui peut L'accueillir, cette Lumière ? « L'homme innocent qui ne prend pas plaisir aux vanités » ; le minuscule aux yeux grands ouverts. Si vous ne devenez pas pareil à cet enfant vous ne rentrerez pas dans le Royaume des Cieux. Car pour voir le Dieu des Armées désarmé, il faut perdre connaissance afin qu'une autre en nous Se lève. En Marie… Qui sut mourir comme grain de blé tombé en terre et attendre à la nuit la plus noire, lovée au froid de la neige, l'éveil du printemps.

Marie a été germée depuis la nuit d'Abraham, lorsqu'il contemplait le ciel et caressait la Promesse de Dieu, celle d'une descendance aussi nombreuse que les étoiles du firmament… Sara, sa femme était stérile ; pourtant, dans leur vieillesse, Isaac vint au monde et Sara rit… Ce fut son *Magnificat* à elle. Dieu le savait. Au-delà d'elle déjà, une petite fille rit et sa joie est parfaite, c'est la joie des pauvres de cœur : ils voient Dieu face à Face. C'est la joie d'une toute petite dont l'ombre portée enveloppe Sara… Comme la fleur est là, en germe, en puissance, dans la graine… Et cette fleur donnera son fruit, éternel.

Aujourd'hui, une autre femme supplie Dieu de faire germer en elle Sa semence ; ses entrailles sont asséchées mais elle le sait : le Dieu d'Abraham, d'Isaac, de Jacob est Maître de l'impossible, Il change le deuil en une danse... Anne, stérile, comme la maman du prophète Samuel, pleure et se lamente. En cette période de fête en Israël, elle craint l'humiliation d'aller au temple, car son ventre s'est scellé sur la mort. Elle n'enfantera plus. Et puis, son époux Joachim est parti jeûner au désert, quarante jours et quarante nuits... En reviendra-t-il... Elle n'a plus rien... Dépouillée de tout, jusqu'à son espérance. Pourtant, Quelqu'un se lève au-dedans d'elle... Elle s'enveloppe de sa robe de noces, pose une couronne de fleurs blanches dans ses cheveux enneigés de temps et de silence. Elle s'agenouille sous un laurier et elle prie.

Soudain, sur la plus haute branche, elle aperçoit un nid de moineaux... Son cœur se froisse d'un désir douloureux : et elle crie vers le Dieu de ses pères, Celui que chantait le roi David, son aïeul : « Hélas, à quoi puis-je être comparée, à qui dois-je la vie pour être ainsi maudite en présence des fils d'Israël ? Ils me raillent et m'outragent et ils m'ont chassée du temple du Seigneur. Hélas, à quoi suis-je semblable ? Je ne peux être comparée aux oiseaux du ciel, car les oiseaux sont féconds devant vous, Seigneur. Je ne peux être comparée aux animaux de la terre, car ils sont féconds. Je ne peux être comparée ni à la mer, car elle est peuplée de poissons, ni à la terre, car elle donne des fruits en leur temps et elle bénit le Seigneur. » Cette plainte naïve s'élève à la neuvième heure du jour, au rythme d'une ritournelle... Comptine cristalline pour l'enfant non née encore, dont le Oui retournera le monde.

Au cœur de la création, Anne est seule. Terre, ciel, mer... Tout... Bêtes et plantes, donnent leur fruit. Sans elle, *qu'on appelle la stérile*. À l'orée d'un Nouveau Jour, Anne pleure dans son jardin et il flotte dans l'ombre d'un autre Jardin. Perdu. Au cœur opaque des éléments, des créatures et de sa solitude, elle se souvient de celle d'Adam, là-bas en Éden. Au seuil d'un profond sommeil pareil à une conception, au secret d'une faille en son côté offert où battait son cœur, naquît Ève, chair de sa chair, os de ses os.

Ainsi qu'Adam désirât Ève, Anne désire de toute sa sève inépousée, cette toute petite... Couronnement de sa prière, attente de tout un peuple tendue vers cette naissance et exaucée en elle... La louange des stériles à qui Dieu fit grâce, triomphera en ce *Magnificat* d'une vie radicalement nouvelle, vierge tel le premier matin d'un monde bientôt ressuscité. La création, « gémissant dans les douleurs de l'enfantement » rendra Grâce. Bientôt, les arbres danseront de joie, les montagnes taperont des mains, car elle vient la *toute belle*... Et avec elle l'Oint, Lui que tous les prophètes ont chanté... Sa bénédiction s'étend déjà d'âge en âge, voile de lumière s'épanchant sur les mers. Anne supplie Dieu : s'Il exauce sa prière et lui donne une minuscule, elle promet de consacrer l'enfant à Son Temple.

« Et voici que l'ange du Seigneur vola vers elle, lui disant : "Anne, Dieu a entendu ta prière ; tu concevras et tu enfanteras et ta race sera célèbre dans le monde entier." Anne dit : "Vive le Seigneur, mon Dieu ; que ce soit un garçon ou une fille que j'engendre, je l'offrirai au Seigneur, et il consacrera toute sa vie au service divin." »

Le silence enveloppe d'une traîne de joie pure cette annonciation. Il fallait l'écrin d'un jardin, pour recueillir cette promesse d'une recréation, la Conception immaculée de la nouvelle Ève... Petite Sœur des enfants de la Grâce dont la lignée écrasera la tête du serpent. C'est à l'ombre du feuillage toujours vert du laurier, qu'Anne, mère de l'Immaculée, reçoit la promesse de concevoir celle que tous les âges diront bienheureuse. Et à l'annonce de l'Ange, « ta race sera célèbre dans le monde entier », répond déjà, avant le temps, l'exultation du *Magnificat* : « comme Tu l'as promis à Abraham et à sa descendance à jamais ».

Le tendre laurier berce le souvenir d'un arbre, dont l'ombre s'épanche toujours, obstinément, imprimant en sa sève, le parfum éternel d'un Jardin disparu au large de l'Éden… Le fruit de cet arbre enveloppant Anne de son feuillage toujours vert, est le pardon par-delà tous les dons : l'Incarnation du Rédempteur dans le sein de Marie, fleur la plus pure d'Israël, éclose bientôt au cœur des entrailles d'une femme qu'on croyait stérile. Ce laurier, N'est-il pas déjà l'arbre de la Croix, cet arbre qui ne cesse de porter du fruit et qu'entrevit le prophète Jérémie : « Béni soit l'homme qui se confie dans l'Éternel, dont l'Éternel est l'espérance ! Il est comme un arbre planté près des eaux, Et qui étend ses racines vers le courant ; Il n'aperçoit point la chaleur quand elle vient, Et son feuillage reste vert ; Dans l'année de la sécheresse, il n'a point de crainte, Et il ne cesse de porter du fruit » (Jr 17,7-8). En ce laurier, déployant ses branches monte la sève d'une fécondité éternelle… Ses prémices sont la Foi, l'Espérance et la Charité. La Passion et la Résurrection du Christ, Nouvel Adam, n'ont-elles pas eu lieu, elles aussi, dans un jardin ? Tous les moineaux du monde y feront leur nid.

Et voici que deux anges viennent vers Anne lui disant : « Joachim, ton mari, arrive avec ses troupeaux. » Au même instant, l'ange du Seigneur descend vers ce dernier, disant : « Joachim, Joachim, Dieu a entendu ta prière, ta femme Anne concevra. » Cœur battant, Anne attend son époux au seuil de sa maison et dès qu'elle l'aperçoit, elle court se jeter à son cou : « Je connais maintenant que le Seigneur Dieu m'a bénie, car j'étais veuve et je ne le suis plus ; j'étais stérile et j'ai conçu. » Joachim repose le même jour dans sa demeure. Anne conçoit et le neuvième mois, elle enfante une fille. Et le nom de l'enfant est Marie.

L'enfant se fortifie de jour en jour. Lorsqu'elle atteint six mois elle fait sept pas et vient se jeter dans les bras de sa mère. Alors Anne se souvient de sa promesse et elle honore son vœu : « Vive le Seigneur mon Dieu ; tu ne marcheras pas sur la terre jusqu'à ce que je t'aie offerte dans le temple du Seigneur. »

GARDIENNE DU TEMPLE

C'est à trois ans que l'enfant se dirige vers le Temple de Jérusalem… Marie est escortée des vierges de Jérusalem portant des lampes allumées ; jouant de la flûte et du tambourin, chantant au son de la cithare et des cymbales triomphantes. Ses tout petits pas filent, légers telle la nuée lumineuse, et elle ne se retourne pas… Elle va vers la Maison du Père. « Vêtue de brocart la princesse est menée, et des vierges lui font cortège. » Elle court… Une Présence l'appelle murmurant dans le Vent… On ne sait d'où *Elle* vient, ni où *Elle* va… Et l'enfant file vers Sa Demeure. Elle ignore qu'en sa chair de vierge bientôt, le Très-Haut sera petit enfant, minuscule, au cœur de ses entrailles. En elle, Il plantera Sa tente.

Marie s'approche et pénètre au seuil du Saint des saints… Le prince des prêtres reçoit l'enfant, la regarde et s'exclame : « Marie, le Seigneur a donné de la grandeur à ton nom dans toutes les générations, et, à la fin des jours, le Seigneur manifestera en toi le prix de la rédemption des fils d'Israël. » Il la place sur le troisième degré de l'autel, « le Seigneur Dieu répand sa grâce sur elle et elle tressaille de joie en dansant avec ses pieds et toute la maison d'Israël la chérit ». Marie danse comme David devant l'arche d'Alliance, ivre d'amour devant la Shekinah Se dérobant et l'appelant toujours plus loin… « Jérusalem, Jérusalem, quitte ta robe de tristesse, voilà ton Époux Qui vient vers toi, Il vient avec des cris de joie. »

L'infante est élevée telle une colombe dans le Temple du Seigneur, nourrie de la lumière des anges. Quand elle atteint douze ans, le prince des prêtres entre dans le Saint des saints et l'ange du Seigneur lui apparaît : « Zacharie, Zacharie, sors et convoque ceux qui sont veufs parmi le peuple et qu'ils apportent chacun une baguette et celui que Dieu désignera par un signe sera l'époux donné à Marie pour la garder. » Des hérauts sillonnent la Judée et tous les veufs accourent, une baguette à la main. Joseph le charpentier, ayant jeté sa hache, se hâte lui aussi… S'étant tous réunis, ils encerclent le grand-prêtre. Joachim prend leur baguette et il pénètre dans le temple. Le temps s'est suspendu à sa prière. Il réapparaît enfin et rend sa baguette à Joseph. Soudain, de la tendre écorce, s'élance une colombe enveloppant son front. Alors, le grand-prêtre prophétise : « Tu es désigné par le choix de Dieu afin de recevoir cette vierge du Seigneur pour la garder auprès de toi. »

Bientôt, les prêtres décident de faire tisser un voile pour envelopper le Saint des saints au chœur sacré du Temple. Sept vierges *sans tache* de la tribu de David sont réunies. Marie est parmi elles. Le prince des prêtres, ordonne : « Tirez au sort laquelle filera du fil d'or et d'amianthe, et de fin lin et de soie, et d'hyacinthe et d'écarlate. » La vraie pourpre et l'écarlate échoient à Marie ; les ayant reçus, elle va en sa maison et se met à filer.

L'ANNONCE FAITE À MARIE

« Au sixième mois, l'ange Gabriel fut envoyé par Dieu dans une ville de Galilée, appelée Nazareth à une jeune fille vierge, accordée en mariage à un homme de la maison de David, appelé Joseph ; et le nom de la jeune fille était Marie. L'ange entra chez elle et dit : "Je te salue, Comblée-de-grâce, le Seigneur est avec toi." »

La jeune fille s'appelle Marie. Pourtant l'Ange Gabriel l'a nommée autrement : *Comblée de Grâce*, telle la rose éclose à l'aube d'une l'Alliance ininterrompue, germée dès le « me voici » d'Abraham, la consécration des prophètes, l'attente des Anawim… Ces petits qui se sont faits légers pour espérer voir Dieu. En amont de sa naissance des siècles de révolte, de violence, mais aussi de grâce et de sainteté. La sainteté de Marie est si claire, d'une pureté si dense qu'elle est un mystère… Mystère s'abreuvant à une source cachée, irriguant les Saintes Écritures et les siècles futurs : « Ne savez-vous pas que Vous n'êtes pas nés de la chair mais de l'Esprit et du feu ? » Son cœur immaculé bat sous la pierre des tables de la Loi ; coulée de neige sous les doigts du Bon Dieu.

Saint Élie l'a devinée, cachée au fin murmure des silences pénétrants. Les prophètes Ézéchiel, Jérémie, Isaïe l'ont pressentie dans l'annonce du cœur de chair, où s'inscrirait la Loi avant que le Verbe ne s'incarnât, ne s'y fit sang, ne s'y fit eau. Elle veille aux interstices de toutes les guerres, illuminant les failles de son sourire d'enfant ; elle berce les mourants aux limbes des aubes scellées et les enfants conçus qui ne naîtront jamais. Elle s'élance telle l'eau vive, des profondeurs du roc d'une grotte bénie de Bethléem. Pour les rejoindre. Aux jardins perdus et retrouvés en elle.

« L'Esprit Saint viendra sur toi, et la puissance du Très-Haut te prendra sous son ombre », murmure l'Ange. « Voici la servante du Seigneur », répond la Mère du Rédempteur… Elle aurait pu lui dire : « Je suis Marie, fille de Joachim et d'Anne, de la tribu de David. » D'autres l'auraient fait. Pas elle. Puis elle ajoute : « Qu'il me soit fait selon Ta Parole. » Et ce sera la sienne, l'ultime : lancée comme un pont par-dessus la mort. Les « Me voici » d'Abraham, du petit Samuel et de tous les prophètes n'en furent que le balbutiement. Marie regarde l'Ange… Elle s'étonne peut-être de ce nom nouveau : *kecharitōmĕnē*, « Comblée de grâce »… Et en effet, son cœur est un *Oui*, sa peau est un *Oui* ; son sang, un grand *Oui* à l'Alliance s'incarnant silencieusement en elle. Là, dans le secret, au sanctuaire de son corps, s'opère la conception qui transfigure déjà le monde d'une promesse éternelle.

*

Avant l'Incarnation du Verbe, de toute l'éternité de son amour, la Trinité conçut Marie à Son Image, chair de Grâce pure, saisie dans la Nuée de Sa Lumière. Il fallait une telle demeure au Verbe afin qu'Il habite *parmi nous*, S'unisse à tout jamais le cœur de l'homme… En elle « s'accomplit la Promesse faite à Abraham et à sa descendance à jamais », comme elle le chante dans son *Magnificat*, scellant la victoire de la Femme sur le Prince de ce monde. Des siècles plus tard, à Lourdes, devant une petite fille ne sachant ni lire ni écrire, Marie se présente ainsi : « Je suis l'Immaculée Conception. » Ce n'est pas un prénom qu'elle révèle à Bernadette, mais l'acte le plus pur qui n'appartient qu'à Dieu, opéré par l'Esprit Saint ; cet acte qui se confond avec l'essence de Dieu, cet acte qui est Son Être même, Marie n'en est ni le sujet, ni la bénéficiaire, mais *comme l'incarnation*, comprend saint Maximilien Kolbe.

L'Esprit Saint l'a pétrie de Sa Grâce pour l'épouser en ce midi étincelant. *Comblée de Grâce*… Qui pourrait être appelée ainsi, sinon celle qui fut préservée du péché des origines et porte en sa chair le Nom imprononçable, comme un sceau sur son cœur ! Le Verbe soulève le voile du Sein d'entre tous les seins, sans en déflorer l'hymen... En ce tabernacle de chair Il vient embrasser l'humanité entière... Il vient au sanctuaire de notre conception retisser Son Visage en Marie seule, immaculé. Dieu ne veut plus d'un temple aux lambris de cèdre ou de cyprès, d'un tabernacle en bois d'acacia ou d'un autel de pierre. Il ne veut plus du sang des boucs et des colombes. « Vos sacrifices, vos holocaustes, Je n'en veux pas, ce que Je veux c'est un cœur brisé », un cœur de chair, un cœur nouveau... Je m'y tiens prêt guettant l'éveil de vos printemps.

> « Pousse des cris de joie, fille de Sion ! Éclate en ovations, Israël ! Réjouis-toi, tressaille d'allégresse, fille de Jérusalem ! Le Seigneur a écarté tes accusateurs, il a fait rebrousser chemin à ton ennemi. Le roi d'Israël, le Seigneur, est en toi. Tu n'as plus à craindre le malheur. Ce jour-là, on dira à Jérusalem : "Ne crains pas, Sion ! Ne laisse pas tes mains défaillir ! Le Seigneur ton Dieu est en toi, c'est lui, le héros qui apporte le salut. Il aura en toi sa joie et son allégresse, il te renouvellera par son amour ; il dansera pour toi avec des cris de joie, comme aux jours de fête." » (So 3,14-18).

Fiat voluntas tua n'est pas l'écho lointain d'une aube enchantée, s'effilochant aux origines de notre ère chrétienne ; il ouvre un cœur à l'Histoire, là où tout événement passé, présent, à venir prend sa source, son départ et sa fin. Ce Oui est auréolé à jamais par la lumière de midi, nimbé des éclats d'or de la poussière dansant au zénith d'une trajectoire suspendue à la Grâce même de Dieu. Il est murmuré par une *humble servante*, mais il est l'épicentre d'un tremblement du temps qui n'en finit pas de nous rejoindre. Il ouvre une brèche dans l'éternité. L'horizon de l'Histoire se renverse sous les baisers de l'Amour qui vient sans faire de bruit. Marie murmure : « Oui

Bel Archange Gabriel, j'attends cet enfant, offert telle la Grâce qui fleurit et jamais ne se fane, tel l'edelweiss… Non plus au sommet des neiges éternelles, mais au cœur de la chair et du sang et des larmes. Je L'espère tel le germe d'une innocence incorruptible semé dans l'ombre de nos vies. Mon désir se fond à Sa Lumière, je suis une particule dansante au cœur de Sa prunelle. *Fiat voluntas tua.* »

Et l'Ange la quitta, incendiant la pelote de fil rouge de Sa clarté.

*

Marie reprend son écheveau de pourpre et d'incarnat, elle file et file encore le voile du temple de Jérusalem, elle berce la Promesse de l'Ange… L'Alliance nouvelle et éternelle se tisse au secret de sa chair… L'Esprit y brode un autre voile : celui des Noces de Dieu avec l'humanité. « Adam, où es-tu, Caïn qu'as-tu fait ? Tu étais perdu et Je t'ai retrouvé… Tu étais mort et tu es revenu à la vie. » N'est-ce pas en Marie que s'est accomplie la promesse entrevue par le psalmiste et citée par saint Jean l'évangéliste : « L'Écriture appelle des dieux ceux à qui la Parole de Dieu est adressée : J'ai dit, vous êtes des dieux, vous êtes tous des enfants du Très-Haut. »

Ce Oui de la comblée de Grâce défait le vêtement de peau d'Adam et Ève chassés du Jardin d'Éden. Il tisse le fil écarlate de notre robe nuptiale… Il tisse le fil de pourpre de la tunique royale et baptismale car : « C'est dans la mort du Christ que vous avez été baptisés ; et si vous êtes morts avec le Christ, avec Lui, vous vivrez. » Il tisse le voile d'un ostensoir au sanctuaire de notre chair, au tabernacle notre conception : « Ne savez-vous pas que votre corps est le temple de l'Esprit ? » Dieu est le Paradis, Marie est le Jardin retrouvé Où fleurit Sa Grâce.

« Voici la servante du Seigneur, Qu'il m'advienne selon votre parole… » Son *fiat* à l'infini s'élance, traversant d'une obscurité à l'autre, la nuit… Inspirant en deçà des commencements, la bravoure, la vertu et la foi des femmes de l'Alliance native. Son Oui virginal féconde l'espérance des stériles exultant dans la sienne et jusqu'aux derniers jours, elle transfigure les vies les plus anéanties, pour le Royaume : « Fais-toi capacité, je me ferai torrent », murmure Jésus. En son sein virginal, le Verbe éternel a planté Sa Tente, tissée à son sang. Ne l'avait-Il pas promis au prophète Jérémie : « Cette loi je ne l'inscrirai plus dans la pierre mais dans la chair de votre cœur. »

Cette Loi nouvelle sertie dans les Béatitudes, Marie en est le tabernacle. Son cœur Immaculé sera le Maître-autel de l'Alliance éternelle « Heureux les cœurs purs, ils verront Dieu. » Jésus, Pierre d'Angle rejetée des bâtisseurs, y élève Son Église et « les puissances des enfers ne l'emporteront pas sur Elle ». Elle est l'autel du sacrifice et l'Hostie Mère. Elle est l'Église…

> « L'ange lui dit alors : "Sois sans crainte, Marie, car tu as trouvé grâce auprès de Dieu. Voici que tu vas concevoir et enfanter un fils ; tu Lui donneras le nom de Jésus. Il sera grand, Il sera appelé Fils du Très-Haut ; le Seigneur Dieu Lui donnera le trône de David Son père ; Il régnera pour toujours sur la maison de Jacob, et Son règne n'aura pas de fin » (Lc 1,30-33).

MAGNIFICAT ANIMA MEA

Marie s'élance, gravissant les collines de Judée à la rencontre de sa cousine Élisabeth enceinte dans sa vieillesse, « elle qu'on appelait la stérile… » La Promesse de l'Ange est sa boussole… Elle s'élance au-devant des petits, des proscrits, des damnés de la terre… Le temps s'écarte pour la laisser passer. Elle est ce cœur tissé d'éternité, au jardin inviolé, dans la mémoire de Dieu. Elle est la Fontaine virginale s'abreuvant à la Source dont elle jaillit. « Ma colombe blottie au creux du rocher, montre-Moi ton visage », murmure le Bien-aimé. Marie part… Elle part pour serrer sa cousine entre ses bras ; Élisabeth en est à son sixième mois… L'Ange le lui a dit. Anne, sa mère, n'eut-elle pas ce ravissement aussi, de concevoir au seuil de sa vieillesse ? Marie, fleur de la Grâce, porte son fruit. Son sein, plus vaste que les cieux, accueille l'attente multiséculaire, des Anawim et des prophètes… Sa chair exulte de la promesse faite à Abraham et à sa descendance à jamais… Et aujourd'hui son cœur déborde d'allégresse, d'une joie à déchirer le ciel… Cette joie trop vaste, la comblée de Grâce veut l'enlacer à celle d'Élisabeth. Marie court désormais, son ventre s'est arrondi, nacelle qui prend le large… Une Présence invisible croît en elle, sa chair se soulève comme la pâte sous la poussée d'une minuscule graine de sénevé et elle va, traversant les collines de Judée, le cœur battant du roulement des tambourins d'un Jour de grâce. L'aurore se lève sur Israël, tel un Serment ouvrant d'un horizon à l'autre, le pardon. Lorsqu'elle entre dans la maison de Zacharie et Élisabeth, celle-ci l'accueille avec des mots de bénédiction : « Tu es bénie entre toutes les femmes, et le fruit de tes entrailles est béni… Heureuse celle qui a cru à l'accomplissement des paroles qui lui furent dites de la part du Seigneur. »

Marie dit alors :

> « Mon âme exalte le Seigneur, exulte mon esprit en Dieu, mon Sauveur !
> Il S'est penché sur Son humble servante ; désormais tous les âges me diront bienheureuse.
> Le Puissant fit pour moi des merveilles ; Saint est Son nom !
> Sa miséricorde S'étend d'âge en âge sur ceux qui Le craignent.
> Déployant la force de Son bras, il disperse les superbes.
> Il renverse les puissants de leurs trônes, Il élève les humbles.
> Il comble de biens les affamés, renvoie les riches les mains vides.
> Il relève Israël son serviteur, Il se souvient de Son amour, de la promesse faite à nos pères, en faveur d'Abraham et sa descendance à jamais. »

Israël se lève du cœur de l'exil ; il refleurit… Le Seigneur fait toute chose nouvelle, ne l'a-t-Il pas promis ? L'Église a un visage, celui d'une petite fille ; elle creuse une source aux déserts, loin des idoles. Elle traversera la Croix, abandonnée sur le Cœur de son Dieu, rose empourprée dans la Passion du Roi… Sa couronne est tressée aux épines de son chœur.

Mon Roi effeuille la rose
Liée
comme Isaac,
liée
à Son Amour
Pour y imprimer Son Parfum.

Marie place ses pas dans ceux qui la précèdent ; son cantique enlace des thèmes anciens… son humilité dévoile et transfigure l'attente et l'espérance de mots chantés bien avant elle par des femmes de sa tribu ou de sa race. Sa connaissance intime des psaumes et des hymnes révèle l'étreinte de la Parole de Dieu qu'elle a faite sienne jusqu'en sa chair; on y reconnaît des expressions du cantique d'Anne, la mère du prophète Samuel, des tournures familières lues dans des hymnes de combat et de victoire… Mais s'y dévoile une aube vierge. Le *Magnificat* de la Vierge jaillit du seuil d'un inconnu vertigineux où s'engage désormais la foi nue d'un petit reste fidèle du peuple de la Promesse, l'Israël véritable… La nuit douloureuse du péché s'évanouit dans une vision extatique vers un cône s'élargissant dans la lumière de la Grâce : la clarté des Béatitudes que faisaient sourdre la piété et l'ascèse de tout un peuple de prophètes jaillit en elle. Sa conception virginale inaugure une ère nouvelle, elle danse sur le fil d'une ligne de crête où l'impossible étreint l'Alliance native pour la conduire vers la lumière ressuscitée. Aujourd'hui, sur la terre avant le Ciel, le deuil s'est changé en une danse… Radicale nouveauté élevée pourtant par tous les chants qui bercent Celui-ci.

Le *Magnificat* s'ouvre et se clôt tel un écrin, sur l'action de grâce. La Fille de Sion a désormais, et pour l'éternité, un visage, un corps, une voix… Isaïe l'entrevit : « La Vierge enfantera un fils, on l'appellera Emmanuel, Dieu au milieu de nous. » Le Salut annoncé dans les Saintes Écritures s'accomplit dans la chair de la plus petite d'entre les femmes pour relever les humbles et les proscrits, les obscurs et les sans voix… Pour redresser le peuple des humiliés aux quatre horizons du monde et des nations païennes. « Heureux les miséricordieux, ils obtiendront miséricorde, heureux les assoiffés de justice. » Les Béatitudes se font l'écho de ces versets du *Magnificat* : « Il renverse les puissants de leurs trônes, il élève les humbles. Il comble de biens les affamés, renvoie les riches les mains vides. » Marie est l'éternel printemps de la Parole de Dieu… Elle sourd du silence inviolé de la Virginité afin qu'advienne enfin l'éclosion des âmes, au soleil de Sa Grâce.

Les fécondités miraculeuses de la Première Alliance et jusqu'à celle d'Élisabeth, jaillirent de la terre désolée, assoiffée, asséchée. « Dieu y faisait vivre et mourir », Il « ouvrait la matrice qui s'était tarie », « asseyait la stérile en sa maison ». Il la délivrait de sa honte comme « Il relevait les pauvres de la poussière pour les asseoir parmi les princes. » Cette louange ininterrompue s'embrasait d'un psaume à l'autre, du Cantique d'Anne aux chants de guerre du livre des Macchabées. Mais le *Magnificat* de Marie transcende tous les cantiques. Il est l'action de grâce de la Victoire définitive du Christ sur la mort, ouvrant les tombeaux, de Sa Vie… Enveloppant les ossements desséchés d'une chair nouvelle. Marie est une enfant, quinze ans à peine ; son corps déjà transfiguré *est pour le Seigneur* et le Seigneur est En son corps. Plein cap au large et front d'éternité… En elle accoste la vieille humanité, rompant la chaîne de division des corps multiples, l'éclatement de vies qui ne sont qu'à elles-mêmes, qui ne sont pour personne, chair pour la mort… Au creuset de sa Grâce, le deuil se consume dans un grand feu de joie. « Le Seigneur fit pour moi des merveilles, Saint est Son Nom. » Le *Magnificat* célèbre une Pâque invisible transfigurant la chair de manière définitive.

Car l'Esprit Saint saisit Marie sous Son ombre ; le Souffle Né du Père et du Fils et engendrant l'amour au cœur de la Trinité Sainte, prend possession de ses entrailles et les ouvre, non plus pour une vie de plus, une vie encore, s'additionnant aux autres, et *cliente pour la mort*… mais pour la Vie invincible du maître de la vie, maître des temps et du schéol… Le Rédempteur qui, en sa chair de vierge, vient retourner l'Histoire des hommes, à tout jamais. « Déployant la force de son bras, il disperse les superbes… » Non pas dans des batailles de clans, de nations, d'empires… Mais de manière absolue, à la racine de nos cœurs, sur la ligne de fracture de notre humanité. Pour la relier à sa source et plus encore, l'acheminer vers sa percée triomphale, sa naissance déchirant l'horizon de la mort au-delà de laquelle s'ouvre, seule promesse tenue, la Cité resplendissante et épousée où Dieu est Tout en tous. Là, en sa conception virginale, sa voix dans la Voix de la Vierge, l'âme bienheureuse s'écrira devant son Bien-aimé : « Mon âme exalte le Seigneur, exulte mon esprit, en Dieu mon Sauveur ! Il S'est penché sur son humble servante ; désormais tous les âges me diront bienheureuse. Le Puissant fit pour moi des merveilles ; Saint est Son Nom ! » Marie resta avec Élisabeth environ trois mois, puis elle s'en retourna chez elle.

Désormais, le monde a un cœur. Un cœur de vierge, un cœur d'enfant. Son battement résonne de celui d'un Chœur éternel au silence désarmé de l'amour, où se lève la vie, où se couche la mort. À ceux qui croient que renoncer à l'enfance c'est être sage, Dieu répond par la voix de Marie :

« Le Royaume de l'enfant c'est l'Amour ; petits enfants, vous êtes, au-delà des ricanements des clients de la mort… Oui, vous êtes ce miracle du sourire de Dieu. »

DEMEURE DE DIEU PARMI LES HOMMES

Une lumière entrouvre le tissage d'un voile… Au-delà, un Visage. Il traverse la trame des quarante-six chromosomes… L'Amour sourit à découvert d'éternité dans l'innocence avant l'instant, avant le seuil… Dieu sourit. L'âme anime l'être qui vient. Dans la nuit bleue des veines, dans l'aurore des artères et le tapis de chair où des ruisseaux de sang bercent l'enfant au flux et au reflux des vagues aux écluses de Son Cœur, vogue l'arche de la conception. Palpitant, aux profondeurs des entrailles virginales, grotte inviolée hérissée de cils diaphanes, repose le Minuscule. Marie Berce son Roi, le lys Qui la blessa de Sa Pitié au cœur de sa chair, au vif de son peuple, elle… Sa fille de Vérité. Ce Roi effeuille la rose, infiniment, jusqu'en son cœur, pour y imprimer Son Parfum.

Marie est l'icône de l'Église parce qu'elle a porté le Verbe, « splendeur de la Gloire du Père, effigie de Sa lumière ». Elle est le voile posé sur Sa Face, infiniment et pour l'éternité. Elle est sagesse, exsudée de la Lumière du Fils et dont l'humanité fut retissée à la trame de sa conception immaculée. L'Esprit Saint exulte en elle. Le Père S'en réjouit. Son âme est là, comme un enfant sevré et repose en Dieu Seul… C'est pourquoi, il y fait Son berceau. L'arche de chair promise à Jérémie, à Sophonie, à Isaïe, c'est elle, fille de Dieu, dessaisie de tout afin qu'en Lui elle diminue et qu'Il grandisse en elle. « Faites tout ce qu'Il vous dira », exhorte-t-elle aux noces de Cana… Car toute sa vie est une noce, et tout son cœur est épousé par la Parole Qui y prit sa chair. En cela, elle est une terre sans horizon, vierge absolument… Ni limite, ni point de fuite… Une terre qui ne se clôt jamais, et va à la source d'où elle jaillit encore. Marie n'est pas un modèle, elle est un seuil, un départ, un envol, un pont. Mais elle est, par-delà ce pont, le creuset où tout homme doit renaître. Il n'y a qu'à se laisser bercer.

Si le Verbe fit Sa demeure en Elle, c'est en son sein que nous Le recevons, Le touchons, L'absorbons. « Ceci mon Corps, ceci mon Sang », le Sang de l'Alliance nouvelle et éternelle qui prit racine en elle. Toute parole de consécration du prêtre, *in nomine Christi*, se reçoit d'elle qui Le porta au monde... *Femme* telle qu'en son principe elle fut créée, mais mieux encore... *Femme* à Cana préfigurant les noces éternelles, *Femme* au pied de la croix inaugurant la mission de l'Église se recevant bien avant la Pentecôte, du cœur transpercé de Dieu rendant l'Esprit, et *Femme* de l'Apocalypse couronnée dans la Gloire du Ciel.

Elle s'est abandonnée jusqu'à se fondre au Dieu d'Amour, si pleinement, qu'en elle il ne subsiste plus rien qu'un Don déployant l'azur, traversant la mort. Car seul ce qui n'est pas donné se meurt... Marie donne tout. Son Assomption est un embrasement de la Vie, tout en sa chair, tout en son cœur ; son Couronnement est l'embrassement de son être où déjà nous sommes sacrés de cette Promesse faite à la *Femme* dans le Jardin perdu à tout jamais. « L'Éternel Dieu dit au serpent : Puisque tu as fait cela, tu seras maudit entre tout le bétail et entre tous les animaux des champs, tu marcheras sur ton ventre, et tu mangeras de la poussière tous les jours de ta vie. Je mettrai inimitié entre toi et la femme, entre ta postérité et sa postérité : celle-ci t'écrasera la tête, et tu lui blesseras le talon » (Gn 3,14-15). Cette Promesse est transfigurée dans la splendeur d'un Corps, l'Église qui croît en elle, jour après jour, à petits pas, et nous aspire... Chair née de la chair de ses sacrements, chair épousée au dernier Jour, parée de l'Amour Seul. Sur la terre, comme au Ciel. « Et après cela, j'ai vu : le Sanctuaire où se trouve la Demeure du Témoignage s'ouvrit dans le ciel (Ap 15,5). [...] Il me montra la Ville sainte, Jérusalem, qui descendait du ciel, d'auprès de Dieu : elle avait en elle la gloire de Dieu ; son éclat était celui d'une pierre très précieuse, comme le jaspe cristallin » (Ap 21,11).

La Femme de l'Apocalypse est couronnée des douze étoiles berçant de leur clarté les douze portes de la Cité céleste où sont inscrits les noms des douze tribus d'Israël… Cette Cité repose sur douze fondations portant les noms des douze apôtres de l'Agneau. Ces fondations ne sont pas creusées dans la pierre de la Loi mosaïque mais dans son chœur devenu chair, un cœur de Femme, gracié, berçant une foule innombrable de témoins de toutes tribus, races et nations. Cette Femme couronnée de la Gloire de Dieu, le soleil pour manteau, c'est elle, Marie, arche de chair, Église du Christ… Elle danse… Et nous en elle, la Bien-aimée, au cœur de la Trinité Sainte.

CHANT NUPTIAL

אֶהְיֶה אֲשֶׁר אֶהְיֶה
Je Suis le Roi
Dormant
au bois enseveli
Aux terres de ma mémoire
Je me tiens Prêt
guettant l'éveil

De vos printemps
יֵשׁוּעַ

PRÉLUDE

L'Immaculée est le cœur de la rose… Les messagères de la bonne Nouvelle tournoient, pétales incandescents autour de ce Chœur… Elles se fondent au soleil de Sa Grâce puis s'élancent jusqu'au Ciel… Pour retourner encore, à ce brasier d'amour. Jusqu'à la fin des temps. Marie est le cœur des noces au secret de la chambre nuptiale. Elle est le point de non-retour où toute vie fragmentée rejoint sa source. Car elle conduit tout être vers l'origine… Loin d'une nostalgie indépassable mais dans un devenir, étincelant en son Principe, enveloppant la Promesse des Noces éternelles. Promesse folle, démesurée, transcendant la vocation de l'homme et de la femme à s'unir en une chair unique, afin que naisse en cette étreinte, l'image de Dieu, l'onction de ressemblance. « Ainsi les rachetés de l'Éternel retourneront, Ils iront à Sion avec chants de triomphe, Et une joie éternelle couronnera leur tête » (Is 51,11). Dans le don de l'Église dont Marie est icône, là, en ce Corps de pierres vives, cette Promesse nuptiale transfigure déjà l'image blessée par le péché de la rupture originelle… Invisiblement, l'humanité épousée en Elle par le Christ, est adoptée par le Père pour être couronnée au dernier Jour quand, « De ciel et de terre il n'y en aura plus » et qu'« Il essuiera toutes larmes de nos yeux » (Ap 21,4).

Déjà, par la bouche du prophète Osée, Dieu promit : « Je les rachèterai de la puissance du séjour des morts, Je les délivrerai de la mort. Ô mort, où est ta peste? Séjour des morts, où est ta destruction? » (Os 13,14). Le Père attend ce Jour des Noces depuis la chute d'Adam, Il attend le retour de l'enfant perdu. Et Marie brode la tunique baptismale et le linceul immaculé des Noces éternelles, à l'ombre de son immense voile tissé de tous les « oui » de ses enfants… Elle file :

« Vite, apportez le plus beau vêtement pour l'habiller, mettez-lui une bague au doigt et des sandales aux pieds, allez chercher le veau gras, tuez-le, mangeons et festoyons, car mon fils que voilà était mort, et il est revenu à la vie ; il était perdu, et il est retrouvé » (Lc 15,22-24).

VOICI L'ÉPOUX

« Toute sa parure lui a été arrachée. Elle était libre : la voilà réduite en esclavage! Oui, le Lieu saint, notre beauté et notre gloire, ils l'ont dévasté, les nations l'ont profané. À quoi bon vivre encore? » Ces versets du Premier livre des Martyrs d'Israël évoquent Jérusalem, la ville sainte. Qu'elle soit réduite en esclavage par la violence des troupes ennemies, qu'elle soit prostituée ou captive, vendue ou dévastée, et par-delà ses murs, la cité est image d'une humanité déchue, corps, cœur et âme. Cette chute est un exil. L'image de Dieu, en elle, est profanée. « Jérusalem, toi qui tues les prophètes… »

Les visages féminins des Évangiles s'enlacent et s'entrelacent à l'histoire du Salut, filant vers les temps qui sont les derniers… C'est une histoire d'amour encore… L'Époux est un Époux de sang. Le Serviteur souffrant qu'annonçait Isaïe attend aux portes de Jérusalem de vivre Sa Passion… Au lit du Calvaire, Il étreindra les hommes de toutes races, langues et nations. Il vient… L'Histoire se renverse en Son Cœur. Le centre de gravité du temps y bascule, pour rejaillir du nœud de l'arbre de la Croix. À son ombre la Pietà veille, debout, recueillant l'Esprit du Crucifié. Il l'expire dans un cri dont l'écho n'en finit pas d'assoiffer le monde : « Père entre tes mains je remets mon esprit. »

> — Je suis le Roi, Cœur suspendu à mon sceptre de Foi… Ma couronne est cachée aux eaux de vos silences. L'onction me creuse une plaie au front, une déchirure au Cœur, et les champs déjà d'or et de feu à l'aube des ailes des Chérubins… Les sillons bercent la semence, sous mon regard éclose. Je suis le Roi enfanté de vos remords. Sacrifié, Je vous ressusciterai des ruines où vous M'avez cherché.

Marie est là, livrée à une douleur absolue. Sans pli, ni repli. Elle est là, Hostie élevée en cette ultime promesse : « Jésus voyant sa mère et, se tenant près d'elle, le disciple qu'il aimait, dit à sa mère : "Femme, voici ton Fils." Puis il dit au disciple : "Voici ta mère." Dès cette heure-là, le disciple l'accueillit chez lui » (Jn 19,26-27). Jésus est Seul. Judas l'a trahi, Pierre l'a renié et les disciples se sont enfuis. C'est l'heure des ténèbres et au pied de la Croix se tient la Mère. Jésus l'a nommée *Femme,* telle qu'en son origine, elle fut : Isha, merveille jaillie du cœur d'Adam. Elle est la nouvelle Ève, cœur immaculé uni au Sacré-Cœur, foyer ardent de ceux qui oseront l'amour sans condition. Et immergés en elle, ils mourront au creuset du Calvaire, pour renaître dans *le baptême d'eau qu'une parole accompagne.* Au pied de la Croix naît l'Église. Christ la nourrira, en prendra soin et l'aimera comme l'Époux aime Sa femme, chair de Sa Chair… Chair vive de pierres incandescentes étincelant aux derniers jours dans la Cité du Ciel : « L'Esprit et l'Épouse disent : "Viens !" Celui qui entend, qu'il dise : "Viens !" Celui qui a soif, qu'il vienne. Celui qui le désire, qu'il reçoive l'eau de la vie, gratuitement » (Ap 22,17).

La vierge tisse le fil de pourpre et d'incarnat des épousailles… Elle brode le scapulaire de sa foi invincible, de sa foi nue dont elle revêt les martyrs et les saints. Elle est une traversée. Elle fuit, d'entre les mains de ceux qui tentent de retenir sa course ou de se reposer en elle. Elle dessine une route de pourpre, tressée au Cœur de Dieu. Une route de rien où bat le Verbe, au silence inviolé. Elle est l'Immaculée Conception. D'elle se reçoivent toutes les conceptions… L'Amour y a scellé l'éternité.

La salle des noces est prête… Les vierges sages attendent derrière la porte close, leur lampe allumée… Auront-elles assez d'huile ? Les invités sont nombreux… Porteront-ils le vêtement des noces et auront-ils assez de vin ? Suivons Marie… La ronde des femmes à venir lui fait cortège. Elles avancent vers la chambre du Roi. Lui, « le plus beau des enfants des hommes », le Fils de Dieu fait Fils de l'Homme… Il s'agit de les y conduire toutes, folles et sages. Il les a cherchées, Il veut marcher avec elles un bout de leur vie, côte à Côte, Cœur à cœur. « *Avance en eaux profondes*, Ma vérité t'enveloppera, elle seule te rendra libre. Largue les amarres t'enserrant comme un piège. Ephata ! »

Elles sont toutes appelées vierges, prostituées, veuves, étrangères, possédées ou folles… Elles vont au large, dans le projet d'Amour qui les conçoit, suspendues aux battements d'un Cœur qui Se penche. « Deviens ce que tu es, telle qu'en ton principe, tu fus, belle du Seigneur. » Sur cette montée, Marie est le parfum qui les précède et elle désigne l'unique Époux : « Faites tout ce qu'il vous dira. » Écluse du Ciel, la nouvelle Ève veille à la source de la Lumière, au seuil de la chambre des noces… Au-delà, l'Amour les y attend. Pour un instant ou pour toujours. Le choix est au bout de leurs lèvres. « Oui » est le sésame qui ouvrira la chambre nuptiale.

> « Alors le royaume des cieux sera semblable à dix vierges qui, ayant pris leurs lampes, sortirent au-devant de l'époux. Or, cinq d'entre elles étaient folles, et cinq sages. Car les folles, en prenant leurs lampes, ne prirent point d'huile avec elles ; mais les sages prirent, avec leurs lampes, de l'huile dans des vases. Mais comme l'époux tardait, elles s'assoupirent toutes et s'endormirent. Or, au milieu de la nuit, il y eut un cri : "Voici l'époux! Sortez au-devant de lui." Alors toutes ces vierges se réveillèrent et préparèrent leurs lampes. Et les folles dirent aux sages : "Donnez-nous de votre huile ; car nos lampes s'éteignent." Mais les sages répondirent : "Non, de peur qu'il n'y en ait pas assez pour nous et pour vous. Allez plutôt vers

ceux qui en vendent, et en achetez pour vous." Mais pendant qu'elles allaient en acheter, l'époux vint, et celles qui étaient prêtes entrèrent avec lui aux noces, et la porte fut fermée. Mais plus tard viennent aussi les autres vierges, disant : "Seigneur, Seigneur, ouvre-nous !" Mais il leur répondit : "En vérité, je vous le dis, je ne vous connais point." Veillez donc ; parce que vous ne savez ni le jour ni l'heure » (Mt 25,1-13).

CHEMIN DE NOCES

Malheureuse, battue par les vents… Parfois fidèle, trop souvent adultère, l'idolâtrie et la prostitution l'avaient détournée de sa mission sacerdotale et de sa vocation sponsale avec le Dieu qui la fit naître. Elle était cette fiancée, son amoureuse… Dieu l'attira au désert pour Se L'unir dans la fidélité et la justice. Circonscrite à un peuple, son visage était celui d'Israël. « Tu seras mon domaine particulier. » L'Éternel avait jeté Son dévolu sur ce peuple minuscule qu'Il sarclât jusqu'en sa souche, pour qu'en jaillisse un petit reste qui passerait, de Pâque en Pâque, jusqu'à la Sienne, éternelle. « Je laisserai chez toi un peuple pauvre et petit; il prendra pour abri le nom du Seigneur. Ce reste d'Israël ne commettra plus d'injustice; ils ne diront plus de mensonge; dans leur bouche, plus de langage trompeur. Mais ils pourront paître et se reposer, nul ne viendra les effrayer » (So 3,12-13). Peu à peu ce peuple enveloppé des voiles parfumés d'une courtisane, masqué du crêpe de deuil de la *stérile qui n'a pas enfanté*, s'avance… Princesse « menée sur un lit de brocart dans la chambre du Roi ». Au fil de ses conquêtes, la « fille de Sion étend l'espace de sa tente », ouvre l'Histoire du Salut aux quatre horizons du monde et aux nations païennes; elle s'offre, dans une fécondité se relevant de l'exil. De la veuve à la coquette; de l'enfant trouvée baignant dans son sang, à la princesse triomphante; de la guerrière à la prophétesse, *Israël* est femme au sein d'une Alliance qui l'a saisie… femme dont la liberté fut sacrifiée aux prescriptions d'une caste sacerdotale s'emparant de sa Grâce.

Mais devant Dieu, elle est la bien-aimée. Son visage émerge de l'océan collectif, enveloppé d'une caresse éternelle. « Montre-moi ton visage… » murmure le Bien-aimé du Cantique des Cantiques. Cette étreinte amoureuse demeure voilée d'un embrasement indicible empruntant son langage à la passion amoureuse. La sulamite se fond à l'horizon sur un chemin initiatique... L'âme, de degré en degré, de dépouillement en dépouillement, s'unit à l'Époux, son Principe et sa Fin, au secret de la « Chambre du Roi »... C'est ainsi qu'au livre de Tobie, l'Ange Raphaël nomme cette fine pointe de l'âme, ce cœur donné où bat Celui de Dieu. « Éclate de joie, fille de Sion, Et tu verras ton roi danser pour toi. Éclate de joie, fille de Sion, Et ton Roi dansera tout autour de toi » (So 3,14-15. La fiancée, dont la figure irrésolue affleurait malgré ses infidélités, sous la quête amoureuse de la Fille de Sion, est épousée jusque dans son anéantissement et elle devient féconde. Sa fécondité surnaturelle, postérité plus étincelante que *des myriades de myriades* d'étoiles, n'engendre pas des *clients pour la mort* mais des « fils et des filles portées sur la hanche comme des enfants royaux... » Elle S'accomplit dans la virginité qui est une liberté irréductible, Jardin clos où vient fleurir le Lys. Cette Vierge est Mère du Christ advenant dans la chair des âmes, et elle est Mère des âmes qu'elle nourrit de l'Hostie diaphane.

« Réjouis-toi, fille de Sion, Pousse des cris de joie, Israël, pousse des cris d'allégresse, Fille de Jérusalem. Oui, le Seigneur est au milieu de toi Comme un héros qui sauve. Il te sauvera, il te réjouira. Il fera de toi sa plus grande joie » (d'après So 3,14-18). L'arche de l'Alliance nouvelle et éternelle est une femme, l'autel de pierre est un cœur de chair où s'est reposé Dieu comme dans un Tabernacle. En elle, tout bascule. Le nouveau peuple de Dieu, le peuple fidèle est reconduit à la source dans son sein virginal... Femme visitée et comblée par l'Esprit, assumée par le Verbe incréé qui, d'elle, tissa Son corps. Désormais, Israël à la nuque raide, circoncis dans la chair mais incirconcis de cœur, devient ce cœur de chair où Dieu promit d'inscrire Sa Loi. Et des pierres que voici, celles des nations alentour, Il fait naître des enfants à Abraham. Car dorénavant, dans ce Corps de l'Église, tissé de pierres vives, bat le cœur immaculé d'une

Vierge. En Elle, il n'y a plus l'homme contre la femme, le juif contre le païen, l'esclave soumis au maître... Mais tous... Un dans le Christ.

« J'ai abordé au port de mon désir », chante le psalmiste... Marie est ce port. L'union hypostatique qui s'accomplit en elle est le fruit de son Oui, au Saint-Esprit l'embrassant sous Son ombre, l'embrasant dans Sa danse. L'Église baptisée dans la Passion du Christ, née de l'eau et du sang s'échappant de Son côté ouvert, est née en deçà encore, aux profondeurs insondables du Oui immaculé. « Et le Verbe Se fit Chair et Il a demeuré parmi nous. » C'est pour cela, peut-être, que cette *Ecclésia* est le Corps du Christ. Non plus une tribu, une nation, un empire... Mais un Corps. Et ce Corps porte la *Lumière du monde,* la berce, puis l'engendre dans les âmes... Ouvrant l'horizon de la mort, de l'espace et du temps. Levain, sel, graine, ce corps embryonnaire croît dans le secret ; il enfante, aux brèches d'un système en réseau emprisonnant le monde, l'Espérance. Par-delà le bleu horizon du voile de Marie, s'ouvrent les Béatitudes. Et au-delà encore, l'âme rejoint la mémoire éternelle... Dans le Corps glorifié de la Nouvelle Jérusalem, chaque nom est gravé sur la paume des mains de Dieu. « Ne savez-vous pas qu'il y a différentes demeures dans la Maison de Mon Père ? », confie Jésus. Comme la rose s'enveloppe de son parfum, cette *Ecclésia*, ce corps mystique est une communion et une résurrection. Il est chair de l'Épouse nourrie par l'Époux... Au lit de la croix, Il donna Sa Vie pour Elle.

La bien-aimée du Cantique des Cantiques ne court plus sur les remparts de Jérusalem cherchant Celui que son cœur aime, elle l'a enfin serré contre son sein... Et Lui, fait Sa Demeure en elle. Une voie royale se déploie désormais sous ses pas... Elle file vers la terre de la Promesse, le pays où coulent le lait et le miel, suspendue au baiser éternel d'une conception immaculée… Réinitialisant toute chair en cet Amour appelant les ténèbres vers Son admirable lumière. La fiancée était figure du peuple élu, l'épouse est visage triomphant de l'Église offrant la Rédemption au monde. Non pas un Salut global et uniforme, mais une alliance particulière accompagnant l'âme vers sa naissance, dans l'eau pure qu'une Parole accompagne. Au sein de l'*Ecclésia*, chaque âme enfante en communion avec le Bien-aimé, une pierre unique de la Cité Céleste… Église transfigurée, Femme couronnée, Épouse prédestinée avant tous les siècles à être la Comblée de Grâce embrassant en son chœur incandescent, l'humanité sauvée.

NOCES

Communion éternelle

D'un dévoilement à l'autre, saint Jean célèbre une Noce ininterrompue. Le prologue de son évangile révèle au sein du Brasier Trinitaire, la communion du Père et du Fils, « En Son Principe était le Verbe, et le Verbe était auprès de Dieu, et le Verbe était Dieu. Il était au commencement auprès de Dieu. » Don absolu liant l'Être à Sa Parole, la Lumière à Sa manifestation, totalement, instantanément : « Dieu dit et cela est... » Coïncidence qui est un Cœur... Battement de la Pensée à l'Acte et de la Flèche à l'Arc. La cible de cette trajectoire implacable est l'humanité où furent scellées l'Image et la ressemblance de cette Adoration perpétuelle, en Sa souvenance : « Vous ferez cela en Ma mémoire » dit Jésus à l'élévation de Son Corps et de Son Sang au banquet d'une autre Noce où coule le vin « du Sang de l'Alliance Nouvelle et éternelle, versé pour la multitude en rémission du péché ». Cette Communion est l'Alpha et l'Oméga d'un Amour absolu. En son origine et jusqu'à son accomplissement, cet Amour porte le monde. L'épilogue du livre de l'Apocalypse dévoile le rapatriement en Son Principe du cosmos transfiguré. « Puis je vis un nouveau ciel et une nouvelle terre ; car le premier ciel et la première terre avaient disparu, et la mer n'était plus. Et je vis descendre du ciel, d'auprès de Dieu, la ville sainte, la nouvelle Jérusalem, préparée comme une épouse qui s'est parée pour son époux » (Ap 21,1-2). Cette *épouse*, Arche sainte berçant en son sein l'humanité sauvée, c'est l'Église. Elle se lève du cœur des catacombes et des ruines, elle refleurit... Rose empourprée, non plus de honte, mais purifiée dans la Passion de son Époux... Corps du Christ enfin réuni à Son Chef pour former le Christ Total... La Croix embrase le ciel de sa Justice qui est Miséricorde de Dieu. Les martyrs ont lavé leur robe dans le sang de l'Agneau, « à cause de la parole de leur témoignage, ils n'ont pas aimé leur vie jusqu'à craindre la mort. C'est pourquoi réjouissez-vous, cieux, et vous qui habitez dans les cieux » (Ap 12,11-12). Ce dernier livre se clôt sur la vision béatifique des Noces éternelles, celles de l'Agneau avec le peuple élu des témoins, des vierges et des saints : « Réjouissons-nous, soyons dans l'allégresse et rendons-lui gloire, car voici les noces de l'agneau. Son épouse pour lui s'est faite belle » (Ap 19,7).

Un cercle se dessine, éternel – « Je suis l'Alpha et l'Oméga, le début et la Fin » – Tel qu'en Lui-même Dieu est, *Communion ad intra*, et Tel qu'Il Se manifeste à nous, *communion ad extra*, Seigneur de l'impossible. « Dieu est Amour », murmure saint Jean. La trajectoire de l'Histoire du Salut est orientée, d'alliances en alliances, vers ce Chœur éternel de la salle des noces de la Jérusalem céleste ; vers la Communion absolue où Dieu Se donne Tout en tous ; et tous, uns en Lui « comme toi et moi, Père, nous sommes Un ».

Table du Vin

Entrerons-nous dans la Chambre nuptiale ? Les paraboles en tracent le chemin sur le sable du temps… Suspendues entre les Noces originelles au cœur de la Trinité sainte – que saint Jean contemplât dans le prologue de son évangile – et les Noces de l'Agneau ; tissant la Communion au sein de l'Être incréé, à celle de la création transfigurée dans la gloire de la Jérusalem céleste ; ouvrant le Banquet de la Sagesse à celui des martyrs exultant avec des palmes à la main… Les noces de Cana sont archipel d'éternité. Elles annoncent la table de la miséricorde où sont conviés les pauvres, les estropiés, les gueux… Cette table se dévoilait déjà dans le livre des Proverbes : « La Sagesse a bâti sa maison, elle a taillé sept colonnes. Elle a tué ses bêtes, et préparé son vin, puis a dressé la table » (Pr 9,1-2). Les noces de Cana sont les prémices de ce banquet céleste, de ce Royaume de Dieu qui advient sur la terre comme au ciel… Elles annoncent la Table eucharistique préfigurant la Communion, éternelle : « Il m'a fait entrer dans la maison du vin ; la bannière qu'il déploie sur moi, c'est l'amour » (Ct 2,4). Cette maison du vin est un corps, le Corps du Bien-aimé ; elle est l'Église, Chair mystique du Christ. Par la Parole de consécration du prêtre, Jésus S'y donne jusqu'à la fin des temps. Cette Parole sacerdotale s'appuie sur celle de la Vierge : « Ils n'ont plus de vin » et « Faites tout ce qu'Il vous dira. » Parole d'intercession et d'offrande, qui d'Eucharistie en Eucharistie, au fil du sang de l'Alliance nouvelle et éternelle versé pour la rémission des péchés, tisse la robe nuptiale, la tunique baptismale. Et tels des embryons aux entrailles maternelles, nous sommes enlacés l'un en l'autre à la Passion et à la Résurrection du Fils de Dieu, fait Fils de l'homme… Greffés à la sève mystérieuse de Sa Parole et au vin de Son sang : « Moi, Je suis la vigne, et vous, les sarments. Celui qui demeure en Moi et en qui Je demeure, celui-là porte beaucoup de fruit, car, en dehors de Moi, vous ne pouvez rien faire » (Jn 15-5). La vendange de l'amour approche… Cet *amour est plus doux que le vin.* La moisson est abondante et les ouvriers peu nombreux, beaucoup sont appelés… La salle des Noces sera-t-elle comble ? Tous les désirs sont tendus vers cette chambre haute ouvrant la nuit. « Tu m'as fait boire un vin de vertige. » La création tout entière porte l'empreinte de l'alliance rompue au Jardin de l'Éden, mais le germe de l'espérance d'une promesse inouïe… à venir, éclose de ses abîmes

Muets

Encore.

> « J'entre dans mon jardin, ma sœur, ma fiancée ; Je cueille ma myrrhe avec mes aromates, Je mange mon

rayon de miel avec mon miel, Je bois mon vin avec mon lait… – Mangez, amis, buvez, enivrez-vous d'amour ! » (Ct 5,1).

Robe nuptiale

Qui portera la robe nuptiale ? Tous sont invités au banquet… Les lépreux, les estropiés, les publicains, les pécheurs, les égarés aux lisières des chemins… Et les plus vils souvent sont les premiers. Certains ont dit non et puis, ils sont venus. D'autres, « Seigneur, Seigneur… » Ils sont absents. Ceux qui convoitent la meilleure place n'en auront pas. À cet étrange banquet, les derniers sont premiers : les ouvriers de la dernière heure, les publicains, les pécheurs… Mais aussi les doux, les persécutés pour la justice : « Heureux ceux qui pleurent, ils seront consolés. » Ici, « les pauvres sont relevés de la poussière, assis parmi les princes. Les superbes, renversés de leurs trônes », jetés dehors, « là où il y a des pleurs et des grincements de dents », car ils n'ont pas revêtu le Christ, ni reçu Sa Parole. « Si quelqu'un entend Mes paroles et ne les garde point, ce n'est pas Moi qui le juge ; car Je suis venu non pour juger le monde, mais pour sauver le monde. Celui qui Me rejette et qui ne reçoit pas Mes paroles a son juge ; la Parole que J'ai annoncée, c'est Elle qui le jugera au dernier jour » (Jn 12,47-48). L'ont-ils jamais connue ? L'ont-ils trouvée trop dure ? Alors Il leur dira : « Allez-vous-en loin de Moi, maudits, dans le feu éternel préparé pour le démon et ses anges. Car J'avais faim, et vous ne M'avez pas donné à manger ; J'avais soif, et vous ne M'avez pas donné à boire ; J'étais un étranger, et vous ne M'avez pas accueilli ; J'étais nu et vous ne M'avez pas habillé ; J'étais malade et en prison, et vous ne M'avez pas visité » (Mt 25,41-46). Les femmes en essaim, cœurs en fête, accourent vers le Royaume. Légères, cajoleuses, courtisanes, elles viennent à Lui. N'a-t-Il pas dit « Je suis la

Porte des brebis ? » N'a-t-il pas déclaré, le plus beau des enfants des hommes, devant les docteurs de la loi ébahis : « Les prostituées vous précéderont dans le Royaume des cieux » ? N'a-t-Il pas justifié l'amour d'une inconnue au cœur trop grand pour un seul homme, tandis qu'elle baignait Ses pieds de larmes et les enroulait dans le doux voile de ses cheveux épars… Moisson d'orge frissonnant au soleil de Sa Grâce. Son Royaume n'est pas de ce monde mais il l'enfante à Sa Paix. Elle ne passera jamais.

Qui portera la robe nuptiale ? Les vierges folles veilleront-elles afin que la lumière du Verbe dissipe leurs ténèbres, ou s'endormiront-elles comme les disciples à Gethsémani ? Abandonneront-elles l'Époux ? Laquelle parfumera Sa tête, laquelle enveloppera Ses pieds de baisers et de larmes ? Une femme inconnue sur le chemin de croix épongera Sa face ; une autre à Béthanie oindra Son front de nard car elle a reconnu l'Époux de sang, le Rédempteur, « l'Agneau de Dieu Qui enlève les péchés du monde »… Son Seigneur et son Dieu. « Partout où l'Évangile sera proclamé, dans le monde entier, on racontera en mémoire d'elle ce qu'elle a fait » (Mc 14,9), annonce Jésus, la couronnant de Sa reconnaissance et d'un parfum d'éternité.

Les femmes L'émerveillent, les femmes toujours disent Oui, un autre oui – pas aussi nu que celui de Marie – mais un oui tout de même, un oui comme elles peuvent, avec des délicatesses d'amoureuses ou des prévenances de nourrice. Le flacon s'est brisé, le parfum répandu… Un Oui gauche mais entier, charnel mais sans retour… Et elles le suivent sur les routes de la Galilée, Sa montée vers Jérusalem ; elles l'acclament avec des palmes à la main ; elles Le pleurent au pressoir du calvaire ; elles sont là, au pied de la croix avec saint Jean et la Pietà. Devançant l'aube du Samedi Saint, elles courent malgré les ombres de la nuit pour oindre Son corps d'aromates… À l'aurore, dans un jardin, devant le tombeau vide, Madeleine tend la main pour le toucher, l'étreindre une dernière fois : *Noli Me tangere*, murmure le divin Jardinier, « car Je ne suis pas encore monté vers Mon Père. Mais va trouver Mes frères, et dis-leur que Je monte vers Mon Père et votre Père, vers Mon Dieu et votre Dieu » (Jn 20,17). La Samaritaine, Marie de Magdala, Marthe, toutes… Elles annoncent sur les routes de Judée, de Samarie, de Galilée, cet Amour qui les ressuscita.

Ensevelie en Lui au silence insondable… Là, à la Sainte-Baume, au cœur d'une grotte, Madeleine attend l'Époux jusque dans sa mort qui sera Noces… L'âme nue, elle s'est enveloppée d'un oui et ce oui est sa robe nuptiale. Virginité féconde. Féconde virginité. Ce qui la dérobait à son Principe en a été chassé : les ronces et les marchands ne colonisent plus le parvis de son temple. Là, en plein cœur, s'ouvre un sanctuaire, le tabernacle de l'Amour qui vient… Sur cette fine pointe, l'âme s'est retirée, pour qu'Il soit Tout en elle et elle toute à Lui. Rien, hors de Lui Seul. Sinon le silence. Et que Se lève en elle l'Esprit. Qu'Il Se dise en ce berceau tissé de rien où germe déjà le Verbe ressuscité. Fécondité où se déploie la plénitude de Sa lumière. Le *oui* de Madeleine est une fontaine scellée à la source… Le temps se suspend à son seuil. Sa liberté irréductible ne retient rien, sinon Celui Qui la traverse… Son dépouillement enceint l'éternité qui en elle fait Sa demeure. « Qui veut sauver sa vie la perdra. Mais qui la perdra à cause de Moi la sauvera… » murmure Celui que son cœur aime, en cette perte, en ce silence où Il naît et brûle, telle la lampe des vierges sages. « Je tiens mon âme égale et silencieuse ; mon âme est en moi comme un enfant, comme un petit enfant contre sa mère. Attends le Seigneur, Israël, maintenant et à jamais » (Ps 131,2-3).

Ni paroles, ni langage, *Dieu Seul suffit* en cette âme qui espère… Le Fils de l'homme vient l'enlever. Non pas comme un voleur,

Mais en Époux.

Éclosion

« Il faut qu'en toi Dieu naisse. Christ serait-il né mille fois à Bethléem, s'il n'est pas né en toi, tu restes mort à jamais. » Comme la fleur donne son fruit, la vocation de l'âme est de faire advenir en elle, la naissance du Verbe. Pour que cela soit, le Christ la veut dépouillée de tout ce qui n'est pas Lui… Réfléchissant Sa liberté, invincible. Virginité féconde portée aux siècles à venir par la *Comblée de Grâce*… Neige émerveillée s'animant au Souffle de l'Esprit pour qu'au jardin d'un engendrement mystérieux, y éclose l'unique Parole du Père. Alors seulement, la virginité retrouvée reçoit l'amplitude infinie du Verbe manifesté sans voile… Elle est capacité où Dieu peut déployer Sa Gloire. En un admirable échange, cette âme s'est fondue à l'empreinte originelle de l'Épouse.

Jésus semble nous dire ainsi qu'à la Samaritaine :

> — Désirez-Moi, Je suis la Source de l'Eau vive. Pourquoi vous abreuver aux citernes percées des illusions et des mensonges ; perdre vos vies aux vanités du monde ? Seul Je suis, Réel invincible… Dans l'aube d'une Espérance. Et c'est par la fragilité que passe la lumière ; par la fêlure, le Pardon… Et dans les larmes, la grâce d'un Dieu qui Se fit chair et sang… Qui Se fit Pain immaculé, Hostie offerte et désarmée. J'attendrai que les figuiers portent des fruits, une vie encore, ou un soupir… « Comme un jeune homme épouse une jeune fille, Celui qui t'a construite t'épousera. Comme la jeune mariée est la joie de son mari, ainsi tu seras la joie de ton Dieu. » Seul ce qui fut donné passera la mort. Pour la Résurrection. La féminité est le sanctuaire de Ma Grâce… Plus une âme est femme, plus elle est féconde… Et plus l'âme est vierge, plus elle est épousée et sainte. Mais si, drapée dans une

virginité glacée, elle n'accueille pas Celui Qui vint la visiter, elle est stérile et elle sera jetée au feu. Tu renaîtras des cendres refroidies, tu renaîtras… De Mon sourire d'enfant ressuscité !

La Vierge chante la patience de Dieu, « Sa miséricorde s'étend d'âge en âge » et s'incarne dans le Cœur de chair du Pauvre parmi les pauvres assumant notre nature blessée pour la transfigurer de Son Pardon. Il ira sur les chemins de traverse à la recherche des brebis perdues de la tribu d'Israël et au-delà, aux quatre horizons, vers la Galilée des nations… Jusqu'aux confins du monde. La femme de Samarie, la Cananéenne, l'hémorroïsse, la Madeleine aux sept démons… Toutes croiseront Son regard de foudre et d'or… Et au-delà des miracles accomplis, de l'émerveillement de leurs yeux grands ouverts, de leur vie sauve, de leur fillette graciée… l'âme éclot, loin de sa torpeur ; elle s'éveille d'un sommeil animal… S'élance vers le Royaume dévoilé dans l'instant qui vient à l'aube d'une naissance où l'impossible amour appelle et fait jaillir l'éternité d'un cœur qui se donne.

POSE-MOI COMME UN SCEAU SUR TON CŒUR

> « Voici, Je dirigerai vers elle la paix comme un fleuve, Et la gloire des nations comme un torrent débordé, Et vous serez allaités ; Vous serez portés sur les bras, Et caressés sur les genoux. Comme un homme que sa mère console, Ainsi Je vous consolerai ; Vous serez consolés dans Jérusalem. Vous le verrez, et votre cœur sera dans la joie, Et vos os reprendront de la vigueur comme l'herbe » (Is 66,12-14).

Dieu aime, Il ne sait que cela… Aimer… Lumière née de la Lumière, éternel retour de la Source au Verbe et du Verbe à la Source… Diastole et cistole à l'infini, éternel battement au Cœur de l'Être. Dieu aime… Et Il aime tant les femmes qu'Il a voulu naître, infime, de la chair de l'une d'entre elles… Écouter battre son cœur, Se nourrir de son sang. Puis, l'air de rien, élargir son sein à l'infini du Sien, la rendre au Jardin clos, telle qu'elle fut à l'origine. En Sa mémoire. Dieu aime les femmes… Elles Lui ressemblent un peu. Au cœur de l'Écriture Sainte, les prophètes évoquent Ses entrailles maternelles et parfois Son sein : « Loin de là, j'ai l'âme calme et tranquille, comme un enfant sevré auprès de sa mère ; j'ai l'âme comme un enfant sevré » (Ps 131,2). Sur le Chemin de Croix, Jésus Se lamente sur Jérusalem : « Jérusalem, Jérusalem, toi qui tues les prophètes, toi qui lapides ceux qui te sont envoyés, combien de fois j'ai voulu rassembler tes enfants comme la poule rassemble ses poussins sous ses ailes, et vous n'avez pas voulu ! Maintenant, Dieu abandonne votre Temple entre vos mains » (Lc 13,34-35). Chaque visage de femmes croisé dans Ses marches sillonnant les déserts, les montagnes, les rives des fleuves et les margelles des puits, L'émerveille... Bouquets d'éclats de ce visage humain qui s'est disjoint loin de Sa Face, là-bas en Éden. Femmes perdues au mirage des lumières factices... Lui, Il veut la rendre à l'Éternité, cette chair qu'Il embrassa du fond sans fond de l'une d'entre d'elles... Il veut la Couronner des épines de Son Cœur, baiser son âme enveloppée en La Sienne.

Oui, c'est vrai, Dieu a un faible pour les petites, mais aussi pour les perdues, les cassées, les rebelles... Celles qui n'ont plus rien à perdre et qui Lui donnent tout, jusqu'à leur chair par-dessus bord, leur peau effeuillée jusqu'au cœur... Celles dont la soif appelle la Sienne... Et qu'importe si elles sont trop belles, trop tristes, lépreuses ou folles... Qu'importe si ce qui les possède les rend mauvaises... Il veut les en libérer par Son amour. Il le sait, leur cœur cabossé, brisé, brûlé, exterminé est pour Lui, pour Lui Seul les épelant du néant jusqu'au sein de leur mère par un nom qu'elles ne savent pas encore. Vers Son admirable Lumière.

Il les invite : les débauchées, les malades, les adultères, les mendiantes, les étrangères Le suppliant, cette enfant morte aux yeux grands ouverts dans un lit trop profond pour elle, son lit funèbre, sa couche de fiançailles... Les furtives effleurant les franges de Son manteau, les mères endeuillées, les veuves, les filles de Jérusalem... Et sur le Chemin de Croix, elle, anonyme bravant la foule des soldats, risquant sa vie pour étreindre Sa Sainte Face du voile arraché à ses cheveux épars... Plongeant son regard dans le Sien, éternel. « Montre-nous ton visage et nous serons sauvés », suppliaient les prophètes... C'est à Véronique qu'échut ce privilège. Elle défie la mort de son voile étendu. Depuis, l'Amour S'est posé comme un sceau sur les cœurs de toutes les femmes... Il n'avait plus figure humaine et les disciples L'ont abandonné, épouvantés. Les femmes Le veillent avec saint Jean à l'ombre de toutes les Croix du monde et pour l'Éternité. Dans leur regard, Il est beau... Le plus beau des enfants des hommes.

Toutes… Il sait leur honte, leurs regrets, leurs remords… Il sait leurs tentations… Il sait, qu'au-delà du vice amoncelé, brouillard sur leurs consciences, Il sait qu'elles furent créées pour être immaculées. Dans la nuit de l'atome, Il appelle une soif qui se lève. Alors, par le cœur vierge de la Vierge des vierges, Il vient les étreindre jusqu'en dessous du dessous de toutes les conceptions blessées. Dilapidant le salaire de la mort, Il leur offre Sa miséricorde dans l'Eau et le Sang jaillis de Son côté. Il les couronne d'amour et de tendresse et de cette liberté qui est la Sienne. Il les engendre à une vie nouvelle, en ce Corps qui est l'Église et dont elles sont déjà les pierres incandescentes.

« Je suis un rempart, mes seins sont des tours ! Et je suis devenue à ses yeux celle qui a trouvé la paix. »

LES MESSAGÈRES DE LA BONNE NOUVELLE

Les sillons
Bercent la semence
sous Mon regard

Éclose

יֵשׁוּעַ

BELLE DU SEIGNEUR

L'atmosphère de la femme, c'est Dieu, Il est sa liberté irréductible. Le péché la défigure ; Sa Parole l'envisage. Il l'appelle des ténèbres, vers l'admirable lumière de ce Jardin où Cœur-à-cœur et face-à-Face, elle s'enivre de Sa Présence… Au fil de l'Histoire du Salut, deux trames s'entrelacent, deux visions duelles de la féminité : celle des hommes et celle de Dieu. Elles s'opposeront jusqu'à la fin des temps.

Le péché originel a infléchi la Création vers la mort : défigurée dans une opacité dissimulant le Ciel. La femme s'efface, telle une ombre, aux règles de pureté rituelles, aux prescriptions obsessionnelles épinglant son cœur à la mesquinerie du droit. Le livre des Proverbes, les prescriptions tatillonnes du livre du Lévitique l'encerclent d'un anneau de malédiction. La théologie du soupçon occulte sa splendeur native et soumet sa chair au néant.

Femme convoitée, violée ou lapidée ; obligée au silence, à la mendicité. Femme répudiée, stérile, maudite. Femme réduite à la clandestinité… En ce désert des hommes où elle est assignée, Dieu la rejoint et Il l'appelle, par son nom : « Ma colombe, ma parfaite, montre-moi ton visage. » Au fil de Ses marches sillonnant la Judée, Jésus l'envoie, première en chemin… Au-devant des hommes et par-dessus la mort. Sur les pas de la toute-Belle, réenfantant le monde à la Vie de Sa grâce.

Nuit, Ô nuit si blanche, illuminée de Son amour… Étendue vierge d'un aujourd'hui… En elle, se lève un chant d'enfant qui ne renonce pas, ne se couche pas, tel l'oiseau sur la plus haute branche qui jamais ne se tait… Coq de toutes les aubes levées dans l'exigence de la sainte Pitié… Ressuscitant à l'horizon de nos mensonges comme le soleil de vérité : car Christ est son Royaume !

ANNE

Elle est là, cachée au cœur du temple, il suffit de franchir le portique de la chambre des femmes pour l'apercevoir, silhouette fragile, priant et suppliant… Elle est veuve. Mariée sept ans, son époux est passé telle une ombre devant cet Autre qu'elle sert dans le sanctuaire de Jérusalem. Elle Lui a offert ses quatre-vingt-quatre années voguant là, aux marées des jours et aux marées des nuits… Elle ne voit plus la lumière du soleil ni de la lune, *sa foi seule l'illumine…* Tel le figuier rendu à l'azur radical, elle scrute la Parole aux Saintes Écritures… Prosternée, elle ressemble à la terre humble enveloppant l'éclair qui la sabre. Mille sillons traversent sa chair et boivent aux larmes de ses yeux… « Comme une terre assoiffée, aride, mon âme a soif du Dieu Vivant », chante le psalmiste, Anne avec lui. Elle veille, elle jeûne, elle attend l'Enfant comme on attend l'aurore ; « telle la biche assoiffée cherche l'eau vive », elle attend cet Enfant qui sauvera Israël, elle s'élance vers le grand Jour qui vient… Elle espère ce Cœur assez vaste pour recevoir l'interminable attente des humbles, des pauvres et des proscrits… Ce Cœur s'unissant à la douleur des hommes, à la mort qu'ils Lui donnent, pour la coloniser de Son amour : « Humilié il n'ouvrait pas la bouche, muet comme la brebis qu'on mène à l'abattoir. »

Soudain, Anne aperçoit la fiancée : profil diaphane comme un petit pain d'offrande, visage éclipsé par une traîne trop lourde pour son cou délicat ployant sous le lin tissé ; enveloppée tel le cocon, sa chrysalide… C'est Marie, une des sept vierges de la maison de David consacrées au temple ; elle fila le voile du Saint des saints, de ce fil pourpre et incarnat, sève royale déployant la tige de Jessé jusqu'à son bourgeon de gloire et son fruit le plus nu. Marie serre le Feu du Verbe contre son cœur… Elle s'avançait jadis, il y a douze ans, montant les marches de l'autel, et les grands prêtres s'extasièrent, devant la fillette qui se mit à danser. Elle tournoyait comme une lumière autour d'un axe invisible : Glaive de la Parole qui la porte, Elle Marie, Lui livrant sa chair en cet Amour qui Seul passe la mort.

Car il s'agit de disparaître en Lui pour que la mort ne trouve plus rien, absolument plus rien à emporter. Anne le sait. La vieille Anne rit comme une enfant. Le Royaume des Cieux s'avance vers son regard brillant tel un grand jour de fête illuminé de Grâce et de chansons… Il vient, ce Royaume, entre les bras émerveillés de la Vierge exposant le nouveau-né battant contre son cœur… Il vient le Roi des rois, l'Éternité s'avance et Anne s'élance vers Sa Lumière. Syméon reçoit l'Enfant entre ses bras, Anne pleure, d'une joie qui la brise.

LE RENDEZ-VOUS

Toi qui venais puiser de l'eau,
Je t'ai puisée de ton abîme ;
sans eau J'ai purifié ton cœur,
en toi J'ai fait couler Ma vie ;
c'est de la Croix qu'elle a jailli :
l'eau et le sang versés pour tous.

Il est midi, l'heure la plus nue. Sans ombre. Radicale, sans cachette… Une femme l'a choisie pour venir puiser l'eau… Le soleil voile son visage et son nom. Midi, sixième heure. Au sixième jour, Dieu créa l'homme, et là sur la margelle d'un puits, ce sera l'heure d'une naissance, d'une vie dépliée sous la lumière au zénith de sa gloire. C'est l'heure. La femme ne le sait pas encore.

Elle s'avance, silhouette furtive, en ce point suspendu du jour. Tout se tait sous la chaleur écrasante du ciel blanc… Blanc de cette buée de feu voilant l'azur. Elle s'avance avec sa cruche vide, scandaleusement seule, dans ce bourg minuscule tapi au couloir d'une vallée s'écoulant entre les monts Garizim et Ébal. Elle marche vers le puits, œil morne plongeant vers une source cachée… À l'horizon, les monts.

Sur la margelle, un Homme s'est assis. Fatigué. Il attend la femme. Il sait le chemin à inventer pour la rejoindre… Au-delà d'elle, les myriades de vies à embrasser, les désirs à embraser, les souffrances à transfigurer… La foi à ranimer dans tant d'âmes qui se sont endormies, celles qui boivent une eau morte, une eau factice qui ne désaltère pas mais abreuve la bête tapie au-dedans, réclamant son dû. La voix du prophète Osée traverse les siècles : « Ils m'ont délaissé Moi, la source de la vie pour boire à des citernes percées. » Dieu est las, Dieu est amoureux. Il a fait le trajet du sang pour nous étreindre au cœur même de notre chair. Il S'y est perdu. « Il n'a pas retenu jalousement le rang qui l'égalait à Dieu… Mais Il S'anéantit jusqu'à la mort, la mort sur une croix. » Il a voulu connaître la faim, la soif, l'épuisement et jusqu'à l'amertume de n'être pas aimé. Mais désormais, notre faiblesse garde l'empreinte de Son Passage, de Son étreinte. Pour traverser la mort.

Il sait, qu'élevé de terre Il attirera tout homme à Lui.

« Donne-moi à boire », demande l'Homme, et c'est la sixième heure, l'heure de la soif… Infinie, à la démesure d'un amour Qui prend le risque le plus fou : celui de l'Incarnation. Celui de la Croix. À la sixième heure, Jésus murmurera « J'ai soif » sur le lit du Calvaire. Il le dit autrement à la femme qui chavire

Déjà.

> « “Comment ! Toi, un Juif, tu me demandes à boire, à moi, une Samaritaine ?” […] Jésus lui répondit : “Si tu savais le don de Dieu et qui est celui qui te dit : ‘Donne-moi à boire’, c'est toi qui lui aurais demandé, et il t'aurait donné de l'eau vive” » (Jn 4,9-10).

« Non loin de la terre donnée par Jacob à son fils Joseph… là même où se trouve le puits de Jacob », enclose dans l'enceinte de ses lettres, Sykar dit l'*ivresse*… Et c'est une terre de fiançailles, un point minuscule en Orient où Dieu Se souvient. Ici, sur la margelle de ce puits, Jacob embrassa Rachel, son plus bel et son unique amour… Ici, le Christ débusque la soif ensevelie au puits scellé de la mémoire d'une femme qui tristement Le regarde, de ses yeux qui ne peuvent plus dormir. Ici, Il dépose la pierre de son cœur. « Seigneur, tu n'as rien pour puiser, et le puits est profond. D'où as-tu donc cette eau vive ? Serais-tu plus grand que notre père Jacob qui nous a donné ce puits, et qui en a bu lui-même, avec ses fils et ses bêtes ? »

Il est des lumières sans ombre, des lumières radicales, celles de midi, du jour en son milieu révélé à la femme… Le soleil voile son visage. Son nom, elle l'a enfoui dans la pierre. Mais sa misère est là, profonde comme ce puits ; sa soif, avide comme le schéol. Soif fœtale, insatiable, à découvert devant l'Homme Qui la regarde de Ses yeux outremer. Elle cherchait Celui que son cœur aime par-dessus l'horizon des monts qui crèvent le ciel. Il vient, d'ailleurs... Il vient la sauver, d'elle-même et de sa mort... Dans l'au-dedans du puits, elle le sait, il y a une fontaine et puis encore, un fleuve qui file vers la mer... Quand Il repartira, elle passera la mer, Oui, elle passera toutes les mers pour mourir là, en Lui Qui la regarde. Le Salut, plus éclatant que le soleil en son zénith, vient la visiter. Le croit-elle, le croira-t-elle toujours ? Bientôt, elle boit à longs traits à Sa miséricorde. Toute parole prophétique se reçoit de Celle-ci, éternelle, qui fouille déjà sa chair... Son Cœur est dans sa chair.

Il suffit d'écouter
De Le laisser parler.

> « Jésus lui répondit : "Quiconque boit de cette eau aura de nouveau soif ; mais celui qui boira de l'eau que Moi Je lui donnerai n'aura plus jamais soif ; et l'eau que Je lui donnerai deviendra en lui une source d'eau jaillissant pour la vie éternelle" » (Jn 4,13-14).

Les fiançailles sur les margelles de tous les puits annonçaient celles-ci. Debora, Rachel, Cippora s'effacent en chantant : « Il s'en va, il s'en va en pleurant, il jette la semence ; il s'en vient, il s'en vient dans la joie, il rapporte les gerbes. » Car la moisson est abondante... Déjà sous le soleil la fleur éclot d'un fruit de grâce.

> « La femme lui dit : "Seigneur, donne-moi de cette eau, que je n'aie plus soif, et que je n'aie plus à venir ici pour puiser" » (Jn 4,15).

La Promesse

Sykar est un corps de terre rouge comme le sang donné, le sang de l'Alliance de Dieu avec Son peuple. Dieu Se souvient, plus loin encore… Ici, Abraham but un vin de vertige et embrassa la terre d'Éternité où coulent le lait et le miel. « Abram parcourut le pays jusqu'au lieu nommé Sichem, jusqu'aux chênes de Moré. Les Cananéens étaient alors dans le pays. L'Éternel apparut à Abram, et dit : Je donnerai ce pays à ta postérité. Et Abram bâtit là un autel à l'Éternel, qui lui était apparu » (Gn 12,6-7). Aujourd'hui, une Promesse inconnue ouvre l'horizon du péché, une source murmure aux profondeurs anéanties d'un cœur qui se perd… Une Samaritaine se penche sur la margelle du puits. Par-dessus les eaux noires, Jésus la retient.

« Va, appelle ton mari, et reviens. »

Dieu se souvient encore : à Sichem, Il déclara à Moïse : « Aujourd'hui tu es devenu le peuple de l'Éternel ton Dieu […]. Ceux-ci se tiendront sur le mont Garizim pour bénir le peuple […] ceux-ci se tiendront sur le mont Ébal pour maudire » (Dt 27, 9.12.13). Les deux monts dressés en face du puits toisent la femme, le vent s'est empierré à leurs souffles jumeaux. À cette heure, le soleil déshabille la terre jusqu'en sa cicatrice… « Siméon et Lévi vengèrent dans le sang, le viol de leur sœur Dina » (Gn 34,25-29). Et ses sillons obscurs charrient encore le sang des nouveau-nés offerts à Baal. C'est là que se noua le schisme entre le royaume du nord et celui du sud (1R 12,1-25). C'est ici, sur cette ligne de fracture entre deux mémoires, la mémoire de l'Alliance et la mémoire de la rupture entre juifs et Samaritains, que Jésus attend la femme.

Il est venu jusque-là pour la rejoindre. Sur cette margelle d'un autre puits… Il l'attend au lieu de sa fracture, là où s'ouvre l'abîme de son péché… Elle, femme aux cinq maris et qui n'en a plus. Il l'attend ici, au lieu même où « Jacob s'établit après son retour de Mésopotamie et purifia sa maison des dieux étrangers, enterrant toutes leurs idoles sous le chêne » (Gn 35,2-4). Jésus arrache déjà la femme à ses six maris, à ses idoles, à ses démons, à l'effroi d'une soif pour la mort. Il condescend à l'abîme pour y sceller une source vive, Il enserre les ténèbres du puits pour les confondre de Sa lumière et y graver Son Cœur de Chair. « Je répandrai sur vous une eau pure, et vous serez purifiés ; Je vous purifierai de toutes vos souillures et de toutes vos idoles. Je vous donnerai un cœur nouveau, et Je mettrai en vous un esprit nouveau ; J'ôterai de votre corps le cœur de pierre, et Je vous donnerai un cœur de chair » (Ez 36,25-26).

Qui est-elle cette étrangère sans prénom, anonyme au visage incertain, femme sans frontière puisqu'elle semble n'être à personne… et à tous à la fois ? « Noire, je le suis, mais belle, filles de Jérusalem, pareille aux tentes de Qédar, aux tissus de Salma. Ne regardez pas à ma peau noire : c'est le soleil qui m'a brunie » (Ct 1,5-6). Elle est l'humanité brûlée sous les soleils factices. Exilée loin de son Dieu, elle souffre comme un corps séparé de son âme. Et l'Époux l'attire au large, en eaux profondes, là où le sol se dérobe, pour qu'enfin elle n'ait pas d'autre issue que de s'abandonner à Sa Grâce.

De rive en rive, Jésus conduit la femme vers une soif Autre, la Sienne, enfouie au creux de son désert. Cette terre altérée, sans eau, Il veut l'épouser.

> « Mon épouse infidèle, Je vais la séduire, Je vais l'entraîner jusqu'au désert, et Je lui parlerai cœur à cœur […]. Là, elle Me répondra comme au temps de sa jeunesse, au jour où elle est sortie du pays d'Égypte. En ce jour-là, déclare le Seigneur, voici ce qui arrivera : Tu M'appelleras : “Mon époux” et non plus : “Mon maître ” […]. Tu seras Ma fiancée, et ce sera pour toujours. Tu seras Ma fiancée, et Je t'apporterai la justice et le droit, l'amour et la tendresse ; tu seras Ma

> fiancée, et Je t'apporterai la fidélité, et tu connaîtras le Seigneur » (Os 2,16-22).

Sur la femme sans visage s'imprime la Promesse. Une Alliance éternelle y creuse sa demeure. Le temple ne sera plus de pierre, de bois ou d'or, et qu'importe s'il est sur la montagne ou à Jérusalem, le temple c'est son corps promis à la résurrection. L'Esprit enseveli telle une source d'eau vive dans l'abîme de sa chair, en jaillit pour la vie de la Grâce. La femme s'est reposée sur Lui, Jésus, Pierre angulaire rejetée des grands prêtres, et elle est devenue pierre vive, Église remontant du désert appuyée sur son Bien-aimé, s'éveillant au soleil de midi.

Le Nom dévoilé

> « Jésus lui dit : "Femme, crois-moi : l'heure vient où vous n'irez plus ni sur cette montagne ni à Jérusalem pour adorer le Père. [...] Mais l'heure vient – et c'est maintenant – où les vrais adorateurs adoreront le Père en esprit et vérité : tels sont les adorateurs que recherche le Père. Dieu est Esprit, et ceux qui L'adorent, c'est en Esprit et Vérité qu'ils doivent L'adorer." La femme lui dit : "Je sais qu'Il vient, le Messie, celui qu'on appelle Christ. Quand Il viendra, c'est Lui qui nous fera connaître toutes choses." Jésus lui dit : "Je le suis, Moi qui te parle." » (Jn 4,21-25).

Cette femme de Samarie est l'unique à qui Jésus dévoile Son Nom, Tel qu'Il le révéla à Moïse : « Je suis celui Qui suis. » Parce qu'elle L'a reconnu :

> « Toute la nuit j'ai cherché Celui que mon cœur aime. Étendue sur mon lit, je L'ai cherché, je ne L'ai pas trouvé ! Il faut que je me lève, que je parcoure la ville, ses rues et ses carrefours. Je veux chercher Celui que mon cœur aime… Je L'ai cherché, je ne L'ai pas trouvé ! J'ai rencontré les gardes qui parcourent la ville : "Avez-vous vu Celui que mon cœur aime ?" À peine les avais-je dépassés, j'ai trouvé Celui que mon cœur aime. Je L'ai saisi, je ne Le lâcherai pas » (Ct 3,1-4).

En cela, en cet instant et pour toujours, elle est la fiancée, femme anonyme, sans prénom… Femme à inventer. En ce cœur qui écoute Celui du Bien-aimé, l'humanité est épousée pour devenir l'Église, Corps engendrant les âmes à la vie de la Grâce : âmes sauvées encloses éternellement au Dieu d'Amour. Elle, l'étrangère, abandonnant sa cruche, elle part sur les chemins pour proclamer à la face de son peuple et aux confins du monde, sa profession de foi… Et sa passion, sans trêve et sans retour. Elle ne se voile plus du soleil, désormais elle s'est revêtue du Christ, pierre vive de l'Église de Dieu.

> « Et moi, Je vous dis : Levez les yeux et regardez les champs déjà dorés pour la moisson. Dès maintenant, le moissonneur reçoit son salaire : il récolte du fruit pour la vie éternelle, si bien que le semeur se réjouit en même temps que le moissonneur » (Jn 4,35-36).

« Donne-moi à boire », supplie le Bien-aimé… « J'ai soif », murmure Jésus jusqu'à la fin des temps… Étancherons-nous la soif du *Mal Aimé*, cette Soif terrible de Dieu où vient mourir la soif de l'homme ? « Entre toi et Moi, il y a ce grand abîme que plus personne ne peut franchir. » Cet abîme c'est tous nos rendez-vous d'amour manqués.

ENCERCLÉE

« Je devance l'aurore et j'implore
J'espère en Ta Parole.
Mes yeux devancent la fin de la nuit
Pour méditer sur Ta Promesse.
Dans Ton amour, Seigneur, écoute ma voix :
Selon Tes décisions fais-moi vivre!
Ceux qui poursuivent le mal s'approchent,
ils s'éloignent de Ta Loi » (Ps 119,147-150).

Dès l'aurore, Jésus retourne au Temple. Comme tout le peuple vient à Lui, Il s'assoit et se met à enseigner. Les scribes et les pharisiens Lui amènent une femme surprise en situation d'adultère. Traînée et jetée au sol, ses ennemis l'encerclent ; sa mort est programmée. La femme n'a ni nom, ni visage, ni parole. Sa figure est barbouillée de terre et de larmes. Ses vêtements s'effilochent, arrachés à sa chair. Sa féminité est profanée ; le regard des hommes l'écorche, scrutation glaciale. Qui est-elle ? En deçà de son visage défiguré par la honte, se bousculent des myriades de faces anonymes, humiliées, bafouées. Sa féminité est mise à mort d'amour sale, d'amour lâche et sans issue, au chaos d'une finitude organisée en corps sérialisés à voler, à violer, à casser. Qui posera les yeux sur elle, traversée jusqu'au cœur, à ciel ouvert d'une aube vierge… Bercée infiniment ? Dieu. Seulement Dieu. Un jour, Il sera sa liberté, sa Parole. Et elle La portera en étendard. Son corps se tend vers une résurrection en cette aurore qui est déjà la sienne.

« J'appelle de tout mon cœur : réponds-moi ;
je garderai Tes commandements.
Je T'appelle, Seigneur, sauve-moi ;
j'observerai Tes exigences. »

Texte à l'origine Lucanien

Cet épisode se trouve aujourd'hui dans le chapitre 8 de saint Jean. Or, à l'origine – en témoigne le codex de Théodore de Bèze, manuscrit lyonnais trouvé au Ve siècle –, c'est au chapitre 21 et au verset 38 de saint Luc que l'on pouvait le découvrir. Cet indice ouvre une nouvelle perspective : le drame se joue à Jérusalem sur le parvis du temple, le parvis des gentils désormais vide, depuis que le Christ en a chassé les marchands. Il annonce la Passion toute proche.

Si nous suivons la trame Lucanienne, au chapitre précédent, le Christ annonce la chute de ceux qui Le rejettent : « La pierre qu'ont rejetée les bâtisseurs est devenue la pierre d'angle. Tout homme qui tombera sur cette pierre s'y brisera; celui sur qui elle tombera, elle le réduira en poussière! » (Lc 20,17-18). Le jugement de Dieu est implacable en Son Éternité… Ni vengeance, ni miséricorde dévoyée de sa source, mais vérité nue de Sa Parole « Vivante et efficace, plus tranchante qu'une épée à deux tranchants, pénétrante jusqu'à partager âme et esprit, jointures et moelles; Elle juge les sentiments et les pensées du cœur. Nulle créature n'est cachée devant Lui, mais tout est à nu et à découvert aux yeux de Celui à Qui nous devons rendre compte » (He 4,12-13). Au chapitre 21, au seuil du récit, la tension s'intensifie. Le Christ annonce la destruction du temple et la chute de Jérusalem : « Ce que vous contemplez, des jours viendront où il n'en restera pas pierre sur pierre : tout sera détruit » (Lc 21-6). Enfin, le verset 38 ouvre le témoignage de la femme adultère : « Tout le peuple, dès l'aurore, venait à lui dans le Temple pour l'écouter. » Malgré la violence de l'histoire affleure, effleurant la trame, cette clarté irréductible, celle de l'aurore, celle de la miséricorde, celle de la Résurrection.

Pourquoi avoir interpolé ce texte à l'origine lucanien, au milieu de l'évangile de saint Jean? Saint Augustin invoque la peur d'un relâchement moral : « Ce texte est extrêmement choquant pour ceux qui n'ont pas la foi, de sorte que quelques personnes de peu de foi ou plutôt des ennemis de la foi véritable, craignant, je crois, qu'une impunité dans le péché ne soit donnée à leurs femmes, et à cause de ce que le Seigneur a fait, cette indulgence envers la femme adultère, ils l'ont enlevé de leurs livres. Comme s'Il avait pu donner la permission de pécher, Celui qui a dit : à partir de maintenant, ne pèche plus ! » Les rigoristes, les maniaques de la règle, les obsessionnels du droit, refusent *l'infini effarant l'œil*, l'absolu *étranglant la parole...* Dieu, Cœur battant la démesure d'éternité, amour exigeant tout et l'au-delà du tout. En Sa plénitude Qui est Absence à nos absences, Présence à nos présences livrées sans pourquoi ni retour, nulle séparation ni fissure, nul interstice où se glisserait la caresse d'un mensonge.

C'est Dieu qu'ils accusent dans ce cercle de mort

Pourtant une dissonance traverse cette narration, ou plutôt une absence. Si cette femme a été surprise en flagrant délit d'adultère, où est l'époux, où sont les trois témoins... Et l'amant, ne devrait-il pas être lapidé corps à corps avec elle ? Les Pharisiens veulent la punir au nom de la Loi, mais cette Loi est précise ; transcrite au livre du Lévitique elle impose ses conditions, rejette faux témoignages et calomnies. D'autre part, dans l'Empire, la lapidation était interdite. Docteurs et grands prêtres devaient déférer le coupable devant le procurateur romain ; lui seul pouvait appliquer la sentence de mort.

Cette dissonance tissée au fil du récit révèle l'enjeu véritable d'une mise à mort programmée, bafouant les règles de la Loi mosaïque ; elle signifie qu'en cette parodie de procès clandestin, l'Accusé principal n'est pas la femme. Ce lynchage interdit en cache un autre. « Ils parlaient ainsi pour Le mettre à l'épreuve, afin de pouvoir L'accuser. » Jésus privilégiera-t-Il la Charité contre la Loi ou observera-t-Il la Loi contre la Charité ? Il brise ce cercle obsessionnel, l'exposant à la vérité crue : Si cette femme est adultère selon la chair, ses persécuteurs le sont de tout leur cœur. « C'est à cause de la dureté de votre cœur que Moïse vous a permis de répudier vos femmes ; au commencement, il n'en était pas ainsi. Mais Je vous dis que celui qui répudie sa femme et qui en épouse une autre, commet un adultère » (Mt 19,8-9). Leur droit illégitime, tisse un système obsolète figeant la sève de la Parole de vie, par eux jugée suspecte. C'est Dieu qu'ils accusent, dans ce cercle de mort. Bientôt, ils Le crucifieront d'oser la chair, d'embrasser la vie nue.

« Lorsque l'Éternel eut achevé de parler à Moïse sur la montagne de Sinaï, Il lui donna les deux tables du témoignage, tables de pierre, écrites du doigt de Dieu » (Ex 31,18). Puis, Il annonça au prophète Jérémie qu'Il creuserait Sa Loi dans la chair du cœur des hommes, afin qu'Elle porte un fruit de Charité. En ce jour se lève l'aurore... « Jésus S'est baissé et, du doigt, Il écrit sur la terre. » Les lettres prennent Cœur dans la poussière et révèlent le corps hideux d'un péché collectif, contre-corps persécutant l'Église jusqu'à la fin des temps. Jésus S'est redressé. Il ne jauge pas la femme ; Il juge le mensonge des hommes qui l'accusent. Le piège qu'ils trament, se referme sur eux : « Il se redressa et leur dit : "Celui d'entre vous qui est sans péché, qu'il soit le premier à lui jeter une pierre." Il se baissa de nouveau et Il écrivait sur la terre. Eux, après avoir entendu cela, s'en allaient un par un, en commençant par les plus âgés » (Jn 8,7-9). Sur le parvis du temple de Jérusalem, le Christ se courbe et se relève. Son regard a l'éclat de la Résurrection. Les pharisiens aveuglés tournent le dos à Son Visage de Gloire.

L'éternité leur claque la porte au nez

« Veillez donc, puisque vous ne savez pas quel jour votre Seigneur viendra » (Mt 24,42), exhorte Jésus. Cette exhortation traverse tout l'Évangile, d'un horizon à l'autre. « Je viendrai

Comme un voleur », dit Dieu aux idolâtres. Par peur d'être déshabillés par Sa Parole, ils ont substitué à Sa Loi de Grâce, leur morale comptable servant la barbarie. Ils ont confisqué la clef du Royaume et l'ont scellé de règles absurdes organisant le droit du plus puissant, du plus offrant, du plus violent. Ils sont les usuriers du monde. Ce sont eux, les adultères, martyrisant une femme parce qu'en sa chair, point déjà le mystère d'une naissance… L'Éternité leur claque la porte au nez.

« Restez éveillés et priez en tout temps : ainsi vous aurez la force d'échapper à tout ce qui doit arriver, et de vous tenir debout devant le Fils de l'homme » (Lc 21,36). Pour cela, il aurait fallu qu'ils tombent à terre comme la femme qu'ils outragent, il aurait fallu qu'ils s'humilient devant le Fils de l'Homme. Hélas, leur cœur s'est empierré aux sépulcres blanchis ; ils fuient, partant l'un après l'autre, en commençant par les plus vieux. « Voici, je viens comme un voleur. Heureux celui qui veille, et qui garde ses vêtements, afin qu'il ne marche pas nu et qu'on ne voie pas sa honte ! » (Ap 16,15). Les pharisiens et les scribes ont dénudé la femme comme une chose impure. Dieu la revêtira, de Sa miséricorde et de Son Pardon. Contre eux, « Le ciel se retirera comme un livre qu'on roule » (Ap 6,14).

Et Dieu créa la femme… Au cœur de sa chair bat Son Verbe, fondu à sa mémoire comme dans un reposoir. Il croît déjà en elle, vivante revenue de la mort. Il Se redressa et lui demanda : « Femme, où sont-ils donc ? Personne ne t'a condamnée ? » Elle répondit : « Personne, Seigneur. » Et Jésus lui dit : « Moi non plus, Je ne te condamne pas. Va, et désormais ne pèche plus » (Jn 8,11). Le Christ ne l'absout pas, Il ne l'enferme pas non plus dans son péché. Il le regarde, tissé à l'enchevêtrement du mal et de l'hypocrisie… Il le regarde, épinglé au système organisé de ceux qui l'encouragent. Dans ce « Va », en ce regard posé sur son visage, Il la relève, perdue pour tous, et par Lui attendue. En Son Incarnation, Il a étreint toute chair ; afin qu'appuyée sur Son Cœur, telle la bien-aimée remontant du désert, l'humanité vive de Sa Vie, aime en Son Amour, pardonne de Son Pardon. Désormais Son Cœur bat dans la chair la plus anéantie, Il vient purifier les lépreux, sauver ce qui était perdu… Il est venu pour révéler ceci, murmure saint Augustin : « Ceux qui enseignaient la loi en méprisaient l'Auteur. Par là s'accomplissait ce qu'avait dit le Sauveur lui-même : "Je suis venu, afin que ceux qui ne voient pas, voient, et que ceux qui voient, deviennent aveugles." »

De la graine à la fleur

Qui est cette femme ? Femme sans prénom ni visage, femme anonyme, réduite à son péché par ceux qui l'accusent… Le cercle qui broie la femme s'est échappé de l'enfer des hommes, la condamnant à leur désir vicié et vissé à la mort. « Le salaire du péché c'est la mort », murmure saint Paul. Cette femme jetée au sol, souillée de terre et de larmes, c'est Ève… Oubliant qu'elle est née tout près du cœur d'Adam… Sel de ses os, écume de sa chair, vin de son sang. Elle, jaillie toute vive d'entre les mains amoureuses du Dieu de la vie, la voilà réduite par ces hommes et leur regard impur à n'être qu'un objet.

Croient-ils détourner le Jugement Éternel de leur péché, et ne le savent-ils pas ? Tout est nu devant Sa Face. Dieu est un « Dieu de pitié, lent à la colère et plein de miséricorde… » Il voit l'enfant abandonné sur le chemin et Il s'écrie : « *Vis dans ton sang !* Nais de Mon Cœur ! » Il aime plus bas, plus loin qu'une mère pour son petit malade. Lui, Qui « relève le pauvre de la poussière et l'assoit parmi les princes », Il voit en cette pauvre l'implorant de ses yeux d'assoiffée, sa solitude qui Le regarde… Bien au-delà de son péché, Il voit son relèvement, Il voit son espérance. Et Il l'entraîne déjà dans Sa danse nuptiale… « Va », lui dit-Il ; et dans ce *Va*, toute la confiance de Dieu Se pose sur elle, telle une onction. Dans ce *Va,* résonne celui de la Résurrection au Jardin du tombeau. Le Christ enverra Madeleine au-devant de ses frères : « Va trouver mes frères, et dis-leur que je monte vers mon Père et votre Père, vers mon Dieu et votre Dieu » (Jn 20,17). Va, cours, annonce… Ce Jardin du sépulcre ouvert, inondé de l'aube enserrant la nuit… Oui, ce jardin du berceau d'un tout premier matin du monde ressuscité… transfigure l'ombre de l'Éden perdu.

« Jésus resta seul avec la femme toujours là au milieu », dans les larmes, les crachats et le sang, silencieuse de terreur et de honte. Son péché à elle, n'est pas d'orgueil… Circonscrit dans la chair, il est une écharde, blessant son cœur ; il donnera sa fleur d'humilité en son temps. Bientôt, cette fleur de vigne déploiera ses feuilles, s'enveloppant aux quatre horizons de l'arbre de la Croix ; liée corps à Cœur, cœur à Corps tout contre L'Homme qui se l'est attachée. Pour elle, Il est l'Époux et elle sera Sa Chair. Il S'est redressé, Aurore triomphant des ombres de la nuit : « Celui d'entre vous qui est sans péché, qu'il soit le premier à lui jeter une pierre. » « Qui est sans péché, pense-t-elle, sinon Lui, le Juste, le seul Saint ? » Soudain, elle Le reconnaît par le Nom qu'elle Lui donne : « Seigneur, Adonaï. » Le soleil se lève au vif de son sang. « Amour, mon bel Amour, "comme un veilleur guette l'aurore, et Israël son Sauveur, mon âme a soif de Toi". » Dieu porte son péché, dans le péché sans fin du monde. « Sa Grâce Seule, lui suffit. » Elle se relève d'entre la mort.

La femme rampe dans la boue de ces hommes qui l'encerclent, et c'est une graine, déjà. Jetée en terre, elle donnera son fruit de Grâce. Dieu Seul le sait. « Femme », est-elle nommée par Lui… *Femme*, telle qu'elle le fut à l'origine, quand Il l'eût tirée non de la glaise, mais du sein même de l'homme. Bientôt, elle renaîtra de Son Cœur qui pardonne, elle renaîtra de Sa Grâce qui l'élève… « Femme », la nomme-t-Il, et elle sera l'Église, « couronne de gloire entre les mains de Son Dieu », quand elle apparaîtra au firmament des saints, enveloppée du soleil et constellée d'un diadème de douze étoiles, surgie d'entre la mort pour terrasser Satan, et écraser sa tête de la pointe de son cœur gracié, de la délicatesse de son petit soulier.

Elle ferme les yeux. Sous ses paupières closes s'avance la nuit d'une gestation mystérieuse… Elle écoute, au silence d'un Cœur Qui Se penche, vers elle sans nom et sans visage, abandonnée au lit de la terre. Quand elle les ouvre enfin, elle voit les Siens Qui la regardent et lui dessinent une peau toute neuve. Elle pleure désormais, ses sanglots éclatent telles des bulles bercées au sein de la mer. L'Homme ne la bénit pas, ne l'absout pas… Il lui dit : « Va et ne pèche plus. » Elle berce Ses quelques mots. Ils seront son unique mémoire : celle d'une Naissance virginale réinventant le monde, l'envisageant, elle, femme sans visage où resplendit déjà la Grâce de l'Église triomphante, de la Cité céleste. « Car la Gloire de Dieu l'éclaire et l'Agneau est son flambeau. Les nations marcheront à sa clarté naissante, et les rois de la terre y apporteront leur gloire. »

C'est l'heure des semailles… Le temps de la moisson est proche et sous l'ivraie, un germe éclot, incendiant son cœur. L'azur s'enroule au rire d'un Enfant lui ouvrant le Ciel.

« Réjouissez-vous avec moi, car j'ai retrouvé ma brebis qui était perdue. De même, je vous le dis, il y aura plus de joie dans le ciel pour un seul pécheur qui se repent, que pour quatre-vingt-dix-neuf justes qui n'ont pas besoin de pardon. »

C'EST LE SOLEIL QUI M'A BRÛLÉE

« Vous avez annulé la parole de Dieu au nom de votre tradition ! Hypocrites ! Ce peuple m'honore des lèvres, mais son cœur est loin de moi. C'est en vain qu'ils me rendent un culte ; les doctrines qu'ils enseignent ne sont que des préceptes humains. »

Nous sommes au début du chapitre 15 de saint Matthieu, Jésus est en conflit violent avec les pharisiens ; Il les accuse de transgresser la Loi de Dieu au nom d'une tradition humaine, *trop humaine*, idolâtrie masquée de la piété. Jean le Baptiste vient d'être exécuté, la tension monte, une hostilité sourde encercle le Seigneur… Alors Il part en haute Galilée aux frontières de Tyr et de Sidon, cités païennes s'ouvrant sur la mer. Il s'y retire à l'abri des regards, accompagné de Ses disciples. Or voici qu'une femme, sortie de ces territoires, accourt vers Lui en poussant de grands cris.

« Je L'aperçois, j'aperçois Sa silhouette se détachant de la ligne d'horizon, là où le ciel s'unit à la mer… Je L'aperçois… Il marche à grands pas et Ses disciples peinent à Le suivre… Je crois qu'Il est en colère, Il est beau. Sa stature se sépare de l'or du soir noyé d'azur. Un chemin pourpre au ciel de Canaan s'ouvre, au large… Comme un filet de sang. Depuis plusieurs heures je marche ainsi à Sa rencontre et le soleil déjà se couche. Son feu a fendu la terre, ma dure peau de païenne aussi… Il y creuse des crevasses noires où s'attarde encore le lait que mon bébé y a laissé. Ici au pays, les hommes sont rudes, les filles usées. Beaucoup ont traversé la haute Galilée, par-delà la frontière de Tyr et Sidon, pour L'écouter ou pour guérir, de maladies honteuses. Certains, sous Sa salive, ont retrouvé la vue. Ma petite est possédée ; c'est une enfant encore… Elle bave et se convulse. Un démon, des légions peut-être, a pénétré sa chair, son âme, et y a établi son fief. Je passerai les terres, les mers, pour la sauver… Je Le supplierai et je Lui arracherai Sa bénédiction… Comme Jacob au bout de la nuit d'un corps à Corps au gué du vertige, je le Lui arracherai, Son miracle ! Car ma petite va mourir et Lui Seul, je le crois, peut la sauver. Il est la Résurrection, la Vie, ne l'a-t-Il pas promis ? Ma douleur est profonde comme la mer et ma tête empierrée, aux grottes suspendues… Je ne Le lâcherai pas qu'Il n'ait guéri ma mie, ma minuscule aux yeux de térébinthe.

Je suis cananéenne, les juifs nous appellent les chiens ; pourtant, nous étions là aux temps anciens, bien avant eux encore… D'après le Premier chapitre de leur Livre, l'antique Sidon fut fondée par Tsidone, fils de Canaan, petit-fils de Noé… Oui, nous sommes de cette terre ocre, aux sillons d'écarlate… La reine de Saba y fit tisser son voile arachnéen, de cette espèce de soie dont nous avons le mystère, en fil de coquillages, irisé de la nacre et du sel de la mer… Je suis cananéenne ; les Baal ivres des larmes des enfants morts sont muets, ils ont des oreilles mais ils ne m'entendent pas. Ma plainte, je la lancerai à l'assaut du Ciel. N'a-t-Il pas dit, Lui que mon cœur aime : “Mon Père ne jette ni pierres, ni scorpions à ceux qui L'implorent, mon Dieu exauce les veuves importunes” ; n'a-t-Il pas promis que même un juge inique cède aux doléances pour préserver sa paix ? Eh bien, je ne Le lâcherai pas qu'Il ne m'ait rendu ma mie aux yeux de noisette ; je Le saisirai par les franges de Son manteau, je me jetterai à Ses pieds, je Lui ferai barrage. De mon corps. “Prends pitié de moi, Seigneur, fils de David ! Ma fille est tourmentée par un démon !” »

*

« Crie donc vers le Seigneur
gémis fille de Sion…
Debout crie dans la nuit
au commencement des veilles,

répands ton cœur comme de l'eau
devant le Seigneur
élève vers Lui tes mains
pour la vie de tes petits enfants » (Lm 2,18-19).

Par-delà ce cri, la clameur des mères monte des siècles ensevelis et se suspend à l'horizon du Temps... Les mères des saints innocents exterminés par Hérode se lamentent, Rachel pleure ses petits et ne veut pas être consolée; la Pietà seule, demeure debout au silence du Calvaire... Et c'est la nuit impénétrable du mystère d'iniquité... Sans pourquoi, de l'enfance qui se meurt dans le lait et le sang. La femme bute contre l'absurdité du mal, elle crie à déchirer le ciel. Mais le Christ *ne lui répond pas un mot.*

Dieu Se tait. On L'accuse de Se taire. Il Se retire en Sa Présence si dense qu'elle est nuit. Est-Il responsable du péché et de la mort... Ne la boira-t-Il pas cette coupe, jusqu'à la lie? Seul. Abandonné de tous. En ce Jardin de douleur où murmure au-delà le Cédron... Ne la goûtera-t-Il pas cette mort, sur la Croix d'une déréliction plus âcre que l'hysope? Au prétoire, jouet des soldats de Pilate, n'endurera-t-Il pas injures, crachats, moqueries... Puis la haine aveugle d'une foule réclamant son Sang? Jésus Se tait. Remontant de ce visage d'étrangère sculpté par le vent, le soleil et le sel... Par en dessous les rides tenaces, sourdent les larmes d'une mère... Et c'est Sa Mère déjà, pleurant le Fils. Défiguré. Il a été envoyé aux brebis perdues de la maison d'Israël. Ces brebis, pourtant sont des enfants gâtés négligeant la Promesse; ils n'écoutent pas Sa voix; leur cœur est tiède et il bat pour Mammon, leur cœur s'est endormi. L'Alliance nouvelle et éternelle est ignorée des grands prêtres de Jérusalem. Il leur a dit : « Je suis le Pain vivant descendu du Ciel; qui mangera Ma Chair et boira Mon Sang ne goûtera jamais la mort. » Et ils sont tous partis les uns suivant les autres. Beaucoup ont ri.

À présent, la femme s'agrippe à Ses sandales : « Seigneur, viens à mon secours ! » Jésus sonde la profondeur de la foi de cette païenne qui L'implore. Jusqu'où croira-t-elle ? « Il n'est pas bien de prendre le Pain des enfants et de le jeter aux petits chiens. » Elle reprit : « Oui, Seigneur ; mais justement, les petits chiens mangent les miettes qui tombent de la table de leurs maîtres. » Dieu S'émerveille... « Un miel pur coule de tes lèvres, ô fiancée, le miel et le lait, sous ta langue ; l'odeur de tes vêtements est comme l'odeur du Liban. » Cette femme est belle de cette beauté à arracher Sa Grâce, de cette beauté qui aime plus loin, plus fort que la mort, *une de ces* petites hosties tissées toutes ensemble en une Seule, *Corpus Christi* immense, Promis à la multitude et rompu à la table eucharistique. Les miettes négligées par les enfants de l'Alliance native seront bientôt recueillies par les nations païennes... D'autres brebis L'attendent en de lointains bercails : « La postérité Le servira... elle annoncera Sa justice, elle annoncera Son œuvre au peuple nouveau-né. » Le Royaume de Dieu sera semé aux quatre vents en ce Champ éternel et élevé de terre, Il attirera toute âme à Lui. « Pose-moi comme un sceau sur ton cœur, comme un sceau sur ton bras. Car l'amour est fort comme la Mort, la passion, implacable comme l'Abîme : ses flammes sont des flammes de feu, fournaise divine. Les grandes eaux ne pourront éteindre l'amour, ni les fleuves l'emporter. » Le Royaume souffre violence et Dieu la désire cette violence d'une prière qui veut Lui emporter le Cœur pour recouvrir de Sa miséricorde, la fillette qui se meurt sous les assauts du Mal.

Alors Dieu enveloppa la femme du manteau de Sa Grâce ; Il la couronna des douze étoiles des douze tribus d'Israël et des douze apôtres de l'Agneau. « “Femme, grande est ta foi, que tout se passe pour toi comme tu le veux !” Et, à l'heure même, sa fille fut guérie. »

L'Église des païens entra dans l'Histoire du Salut.

MALADE D'AMOUR

Jésus accoste sur la rive de Galilée. Il revient de la Décapole, du pays des Géraséniens, au sud-est du lac de Tibériade. Il a libéré un possédé errant parmi les tombes et lui a redonné son nom. La foule L'attend, impatiente ; elle Le presse, si dense qu'elle L'écrase au point de L'étouffer. Jésus est là, Offert, entre la mer avide et le peuple assoiffé ; les deux se font face en un même corps de chair et d'eau. Il marche sur la mer et Il étreint la chair, Il dompte l'onde et Il soumet la mort. Soudain, un homme se jette à Ses pieds ; sa fille unique d'à peine douze ans se meurt et il implore Jésus de venir lui imposer les mains. Jaïre, est chef de la Synagogue ; il appartient à la classe ecclésiastique hostile au Seigneur, mais la souffrance a rompu son cœur. Témoin de Ses nombreux miracles, au jour d'angoisse, il se souvient de Lui. Il pleure. « D'un cœur brisé, Dieu n'a point de mépris. » Jésus part. Avec l'homme.

Soudain, écartant la trame du récit, s'enclave un autre destin. Sur le chemin, une femme surgit de la foule anonyme. Elle se faufile, timide et apeurée… Jusqu'au Christ marchant vers l'enfant à l'agonie. Son nom se confond avec sa maladie ; elle n'est que cela, désespérément : « une femme affligée par un flux de sang depuis douze ans », jailli au jour de la naissance de la fillette qui meurt, là-bas, dans la maison du père accompagnant Jésus. Cette pauvre femme a dépensé toute sa fortune auprès des médecins. En vain. Sa vie est une plaie. La mort y a fait vœu, s'écoulant en ce sang qui jamais ne tarit. « Je vous en conjure, filles de Jérusalem, si vous trouvez mon bien-aimé, que lui direz-vous ? Que je suis malade d'amour » (Ct 5,8).

Oui, je me lèverai,
je chercherai Celui que mon âme désire…

L'enfant de Jaïre est à l'agonie et cette femme anonyme est une morte en sursis, condamnée dans l'opprobre des docteurs, des grands prêtres et des scribes. Au nom de leur loi. Les litanies de sa répudiation s'égrènent, l'enserrant d'une peau de malédiction. Le sang échappé de ses entrailles scelle son sceau d'infamie : « La femme qui aura un flux, un flux de sang en sa chair, restera sept jours dans son impureté. Quiconque la touchera sera impur jusqu'au soir. Tout lit sur lequel elle couchera pendant son impureté sera impur, et tout objet sur lequel elle s'assiéra sera impur. Quiconque touchera son lit lavera ses vêtements, se lavera dans l'eau, et sera impur jusqu'au soir. Quiconque touchera un objet sur lequel elle s'est assise lavera ses vêtements, se lavera dans l'eau, et sera impur jusqu'au soir. S'il y a quelque chose sur le lit ou sur l'objet sur lequel elle s'est assise, celui qui la touchera sera impur jusqu'au soir » (Lv 15). Elle est ce fantôme, que nul n'étreint ni ne salue, sans promesse ni pardon. Intouchable, elle va, suspendue à l'aiguille épinglant l'horizon. Inépousée. Toute conception s'effiloche au berceau de sa chair, elle est la mère ni morte, ni vive. Elle habite la honte. Dévastée. Voilée du soleil de midi, la Samaritaine se dérobe aux regards pour venir puiser l'eau. Elle s'avance vers le Christ dans l'azur démesurément nu… L'hémorroïsse n'a nul amant ni mari ; ses entrailles sont hantées. Elle se glisse au dédale des rues, au labyrinthe des corps ; elle se cache à l'ombre de la foule, encerclant tel un piège, le Seigneur de la Vie. Soudain elle L'aperçoit… Suspendue, sur la crête des visages en myriades, Sa Face resplendit. Il marche, le soleil Lui fait cortège… Les franges de son manteau tressées de quatre fils de laine vierge, neige et pourpre, dansent de la joie pure de Dieu, dansent… Tissant la terre au ciel. La femme aimerait saisir leur ondulation, enclore ces vives flammes d'amour en elle. « Que n'es-tu pour moi un frère, nourri aux seins de ma mère? Je te rencontrerais au-dehors et je t'embrasserais sans paraître méprisable! Je t'emmènerais, je t'introduirais dans la maison de ma mère : tu m'initierais... Je t'abreuverais de vin parfumé, de ma liqueur de grenade. »

Cœur tambour battant, elle se faufile à l'ombre de son voile l'endeuillant d'invisible. Le flux de son sang bondit, débordant sa chair. Elle s'approche par-derrière, touche le bord de son vêtement et aussitôt son flux de sang s'arrête. « Mon bien-aimé a passé la main par la fente de la porte; mes entrailles ont frémi : c'était lui! »

*

Les poèmes des Lamentations font entendre une plainte : « Que dois-je te dire, à quoi te comparer, fille de Jérusalem? Qui trouver de semblable à toi, et quelle consolation te donner, Vierge, fille de Sion? Car ta plaie est grande comme la mer : Qui pourra te guérir? » (Lm 2,13). Cette femme hors la loi et souillée dans son propre sang, c'est Jérusalem arrachée au berceau de l'Alliance; Jérusalem *jetée comme une ordure*, oubliée sous le ciel implacable. Mais au-delà encore, c'est l'humanité nue, orpheline de son éternité. « Tu as été jetée dans les champs, le jour de ta naissance, parce qu'on avait horreur de toi. Je passai près de toi, je t'aperçus baignée dans ton sang, et je te dis : Vis dans ton sang! Je te dis : Vis dans ton sang! » (Ez 16). Épouse inépousée, tel un corps séparé de son âme – car l'âme est dans le sang –, le Seigneur l'attend... Il suffit qu'elle se tourne vers Lui Qui la regarde, pour resplendir de Sa lumière et de Sa Grâce. « Mon âme, bénis l'Éternel, n'oublie aucun de ses bienfaits! C'est Lui qui pardonne toutes tes offenses; Qui te guérit, de toute maladie; C'est Lui qui arrache ta vie à la fosse et te couronne de bonté et de miséricorde » (Ps 103,2-4). Tel le possédé vivant aux cités sépulcrales, l'hémorroïsse habitait la nuit… Inconsolée. En ce jour elle a quitté la demeure des ombres, elle a bravé la foule. Elle ose aller vers Celui qui est sa résurrection, sa vie.

Montre-Moi ton visage!

Mais ce n'est pas assez encore, Jésus exige d'elle une nouvelle audace. « Aussitôt Il se rendit compte qu'une force était sortie de lui. Il se retourna dans la foule, et Il demandait : "Qui a touché mes vêtements?" Ses disciples lui répondirent : "Tu vois bien la foule qui t'écrase, et tu demandes : 'Qui m'a touché?' " Mais Lui regardait tout autour pour voir celle qui avait fait cela. » La femme s'est éloignée… Déjà elle retourne aux coulisses de sa vie. Pourtant elle l'a lancée cette vie, par-dessus l'espérance, en un geste clandestin qui fut une étreinte infinie et muette. Elle s'éloigne, âme exsangue de tout ce vin perdu, de tout ce sang qu'elle n'a su retenir et qui soudain en elle se fige. D'amour.

On ne trompe pas Dieu, Il sonde les reins, les cœurs et jusqu'au sang battant et suspendu au Souffle de Sa Vie. Il a senti cette main timide, effleurer les franges de Son manteau… Le Verbe a pénétré ce corps de femme jusqu'en sa profondeur pour rallumer sa chair de cendres et incendier son sang de Sa Lumière. « Qui a touché mes vêtements? » Le Sang tel le Jourdain retourne en arrière. Dieu aurait pu abandonner la pauvre à l'anonymat silencieux d'une existence sans histoire, sans mémoire et sans droit; brisée à la périphérie d'une vie filant comme ce sang échappé de sa vulve, absente au monde et en cette maladie où elle a fait son lit. Dieu la sonde et la connaît. Il la scrute de Son Œil grand ouvert, la regardant par en dessous son cœur… Il veut qu'elle vienne là, se jeter à Ses pieds pour Lui offrir son parfum d'amoureuse et qu'elle pleure… D'une joie vive effeuillée sous Ses pas. « Où es-tu, qui a touché mon vêtement? Qui m'a abandonné sa vie ainsi semée, trébuchante comme grelot contre Mon Cœur? »

« Alors la femme, saisie de crainte et toute tremblante, sachant ce qui lui était arrivé, vint se jeter à ses pieds et lui dit toute la vérité. » Elle traversa la foule à pied sec s'écartant pour la laisser passer. Dans une profession de foi et une déclaration d'amour, elle fond au large de sa nuit, aux profondeurs du jour allé avec sa liberté. C'est ce qu'attend Jésus… Qu'elle L'aime, bien plus fort que sa honte ; bien plus loin que sa terreur des hommes, leurs regards et leurs lois. Oui, « saisie de crainte et toute tremblante », elle prend le risque de la vie, elle ose la vérité ; son cœur à découvert est nu devant le Verbe, son corps n'est plus une maison vide car le Seigneur l'a visité et y a établi Son temple. Elle a fendu la foule moqueuse, mais Dieu veut plus encore, Il veut tout. L'Époux suspend son sang ; voilà que l'âme s'éveille. « Qui M'a touché, Où es-tu ? Reste là, dans l'orbite de Mon Cœur, en cette joie qui te rend belle… ta face devant Ma Face. Oui, "Lève-toi, mon amie, ma toute belle, et viens… Ma colombe, dans les fentes du rocher, dans les retraites escarpées, que je voie ton visage, que j'entende ta voix !" »

Fille de Dieu

« Jésus lui dit alors : "Ma fille, ta foi t'a sauvée. Va en paix et sois guérie de ton mal." » Le Christ enveloppe la femme d'un nom nouveau. Il l'épelle pour Sa vie : *Fille*… Elle est Sa fille, Sa toute petite, retissée à la mémoire du peuple de la Promesse où Il S'est incarné. Ce nom de *fille* est unique dans l'Évangile et il résonne ici en cette note enfantine, d'une espérance messianique transfigurant le monde. La femme n'est plus endeuillée de tout son sang perdu ; dans la nuit des artères, son flux et son reflux murmure et bruit, du Royaume dont le Roi est un enfant. Elle n'était l'épouse ni la mère de personne : pour être mère, épouse ou veuve, il faut avoir été fille, inscrite dans une lignée, une Alliance… Elle était orpheline de son âme, perdue avec son sang… Mais en ce jour, elle devient Fille de Dieu et c'est un jour de Joie. On ne l'appelle plus stérile ni désolée mais *Fille de Roi*, sauvée et retrouvée. Elle n'est plus l'abandonnée, mais la promise, la fiancée. Israël ressuscité n'est plus le clan des sages, des savants, des parfaits ; mais Communion des saints osant la charité, risquant la chair… Mangeant Son Corps, buvant Son Sang, à pleine bouche, pieds et mains sales tout contre Lui… Mais le cœur propre comme un sou neuf, mais le cœur pur trop plein de Dieu… Jérusalem, Jérusalem, quitte ta robe de tristesse, revêts la robe baptismale étincelante de la Gloire des Cieux.

> « Écoute, ma fille, regarde et tends l'oreille ;
> oublie ton peuple et la maison de ton père :
> le Roi sera séduit par ta beauté.
> Il est ton Seigneur : prosterne-toi devant Lui.
>
> Fille de roi, elle est là, dans sa gloire,
> vêtue d'étoffes d'or ;
> on la conduit, toute parée, vers le Roi.
> Des jeunes filles, ses compagnes, lui font cortège.
>
> On les conduit parmi les chants de fête :
> elles entrent au palais du Roi.
> À la place de tes pères se lèveront tes fils ;
> sur toute la terre tu feras d'eux des princes » (Ps 45,11-12.15-17).

Le Semeur est parti pour semer… Grain moulu en dessous de la terre enneigée. Les proscrits, les gueux, les bandits des chemins de traverse, les invisibles… Les boiteux, les infirmes de l'âme, les déserteurs ; eux tous… hantent les frontières de l'aube en cette absence, que le Fils de l'Homme vient habiter, sauver, et arracher à la nuit. Sa miséricorde ne rend jamais les armes. Il saisit la mort, pétrit la chair, à pleine main, à bouche comble…

Inventant, de Sa salive mêlée à la boue des chemins ; au sable, au sel, au soleil avalant l'horizon,

Sa Vie.

L'INFANTE AU CŒUR DORMANT

« Comme il parlait encore, quelqu'un arrive de la maison de Jaïre, le chef de synagogue, pour dire à celui-ci : “Ta fille est morte. Ne dérange plus le maître.” Jésus, qui avait entendu, lui déclara : “Ne crains pas. Crois seulement, et elle sera sauvée.” » La marche du Christ s'est suspendue à l'histoire douloureuse d'une femme... Alors qu'Il la guérit, l'enfant agonisante qui L'attendait est morte... Blé fauché en plein feu, bouton d'or, un soleil ! « Ne dérange plus le Maître », ce sont des paroles d'homme : résignées ainsi qu'un ciel de craie. Désespérées. Mais l'Amour efface l'horizon de la mort. Au souffle de Sa Grâce.

> — Voici que Je Me tiens debout à la porte et Je frappe. La porte est la faille, c'est là que Je me tiens... Pour la remplir de Ma Lumière. Laisse Dieu entrer ! Le crois-tu Jaïre, toi, chef de la synagogue, le crois-tu ? J'ai ressuscité Lazare... Les filets de la mort l'enserraient. C'était le troisième jour. Marthe se lamentait et elle m'a reproché d'avoir tardé. Devant le sépulcre creusé au flanc de la pierre, J'ai pleuré... Puis J'ai dit : « Lazare, lève-toi et marche » et il m'a obéi. Le flux de son sang a jailli de Mon Cœur, il s'est levé. Je suis la Résurrection et la Vie. Le crois-tu ? Je veux que tu m'offres cela seulement : cette foi nue par-dessus bord, par-delà l'Espérance quand elle tombe dans la nuit la plus blanche. Plus froide que l'aube découverte, en cette absence si lourde, dépouillant veine à veine la chair de ta petite... Et ses artères déjà se figent, brins de muguet couronnés de givre. Jaïre, le crois-tu ? La fillette n'est pas morte, elle dort de son sommeil de chrysalide et Je l'appellerai à Ma lumière. Je ne suis pas un thaumaturge, un magicien ou un

> de ces sorciers hantant la Samarie… *Moi Je suis…* J'ordonne aux vents et aux marées; au sang et à la chair. Ta fille vivra. Si la femme a croisé notre chemin c'est pour que tu comprennes : depuis douze ans elle était une vivante condamnée à la mort. Et elle s'est relevée… En sa douzième année, ta fille s'éveillera elle aussi d'entre les morts. Pour naître en Mon Royaume. Le crois-tu ?

Jésus parlait au père et le père Lui abandonna l'enfant. Au-delà d'elle, il Lui remit sa foi… Il sacrifia sa foi si raisonnable de chef de synagogue puis il conduisit Dieu au seuil de sa maison.

« Jésus voit l'agitation, et des gens qui pleurent et poussent de grands cris. Il entre et leur dit : "Pourquoi cette agitation et ces pleurs ? L'enfant n'est pas morte : elle dort." Mais on se moquait de Lui. Alors Il met tout le monde dehors, prend avec Lui le père et la mère de l'enfant, et ceux qui étaient avec lui ; puis Il pénètre là où reposait l'enfant. »

Renée contre Mon Cœur

La chambre mortuaire est parfumée comme une chambre nuptiale débordante de lys, de jasmin et de roses… L'enfant repose au nid de son suaire immaculé. Jésus S'approche, « saisit sa main et dit d'une voix forte : "Petite-fille, éveille-toi !" »

> — « Tu as mis la main sur moi… Où donc aller, loin de ton souffle, où m'enfuir, loin de ta face ? Je gravis les cieux : tu es là; je descends chez les morts : te voici » (Ps 139,5-8). Je n'ai peur de rien sinon d'être séparée de Vous, Amour, je ne veux que Vos yeux pour soleil, fondant la mort de ses rayons

Cette main qui se pose, cette droite qui conduit sur le juste chemin, c'est la main d'un Dieu amoureux, modelant le premier homme avec la glaise du sillon, blessant le cœur de l'écorce pour qu'en jaillisse sa fleur… C'est la main puissante arrachant l'ombre à la mort… C'est la main saisissant Adam, patriarches et prophètes endormis aux limbes du Schéol pour les hisser vers la lumière de Pâques. Vers Sa Résurrection. Après douze longues années d'un profond sommeil, la femme sans prénom et la petite fille morte sont appelées toutes deux ensemble à la vie baptismale : vie embrasée d'un amour qui a vaincu la mort, vie traversée de l'admirable lumière d'un Royaume qui n'est pas de ce monde mais qui berce le monde. La liturgie du matin de Pâques depuis les premiers temps de l'Église s'ouvre sur cette antienne : « Je suis ressuscitée et je demeure avec toi, Alléluia, Ta main S'est posée sur moi, alléluia ! » Balbutiements de l'Église naissante ; balbutiement de l'enfant s'éveillant d'un long engourdissement : neige fondue comme cire sous la miséricorde d'un Dieu Qui Se penche et *pose Sa main sur elle*, la saisit pour toujours. « Je dors, mais mon cœur veille… C'est la voix de mon bien-aimé ! Il frappe ! » La myrrhe dont on a parfumé son corps, ruisselle jusqu'aux atomes les plus anéantis en cette mort dont elle s'éveille. L'espérance, par-delà la nuit, éclaire et illumine. « *Talitha koum* ! Petite fille debout ! Lève-toi, mon amie, ma toute belle, et viens… Vois, l'hiver s'en est allé, les pluies ont cessé, elles se sont enfuies. Sur la terre apparaissent les fleurs, le temps des chansons est venu et la voix de la tourterelle s'entend sur notre terre. Le figuier a formé ses premiers fruits, la vigne fleurie exhale sa bonne odeur. Lève-toi, mon amie, ma toute belle, et viens… » À la voix du Rédempteur, l'enfant saisit Sa main qui se pose, si douce qui bénit. Oliban, nard et lys… Ointe tout entière d'un parfum qui s'épanche, elle s'ouvre à l'aurore d'une Adoration silencieuse. « Alors il lui saisit la main et dit d'une voix forte : "Mon enfant, éveille-toi !" L'esprit lui revint et, à l'instant même, elle se leva. »

Le linge funéraire s'efface devant le voile baptismal… Le deuil se change en une danse. Jésus empoigne la chair cadavérique, comme Il Se laissa effleurer par celle dont le sang filait à l'horizon de la mort. Il porte la honte du péché désignant la Femme, Il s'en revêt comme d'une tunique de peau : celle recouvrant Adam et Ève chassés d'Éden. Lui, Fils de Dieu fait Fils de l'Homme… Perdant Son sang sur le lit de la Croix, Il habille sa chair de femme, de cette lumière d'or, de neige, de feu, d'aurore… Il l'enveloppe du Vêtement des Noces, de la Tunique de Gloire de Sa Résurrection. « Alors Jésus ordonna de lui donner à manger. »

> — La Table est dressée… Prenez et mangez, Ceci Mon Corps, Ceci Mon Sang, versé pour la multitude en rémission des péchés. Écoute Ma fille et tends l'oreille, quitte la maison de ton père et viens… Le Roi sera séduit par ta beauté… Devant Dieu, *Femme*, tu es belle… Telle qu'en Éden éclose. Et aujourd'hui, fleur de chair vive, renée contre Mon Cœur.

La mort sociale ensevelissant l'hémorroïsse ; la mort corporelle enserrant l'enfant tracent les frontières d'un péché collectif assignant la femme au silence, l'écrouant au soupçon. Pourtant, au commencement du monde, Ève se reçut de la main droite de Dieu… Elle, née du cœur d'Adam… Elle, couronnement de l'œuvre au bout de la nuit juste avant l'aube du grand repos, du long sabbat… Et cette image gravée au cœur de sa chair n'est pas dessinée par la poussière de la terre ni la glaise des chemins, mais elle se tisse à la Grâce même de Dieu… En ce midi d'une chambre close à Nazareth, un Ange a suspendu son vol au Oui de la *kecharitoménè*… Et le Verbe Se fit Chair, en sa chair.

LA BIEN-AIMÉE

Sur un chemin de ronde
j'attends
Celui en Qui je me perdrai
Liberté sans trace ni pas ni rien,
que le Silence,
Voie
Vierge

« Il a déjà posé Son Signe sur ma face afin que nul amant n'ose approcher de moi. »

Thérèse de l'Enfant-Jésus et de la Sainte-Face

C'est au Louvre que je la vis pour la première fois, penchée à la fenêtre… Le soleil déjà se cache à l'horizon d'une rue étroite semblant crever le ciel, et par-delà la traîne des nuages on croit respirer la mer… Au grain d'une trame drue de siècles amoncelés, son visage se décline à l'infini de boucles d'ambre aux éclats fauves, ombrant une peau d'enfance comme une soie tendre… Sa taille s'élance brisant soudain la courbe de la hanche, se retournant dans un jardin à l'ombre d'un tombeau ouvert… Saisie dans la lumière naissante au pied d'un jardinier… Ailleurs, elle s'avance portant un vase d'albâtre ou bien se penche, enveloppée de ses cheveux épars et baignant de ses larmes les pieds adorables du Fils de Dieu. Le ciel soudain se brise sous l'orage; froissée contre le rude bois de la croix, Marie de Magdala se noie aux corolles de ses mèches éployées en fontaines de pleurs. Ailleurs, silencieuse à la veilleuse, elle prie devant une vanité… Un crâne la contemplant de ses orbites creuses.

Qui est-elle dans sa robe d'écarlate, flamme gracile courant Sous le pinceau des peintres au large de la nuit et éveillant l'aurore… ? Vénus, Astarté, Ishtar, Gorgone aux accroche-cœurs comme des couleuvres d'or… ou bien est-elle science d'amour, philtre immémorial rescapé des eaux du Déluge ? Qui est-elle, cette Dame de Magdala toujours vêtue de pourpre : Ève, ou Lilith ?

Gardienne du Mystère de la Résurrection, elle hante l'imaginaire des peintres, des poètes, des musiciens, insaisissable ondée suspendue au soleil. Pour la saisir en sa chair vive, la deviner, l'apercevoir, il faut consentir à la lire, enveloppée aux versets des Évangiles, blottie telle la colombe au creux du Roc de la Parole de Dieu. Saint Luc nous la présente, guérie de sept démons, suivant le Christ avec tant d'autres femmes… Avec les myrophores : Marie Jacobé, femme de Cléophas ; Jeanne, femme de Kouza… « Elle Le suivait et Le servait. » Dans la nuit du Calvaire, elle est là *stabat juxta Crucem*, dressée contre la croix, avec la Mère et le disciple bien-aimé.

Jusqu'au ve siècle, Marie de Magdala se différencie de deux autres femmes : Marie de Béthanie, sœur de Marthe et Lazare, et la pécheresse pardonnée. Les Pères de l'Église dont saint Augustin, le pape Grégoire le Grand au viie siècle, et plus tard le père Lacordaire, les rassemblent en un visage singulier : car au-delà des querelles d'historiens, des raffinements d'exégètes, leurs gestes se confondent en une seule âme et une ferveur unique. Il y a des mots, mais aussi des mouvements du corps qui sont une empreinte, un sceau, une signature : deux onctions au large d'un doux silence d'Adoration, un ploiement de tige s'enracinant aux pieds du Seigneur, les enveloppant du Parfum du repentir ou du Sacre des Rois… Toujours à Ses divins pieds, la Madeleine choisit la meilleure part, accomplissant l'Œuvre d'amour à laquelle toutes les œuvres sont ordonnées. « Écoute Israël, tu aimeras ton Dieu de toute ta force, de toute ta volonté, de tout ton cœur et de tout ton esprit. » Ces divins pieds, elle tente de s'en saisir encore, à la Résurrection. Jésus lui dira : *Noli Me tangere*.

Qui est-elle, cette fée aux yeux de velours, au visage enchanteur ? L'Église a voulu voir en elle celui d'une prostituée ou d'une hétaïre... Et si Marie de Magdala, originaire d'une cité portuaire au bord du lac de Kinneret, n'était ni débauchée ni courtisane... Une femme tout simplement, scandaleusement libre, étudiant les Saintes Écritures et attendant de toute sa chair offerte à la volée, le Roi des rois et le Sauveur du monde... Et si ses sept démons n'étaient que des degrés d'amour ; une élévation vers Celui que son cœur aime et cherche par-delà les visages de ses amants... Et si la Magdeleine était figure de l'humanité, avec ses ombres et sa lumière, ses aspirations, ses tentatives vers l'absolu... Et enfin, tirée de sa foi tel un vin nouveau, l'Église de Dieu, ressuscitée en un Jardin... Annonçant au monde le Mystère de la Grâce et de la Rédemption.

Suivons-la au jardin du tombeau avant que le Ressuscité la nomme, « Marie » ; et qu'Il l'envoie, illuminée de la lumière de Pâques, annoncer la victoire de Sa Vie : Ô mort, où est ton philtre, « ô mort, où est ton aiguillon ? » Apôtre des Apôtres, elle passe les mers jusqu'en Provence, avec Marthe, Lazare et les deux autres Marie, pour embraser le monde païen de Sa Parole. Patronne des saints, des moines et des anachorètes, elle vit blottie au secret de la grotte de la Sainte-Baume, consumée de douloureuse joie, s'offrant en silence à Celui Qui fut son Eau vive et son unique Amour.

LÈVE-TOI, MA BIEN-AIMÉE

« C'est à Magdala, dans une cité portuaire que je suis née… Sept sources souterraines abreuvent la terre… J'habite dans une tour face à la mer… Je brûle d'un rire que rien n'a apaisé, d'une soif que nul n'a étanchée… Je rêve, pendue au cou de la nuit… Les yeux grands ouverts, scrutant l'étoile du matin élevée à l'horizon. Magdala se déshabille de l'encre du ciel. Je souris à l'aube… Je suis Marie, la Magdeleine, la femme de pourpre et d'écarlate. Pour eux, la scandaleuse, la possédée, la folle… Je suis myriade d'éclats offerts dans le regard des hommes… Semée au gré de leurs caprices, au gué de leurs abîmes… J'habite les fractures aux ombres des lumières factices, des vertus occultes, des honteux délices… Et là, j'ai égaré mon nom en même temps que mon âme… Pour eux, je suis la vouivre tapie aux berges des sept fleuves courant telles des bêtes sous ma peau… Ma forteresse en face de la mer Morte se dresse, hérissée de tours altières où dansent des feux follets virevoltants et fardés, aux écrins de luxure où je me suis perdue. Une soif m'enserre de chaux vive sous la face de clown de la lune, m'épiant quand je m'enroule autour des hommes qui m'ont connue. Et les sept lits des fleuves de Magdala charrient leurs eaux salées jusque dans mes veines. C'est la complainte des sept démons ; un ravage me creuse, un dégoût me détraque. Je m'enivre de caresses, je m'unis au néant… J'en ai reçu des soldats, des notables, des marchands. Et jusqu'aux pharisiens dont l'hypocrisie sera absoute à l'aune du vice qui les ronge, plus acharné qu'une teigne. Pour tous je suis la pécheresse, mi-damnée, mi-folle, hantant les jeux de mes amants. Leurs cauchemars m'enveloppent, leurs angoisses me bercent. Je suis la belle de Magdala, la fée au seuil des marécages… Perdue à ces miroirs décomposant la nuit en labyrinthe, où je cherche comme un lépidoptère, Celui que mon cœur aime. Dans ma tour, je L'attends. J'ai l'œil vert de l'ondine, la chevelure d'or turbulent s'enroulant en cascades sous le feu du soleil. Je voudrais arracher tous ces masques et nue, comme au jour de ma naissance, mourir sous Son Regard. Car je Le sais… Je Le pressens Qui S'avance, m'enveloppant déjà de Sa miséricorde plus vaste que sept Ciels, au seuil du Paradis. Parfois, à l'aube, je me balance aux vagues échouées des fleuves charriant le parfum d'un Appel Inconnu, à l'horizon de la mer Morte. Et par-delà mes sept démons, j'attends le huitième jour de Sa Résurrection, où je naîtrai enfin.

Plus sûrement qu'un veilleur, mon âme attend l'Aurore. »

AU MATIN JE ME RASSASIERAI DE TON VISAGE

« Toute la Judée parle de Lui ; de Jérusalem en Galilée et jusqu'en Samarie ; bien au-delà encore de Tyr et de Sidon, en Décapole... Les petits s'émerveillent, les scrupuleux Le craignent. Les grands prêtres et le clergé Le haïssent. Beaucoup murmurent qu'Il est le Messie. Il sillonne Israël avec ses disciples, et parmi eux, des femmes ; des myriades. Elles ont tout quitté pour Le suivre, elles ont abandonné leur maison, distribué leurs biens aux pauvres... Elles veillent au sein de cette communauté naissante et vont sur les chemins et sous le ciel, à découvert, de ville en ville, joyeuses comme des soleils.

Il invente des mots extraordinaires, rendant ivres de rage les tatillons du cœur, les Docteurs, les grands prêtres. Ce sont des mots nus, déshabillés de tout, portant l'empreinte du miracle de Son passage dans nos vies. « Les publicains et les prostituées vous précéderont dans le Royaume des cieux » Il relève les femmes adultères, exauce les proscrites, ressuscite les morts, saisit à pleine main la chair meurtrie, souillée, pour la vivifier de son amour... Il prend la défense des veuves, des oubliées... Il pleure devant la douleur des mères, et il confond les hypocrites qui répudient leur femme au nom d'une loi qu'ils interprètent à l'aune de leur mesure humaine et pervertie, de leur concupiscence ; Sa voix frappe comme la foudre les empierrés du cœur pour qu'en jaillisse une source. Il est doux avec les femmes, même celles qui ont le verbe haut. Il respecte l'audace et le courage. Son regard bleu de nuit, les sonde jusqu'au cœur. Il pardonne les péchés, Il dit qu'Il est le Fils de Dieu. Le Sanhédrin crie au blasphème et trame déjà Sa mort.

Cachée parmi la foule, je L'ai écouté prêcher. Jamais de telles paroles n'avaient frappé mon cœur... Du sel sur mes plaies.

Soudain l'ordre du monde s'est renversé. « Heureux ceux qui pleurent, ils seront consolés, heureux si on vous insulte, si on vous persécute car vos noms sont inscrits dans les cieux... Heureux les miséricordieux, ils obtiendront miséricorde ; heureux les cœurs purs, ils verront Dieu. » À cet instant et à ce mot, Jésus a posé Son regard sur moi... Bleu d'abysse outremer, si pur... J'ai détourné les yeux, figé mon cœur de peur qu'il ne se brise... Où le cacher ?

— « Vos péchés seraient-ils rouges comme l'écarlate Je les rendrai blancs comme la neige. » Le fils prodigue lui-même a été revêtu de la tunique de fête pour les noces éternelles... Et sur la Croix, le bon larron fut exaucé. C'est chez toi, Madeleine, que Je veux célébrer Ma Pâque aujourd'hui même, demain encore et jusqu'à ton dernier souffle, si tu croyais en Mon pardon ; si tu Me regardais, Moi Jésus, plus que tes fautes ; si tu préférais Ma Vie à la tienne ; si tu t'oubliais ne serait-ce qu'un instant... Un seul instant... Pour une éternité d'amour avec Moi ! « Celui qui veut sauver sa vie la perdra, mais qui la perd à cause de moi, la trouvera. »

Je pleure silencieusement... C'est un feu qui consume tout ; un vin nouveau soulève mon sang, ma mémoire. Adieu château, amants, soieries, parfums... Tout ce qui m'occupait. Ces vanités sont un tombeau, une pierre sur mon cœur... Sa Parole est un glaive, Elle sépare au creuset de mon âme ce qui est pour la mort et ce qui est pour Sa Vie... Pour Son Amour. Ce qui ne Lui est pas donné est perdu. Oui mon désir se fond à Sa lumière, je suis une particule de poussière dansante au cœur de Sa prunelle... Amour, Amour, Amour.

— C'est Votre Visage que je cherchais à travers mes amants de passage, Votre voix, je L'ai reconnue...

Entre toutes l'Unique, domptant mort et tempêtes. Des nuits entières, je m'enveloppe de ma solitude comme dans des langes… Arracher cette peau qui n'est pas la mienne, creuser jusqu'à mon cœur… Pour Vous y trouver, Seigneur ! Vous suivre, nue jusqu'à l'âme ; sans masques et jusqu'à mon dernier souffle.

Sept jours, je pleure… Puis le huitième, je sors à Sa rencontre. »

LE BANQUET DES LARMES

« Et Jésus dit à Simon : “Simon, tu ne m’as même pas donné d’eau pour Me laver les pieds mais elle, elle les a baignés de ses larmes et essuyés de ses cheveux. Et parce qu’elle a beaucoup aimé, ses péchés, ses nombreux péchés lui sont remis.” »

Elle n’a pas été invitée ; peu lui importe, elle L’entend qui l’appelle. « Il m’a menée vers la Maison du vin » : elle est entrée dans un murmure de soies, un tintement de clochettes de bracelets d’or et d’argent. Sans un mot, sans une hésitation, elle va vers Celui que son cœur aime, serrant contre son cœur un flacon d’albâtre empli de nard. « Comme un pommier entre les arbres de la forêt, ainsi mon bien-aimé entre les jeunes hommes… » La riche demeure scintille des flammes embrassant la cire pâle des bougies, et s’élançant, à l’assaut de la nuit… La Madeleine ne voit ni les convives surpris, ni leur hôte offusqué, elle ne voit que Jésus, *l’enseigne au-dessus de moi est « Amour ».* Au diable, les regards la fouillant de violence ou de concupiscence, elle a *désiré Son ombre et elle s’y est assise.* Elle est tout près de Lui ; elle s’agenouille et sans oser Le regarder, elle brise Le vase d’albâtre contre son cœur ; le parfum s’épanche sur les pieds adorables de l’Homme-Dieu. Doucement, tout doucement, elle les essuie de l’or de ses cheveux, vagues d’orges frissonnantes, mêlées à ses baisers et à ses larmes. Beaucoup ont dit que c’étaient larmes de repentir… C’étaient larmes d’amour. Marie n’a ni mots, ni offrandes… Elle n’a que ce corps qui ne sait pas mentir et pour la première fois, elle se déshabille jusqu’à l’âme. Elle a accosté au port de son désir. Dans l’éblouissement d’une naissance, l’âme balbutie sur le Sein de son Dieu.

*

« Simon le Pharisien se dit en lui-même : Celui-là s'Il était prophète saurait qui est cette femme qui le touche, et ce qu'elle est : Une pécheresse. » Mais Jésus, sonde les reins et les cœurs... Il voit l'élan innocent d'une âme qui ne regarde que Dieu, n'aspire qu'à Dieu, tout orientée vers Son Sacré-Cœur comme la rose vers son soleil... Il voit la sainteté qui déjà point en cette extase qui est immolation. Tout aussi scandaleux, le soir du Jeudi Saint, à la veille de la Passion, au cœur du Repas Pascal, Jésus accomplira le geste du lavement des pieds : « Sachant que l'heure était venue de passer de ce monde à Son père, Jésus ayant aimé les siens qui étaient dans le monde, les aima jusqu'au bout ». Il Se lèvera de table, Se dépouillera de Ses vêtements, lavera les pieds de Ses disciples, un à un; ceux de Judas aussi qui vient de Le livrer. Et Son geste amoureux scandalisera Pierre. « Mais Dieu a tant aimé les hommes, qu'Il S'anéantit Lui-même prenant la condition d'esclave, Se faisant semblable aux hommes. »

En ce soir, la Madeleine ouvre la porte étroite de l'humilité. Elle l'éclaire : Col resserré, vertigineux, risqué de l'amour... On ne peut y pénétrer qu'anéanti, donné jusqu'à l'extrême, jusqu'à la folie, « car si le grain ne tombe en terre, il ne peut porter du fruit ». Jésus ne regarde pas la femme épanchant à Ses pieds ses parfums et ses larmes... Il écoute chaque frémissement de sa chair, le flux et le reflux du sang dans ses artères et ses sanglots mourant en un murmure d'amour, plus suave que le vin le plus pur. La brebis perdue repose désormais contre Son Cœur. La drachme affleure de la poussière... Entre Ses doigts, de l'or!

Oh comme Il l'aime Sa douce, Sa silencieuse amie. Et devant tous, devant Simon le pharisien, Dieu fait alliance avec cette âme qui s'offre en Hostie de chair vive, et vient mourir en cet amour qui ne voit que Lui, n'écoute que Lui, au mépris des règles mondaines et de toute convenance... qu'elle force de sa ferveur et de son espérance. « Moi Je suis le Pain vivant descendu du ciel. Si quelqu'un mange de ce pain, il vivra pour toujours. Et le pain que je donnerai, c'est ma chair pour la vie du monde. » Paroles folles et scandaleuses pour les juifs, les grands prêtres, les disciples… Marie les berce en son cœur. Elle est la bien-aimée et le sachet de myrrhe transfigurant bientôt les blessures de Sa tête sous la pierre du tombeau.

La conversion véritable exige la mort : « Ne savez-vous pas que c'est dans la Passion du Christ que vous êtes baptisés ? » La Croix ouvre déjà la longue nuit du Sabbat et écartèle le temps à Son éternité. Marie s'élève au jardin du sépulcre, à l'aube de Sa Résurrection

« Il Se tourna vers la femme et dit à Simon : "Tu vois cette femme ? Je suis entrée dans ta maison, et tu ne M'as pas versé de l'eau sur les pieds ; elle, elle les a mouillés de ses larmes et essuyés avec ses cheveux. Tu ne M'as pas embrassé ; elle, depuis qu'elle est entrée, n'a pas cessé d'embrasser Mes pieds. Tu n'as pas fait d'onction sur Ma tête ; elle, elle a répandu du parfum sur Mes pieds. Voilà pourquoi Je te le dis : ses péchés, ses nombreux péchés, sont pardonnés, puisqu'elle a montré beaucoup d'amour. Mais celui à qui on pardonne peu montre peu d'amour." Il dit alors à la femme : "Tes péchés sont pardonnés." Les convives se mirent à dire en eux-mêmes : "Qui est cet homme, qui va jusqu'à pardonner les péchés ?" Jésus dit alors à la femme : "Ta foi t'a sauvée. Va en paix !" » (Lc 7,44-50).

Alors Dieu la regarde… Comme Il regardait Ève en l'Éden de Son Cœur, avant qu'elle ne se cache au murmure de Ses pas… Madeleine se meurt sous les yeux de l'Amour qui l'envisage et la nomme Marie, non plus de Magdala,

Mais de Jésus.

À SON OMBRE JE ME SUIS ASSISE

« Ô consolation nouvelle, Ève est devenue apôtre ! Voici désormais c'est dans l'arbre de vie qu'elle a trouvé sa joie. » Si au IIIe siècle, saint Hippolyte de Rome nomma Madeleine Apôtre des Apôtres, c'est qu'elle fut ce cœur qui écoute, ce cœur de disciple veillant au silence inviolé, l'éclosion du Verbe éternel. Tel le lierre enveloppant la pierre, l'angulaire rejetée des *superbes*, elle se tient toujours aux pieds de Jésus. Elle s'y enracine et berce Sa Parole en son cœur virginal, nouveau-né purifié par le Pardon de Dieu.

C'est un midi éclatant ; la maison de Béthanie est saupoudrée de l'or du soleil. Marthe virevolte, affairée aux tâches domestiques. Marie est immobile, suspendue à la Grâce s'écoulant des lèvres du Bien-aimé. Soudain, Marthe reproche à sa sœur de demeurer allongée tout près du Maître… brisant sa ferveur qu'elle confond avec de l'oisiveté. Pourtant, Marie incarne la perfection d'amour et la fidélité au premier commandement de la Loi Mosaïque : « Écoute, Israël… le Seigneur ton Dieu est l'Unique… Tu aimeras le Seigneur ton Dieu de tout ton cœur, de toute ton âme et de toute ta force. » Sans la dévotion et l'onction de Marie Madeleine, les œuvres de Marthe restent stériles et son apostolat caduc. Jésus le confirme : « Elle a choisi la meilleure part, elle ne lui sera pas enlevée. » Car Marie s'abreuve à la source de la vérité, à l'Esprit vivifiant la lettre, au Verbe incendiant la Loi de Sa lumière. Et dans ses yeux grands ouverts resplendit la radicale gratuité de Sa Gloire et de Sa Grâce.

Dans l'ordre de la Création, toute œuvre ne peut se recevoir que de Celle-ci, accomplie au septième jour du Sabbat, au septième degré du Cœur de Dieu, quand toute chair meurt et se tait en cette Adoration… Au seuil du huitième Jour de la

Rédemption, la vie jaillit, éternelle, où se repose Marie, tel un enfant sevré contre le Sein de Dieu.

« Qui mange ma chair et boit mon sang aura la vie éternelle », murmure le Bien-aimé. Ô Marthe, avec Marie ta sœur, laisse-toi bercer, laisse-toi aimer… Que le Regard du Christ, de foudre et d'or, illumine ton cœur et y demeure : tel qu'en Sa crèche, Son Tabernacle.

Berce Son Corps, Sa Chair, Son Sang,
Par amour,
En Son Amour.

« Je peux avoir la Foi à déplacer les montagnes, si je n'ai pas la Charité cela ne sert à rien. »

*

Les prédicateurs, les exégètes, les théologiens ont vu dans la confrontation entre les deux sœurs la différence entre la voie apostolique et contemplative… Et Marie de Béthanie est devenue l'icône des Chartreux, des moines, de ceux qui se sont dépouillés de tout, ont renoncé à tout pour se nourrir de la Parole de Dieu… Son écoute est celle d'une pauvreté absolue dont l'unique gardien est un silence d'adoration. Ce silence est enceint de Jésus et tout ce qui n'est pas Lui s'évanouit à l'horizon de Son Verbe. Béthanie est maison de pauvreté, demeure de l'âme dépouillée, radicalement nue, ensevelie en son Dieu et consentant à s'y perdre et à y mourir… Âme bienheureuse oubliant de vivre autrement que d'Amour. « Heureux les cœurs purs, ils verront Dieu. » Marie Madeleine est l'apôtre de la Charité, son cœur est l'écheveau se dévidant aux âmes des vierges et des saintes jusqu'à ce que l'une d'elles dise un jour, « au cœur de l'Église, ma Mère, je serai l'Amour ». Car la sainteté des femmes est ce Chœur battant de siècles en siècles jusqu'à la fin des temps, pour rallumer les cendres refroidies des chœurs de pierres et de la lettre morte.

Jadis perdue dans le dérèglement des sens et au cœur de l'ivresse, elle ne savait qu'aimer en pure perte… Elle osait la vie crue déshabillée des fards d'une fausse vertu, d'une morale par dépit, d'une prudence inhumaine masquant mal l'impuissance à embrasser la chair à plein cœur. Elle préférait être hors la loi des hommes plutôt que de s'y compromettre, arrachée à la sainte Loi d'amour… Car leur loi, diffractée en multiples préceptes, voilait la Grâce et occultait l'Esprit… Son Visage et Son Cœur.

Aux pieds de Jésus, le silence de Marie est sainteté d'une âme se perdant pour ne trouver que Lui. Oui, elle a la meilleure part… Et au-delà du voile, il n'y a plus ni retour, ni pourquoi… Mais un grand Oui abreuvant le Ciel. « Car au lieu que le ciel arrose la terre, ici la terre arrose le Ciel, puisque Vous êtes un Ciel, ô Jésus mon Seigneur. »

L'ONCTION DE BÉTHANIE

« De ma rose effeuillée, tu comprends le langage
Et tu souris à mon amour. »
Thérèse de l'Enfant-Jésus et de la Sainte-Face

Au sixième jour avant Pâques, au seuil de la Passion, Jésus est invité à dîner chez Simon le Lépreux, à Béthanie. Marthe, Lazare et tous les disciples L'entourent… L'écho des hurlements de haine du Vendredi Saint résonne déjà avant le temps. Au-dehors la foule se presse, avide d'examiner Lazare revenu d'entre les morts… Les grands prêtres murmurent ; ils craignent ce Dieu d'amour bouleversant le système figé d'une loi vidée de sa substance, d'une loi servant la soif de domination d'une caste de savants et de scribes. Ils trament la mort : celle de Lazare, signe de l'inouï de Dieu… Celle de Jésus, le maître de la vie. Mais du cœur de ces tensions l'Éternité affleure, île sauvée, naissance défiant les puissances de mort rôdant alentour : c'est la Foi ! Elle a le visage d'une femme… Elle s'avance, portant le vase d'albâtre d'où s'exhale le nard… Madeleine s'avance, image de l'Église à venir cherchant Celui que son cœur aime… Jaillie toute vive d'un tombeau béant inondé de la blancheur de l'aube. « Belle comme une armée rangée en bataille », elle s'avance, vêtue de son amour « et Les puissances de l'enfer ne l'emporteront pas sur elles ». Le soleil incendie de pourpre le Visage adorable du Rédempteur. Elle ploie et vient mourir ici, aux pieds du Roi des rois, son Dieu Qui souffre, portant le monde. Pas un mot mais un regard traversant d'un iris à l'autre, la nuit… Pas un murmure mais un parfum, de l'essence la plus nue. Marie enduit de ce parfum, l'ombre de la chevelure retombant sur Ses paupières closes, elle oint le front divin *de la rosée de la nuit*, ultime caresse avant Son ensevelissement.

Elle enduit jusqu'aux pieds adorables posés contre son cœur s'ouvrant sans repli sous le regard de Dieu. Sa tendresse devine et transperce les outrages de la Passion à venir. Jésus emportera avec Lui ce voile d'effluves invisible tissé désormais et pour l'éternité aux battements de Son Cœur… Tissé aux battements de Son Cœur divin, « triste à en mourir », lorsqu'au Jardin des olives, Il suffoquera sous l'horreur du péché de cette humanité qu'il Lui faudra étreindre et S'unir à jamais sur le Lit de la Croix pour l'offrir, lavée par Son Sang, au Père des miséricordes. Ce parfum veillera, ardent dans la prière quand les disciples se seront endormis, exténués de douleur et de peur… Il traversera les ténèbres de la Passion, repentir embaumant les outrages et les plaies à venir. Cette essence précieuse c'est la Charité, imprégnant jusque dans le Sacrifice, jusque dans Sa sépulture, la Chair et le Sang du Sauveur… Voile de consolation scellé au plus secret de Ses atomes, mêlé à Sa sueur de sang, il perlera à l'orée de Sa peau. Il exhalera… Espérance malgré la nuit, Espérance du Salut !

La Madeleine à l'infini veillera cette Chair rendue au monde qui n'en veut pas… Elle veillera jusqu'à la fin des temps aux seuils de tous les tabernacles. Si la Vierge est la Crèche et le Berceau et l'Avent et le Couronnement, elle sera sépulcre de la chair absente, béance creusée, blessure ouverte sur le soleil du Jour de Pâques… Elle sera le reposoir du Samedi Saint, le silence à traverser par-delà la pierre arrachée à la nuit… Le Jardin suspendu à l'aurore… Iris blessé à l'aube blanche bruissant de tous les minuscules, mort-nés guidant l'Église au gué virginal.

Elle est la rose transfigurée dans l'or de la Résurrection
Ton parfum,
Adonaï
Pour l'Éternité.

ÉLÉGIE D'UNE MYROPHORE

« J'ai ouvert à mon bien-aimé : mon bien-aimé s'était détourné, il avait disparu. Quand il parlait, je rendais l'âme… Je l'ai cherché : je ne l'ai pas trouvé. Je l'appelai : il n'a pas répondu. »

À l'heure où commence à poindre le premier jour de la semaine, la nuit s'ouvre pas à pas ; les ombres s'effacent après le grand silence du Sabbat et l'ensevelissement du Crucifié… L'Amour s'est caché au creux de la terre, enfoui comme le grain de blé pour donner Son fruit. Marie Madeleine se lève par les routes endeuillées… Elle va portant les aromates, à la rencontre du corps du Bien-aimé… Elle l'enveloppera bientôt de ses parfums et de ses larmes… Et elle Le bercera une dernière fois.

> — Je suis restée toute la nuit les yeux grands ouverts, j'ai tenté de chasser l'image de Son corps martyrisé. Par-delà les atroces blessures, je me suis rappelé Sa voix, Son rire… Le murmure de Ses pas. Ma chair est pleine de Lui encore… L'absence déjà efface Son sourire, dans la mort. Il dort, Celui que mon cœur aime, Il dort au pays de l'ombre. Les fleurs de jasmin ouvrent leurs corolles, les sucs s'élancent vers le ciel ; un sourire enlace la terre… Toute cette douceur éclose, l'odeur amère montant des oliveraies, ce Jardin où Il posa sa tête et pleura… Tout cela ment, s'Il n'est plus là pour en fouler la terre, assoiffée telle une bête, et qui lors boit Son Sang. Et ces bourgeons futiles ne servent à rien s'Il ne les inspire plus de Son Souffle divin. « Je vous en conjure, filles de Jérusalem, n'éveillez pas, ne réveillez pas l'Amour, avant qu'il le veuille. » Je cours, je m'effiloche à la nuit, les feuilles des branches où nichent des nids de passereaux s'étonnent de mon

passage. La vie s'évanouit sous un voile. Ma vie est cachée avec la Sienne au sépulcre taillé dans la pierre… Au vif de ma chair où l'amour fit son nid. Ma vie disparaît sous ce voile enveloppant Son Corps… Mon corps est enseveli avec Lui sous le linceul de lin tissé des larmes de la nuit.

L'heure bleue, de l'aube éclose, est désertée de Toi, Jésus.

POURQUOI CHERCHER PARMI LES MORTS CELUI QUI EST VIVANT ?

> — « Sur la terre apparaissent les fleurs, le temps des chansons est venu et la voix de la tourterelle s'entend sur notre terre. Le figuier a formé ses premiers fruits, la vigne fleurie exhale sa bonne odeur. Lève-toi, mon amie, ma toute belle, et viens… » L'aube point, déjà l'hiver a fui… Lève-toi ma colombe blottie au creux de Moi, éveille-toi, ô toi qui dors, éveille-toi avant l'aurore et le Seigneur t'illuminera ! Car déjà brille le Salut d'un Jour nouveau.

Mais Marie n'entend pas Dieu Qui l'épelle, du Royaume où Il S'éveille.

Quand elle pénètre dans le jardin, la lourde traîne de l'aube tisse un chemin de neige, jusqu'à la tombe creusée à fleur de roc… Et pas à pas, d'une perle de rosée à l'autre, la blancheur s'embrase de pourpre et d'or. L'aurore s'avance sans faire de bruit… C'est à cet instant qu'elle arrive au seuil du sépulcre. La pierre, la lourde meule de pierre à moulin est roulée, et en sa place, une absence. L'azur triomphal chasse les ombres livides de l'aube ; son voile de rosée éployé sur la nuit, disparaît aux pieds des Anges vêtus de tuniques éclatantes. L'Un est assis à la tête, l'Autre aux pieds du Corps adoré et qui S'est évanoui. Ils sont là comme les anges d'or entourant le propitiatoire où repose la Présence au Saint des saints du temple de Jérusalem… Mais voilà que ces Messagers impalpables sont les gardiens non pas de son Seigneur, mais d'une béance. Les linges mortuaires seuls demeurent… Immaculés. Et Marie pleure.

— Où est Celui que mon cœur aime ? Je L'ai cherché dans la nuit et c'est l'aube suspendue d'un trou béant… Bel ange en robe blanche, es-tu un prisme attardé de Sa lumière ? Où l'avez-vous mis, Celui que mon cœur aime ? « Je l'ai cherché : je ne l'ai pas trouvé. Je l'appelai : il n'a pas répondu. »

Mais les Anges lui répondent :

— Pourquoi chercher parmi les morts Celui qui est vivant ?

Elle ne les entend pas.

— Bel Archange en robe blanche, j'attends Celui que mon cœur aime et ne Le lâcherai pas qu'Il ne m'ait conduit dans la Maison de Sa Mère… Celui offert telle la Grâce qui fleurit et jamais ne se fane… Dieu, non plus aux crêtes des nuées éternelles mais au cœur de ma chair, mon sang et mes larmes. Je L'espère tel le germe d'une innocence incorruptible semé à l'ombre de ma vie.

Elle se retourne, Quelqu'un l'appelle… Au-delà, les amandiers bercent l'horizon, leurs fleurs écloses depuis l'hiver guettent le murmure des pas du Jardinier S'approchant *à la brise du soir…* comme en Éden. Les corolles dévoilent leur pistil nu et en son cœur l'iris. L'œil de Dieu S'y contemple et jamais ne S'endort. « Je suis descendu au jardin du noyer voir le vallon qui verdoie, voir si la vigne bourgeonne, si les grenadiers sont en fleurs… » Madeleine est agenouillée, pleurant et gémissant devant le tombeau vide ; le Jardinier la regarde, une pelle à la main. « Il vient, Il tient en sa main la pelle à vanner », sépare le bon grain de la paille et de la poussière… Il sonde les pensées du cœur lancées à la Nuée… les vanités s'envolent, l'amour seul demeure. Aux rives échouées du temps, son suc passe la mort, jusqu'à l'aurore… Voie sans trace ni pas ni rien, que le Silence. Vierge. « L'Amour est fort comme la mort… » Vous le savez ô Seigneur… qu'on peut ressusciter un homme avec des baisers.

— Marie

Le Jardin d'Éden s'évapore au Souffle du Ressuscité ; les Chérubins qui brandissaient l'épée, gardiens de l'Arbre de la Vie, dévoilent l'empreinte nue de Son Corps en-allé. Là, dans ce nouveau Jardin, Ève ne trouve plus Adam en son tombeau… « Pourquoi chercher parmi les morts celui qui est Vivant ? » Il est parfumé de la rosée de l'aube ; le nard s'écoule des boucles de Ses cheveux… « Mon Bien-aimé, pour moi, est un sachet de myrrhe : entre mes seins, il passera la nuit… » L'essence a traversé la pierre : « Mort, où est ton dard, mort où est ton aiguillon ? » Madeleine se retourne une deuxième fois… Elle reconnaît le Bien-aimé de son âme.

> — Jésus, Tu as traversé ma nuit, nos nuits ; les ténèbres ne T'ont pas saisi… Tu les ouvres de l'éclair de Tes yeux illuminant le tout premier matin d'un jour de fête. La terre tremble et s'ouvre à Ton Verbe ; le roc est roulé à l'orée du sépulcre, mon cœur brisé, retourné à Ta Vie ; et ce cœur devient chair de Foi vive, Espérance allumée au zénith de Ta Gloire, en Ta Résurrection. « Ne cherchez plus le vivant parmi les morts. » Les paroles de l'Ange sont l'écho de Tes pas résonnant au-delà de Jérusalem, au-delà du Jourdain… Au-delà de la mort, déchirée à Ton éternité ! « L'Amour est fort comme la mort… » Vous le savez, ô Seigneur, qu'on peut ressusciter un homme avec des baisers.

TOI, MADELEINE,
ÉGLISE DE MA RÉSURRECTION

— « *Noli Me tangere*... Veuille ne pas Me toucher ! » Comme est loin l'orient de l'occident, Mes pensées ne sont pas vos pensées... Je t'appelle au-delà de toi, au-delà du temps, toujours plus loin... Lève-toi et choisis Ma Vie ! Puis va vers tes frères annoncer Mon Nom ! Ne Me retiens pas, « Je monte vers Mon Père et votre Père... » Je te précéderai, éclairant un à un les camps d'ombre ; Je suis l'Éternel offert à ta fragilité : Ta liberté ! Avance au large, à Ma rencontre... J'ai ouvert le chemin, écartelé la nuit... Je guette ton retour à l'horizon de Mon Cœur.

Je t'attends en Galilée, au cœur de l'humanité blessée, brassée au creuset des nations. Mon Salut saisit, soulève de Mes grands bras ouverts mes enfants égarés, sans visage, sans pardon : les damnés de la terre, les païens, les sans voix ! Et toi, la première en chemin, témoin de la Pâque nouvelle... Toi, Église de Ma résurrection, tu annonceras Mon Nom jusqu'à la fin des temps... Qu'est-ce que Mon Nom, sinon la Vérité... La Vérité, sinon l'Amour... L'Amour, sinon la Vie... La Vie, sinon Moi ! Je suis venu allumer un feu sur la terre et comme Je voudrais qu'il soit déjà allumé... Toi, Marie, Ma Mie, consume toute la tiédeur du monde au Brasier de Mon Cœur !

Puis passe la mer. Là, au secret d'une retraite escarpée, au cœur d'une grotte taillée dans la pierre, Je t'attendrai. Tu M'attendras... Trente ans. Dans une vie cachée, mais lumineuse, et de Moi Seul connue. Je serai ta nourriture, ta Grâce, ta nuit profonde où tu boiras, ensevelie en Mon désir qui te fera mourir... Et vivre de Ma Vie. Vivre de Mon Corps et de Mon Sang... Les Anges te porteront pour que tes pieds ne heurtent la pierre... Ils te porteront jusqu'à l'homme de Dieu...

Et là, en bas dans la vallée, tu goûteras la mort d'aimer en cette Eucharistie que d'aube en aube et jusqu'au soir, tu recevras en la mémoire de notre amour… Et jusqu'à la dernière, tu M'attendras, au gué où Je t'emporterai, et tu Me murmureras : « Ta Lumière m'a brûlée il ne reste plus rien que Toi. »

Toi, Marie, la première en chemin… Non pas comme Ma Mère immaculée mais comme l'humanité blessée de cette écharde dans la peau et par-dessous la chair… Plantée là comme une tache indélébile… Pourtant, tu seras veilleuse du silence, gardienne de Mon amour infini exigeant la mort pour leur donner Ma vie… Tu seras la première sur ce chemin de crête, où dépouillée de tout et jusqu'à Moi, tu attendras le Ciel… Et Je serai si près que tu croiras M'avoir perdu. Tu seras reine d'une liturgie d'amour, de cette espèce d'amour seul qui passe la mort comme tu passeras la mer, avec Lazare et les deux autres Marie… Mais toi, un jour, tu ne parleras plus… Tu brûleras telle une lampe inutile au cœur de l'azur enveloppant la grotte de la Sainte-Baume où seule parmi l'aigle et la colombe, tu m'offriras tous tes parfums… Saisie en Mon Amour, morte à tout ce qui n'est pas Lui, tu mourras d'amour… Ce sera là ce témoignage unique au monde d'une mort plus vive que la vie même et qui est cet amour, Mon Amour. Fort comme la mort.

Toi Madeleine, ni vierge, ni pieuse, ni sage, mais folle en Mon Amour, tu annonças aux apôtres apeurés la Gloire de Ma Résurrection… Pour les siècles des siècles, tu seras la sainte patronne des saints et des saintes, des moines et des anachorètes… Et tu seras leur cœur quand ils perdront le Mien. C'est vers toi, que se tourneront papes, évêques et prêtres pour réchauffer la lettre morte et le chœur empierré de leurs adorations et de leurs ministères. Toi, autrement que Ma sainte mère, tu es la femme graciée, l'humanité sauvée en vive flamme d'amour… Tu étais boue, j'ai fait de toi Mon or, Ma couronne, Mon Hostie de chair nue. Toi Madeleine… En Ma Résurrection qui est le jour de ta naissance.

« Pose-Moi comme un sceau sur ton cœur, comme un sceau sur ton bras. Car l'Amour est fort comme la mort, la passion, implacable comme l'abîme : ses flammes sont des flammes de feu, fournaise divine. Les grandes eaux ne pourront éteindre l'Amour, ni les fleuves l'emporter. »

LA FEMME

« Qui est celle-ci qui surgit comme l'aurore,
belle comme la lune, resplendissante comme le soleil,
redoutable comme des bataillons ? »
(Ct 6,10)

APOCALYPSE

Un fil
s'effiloche
Des vitraux des cathédrales
Tissant Ton Chœur,
Où point
Déjà,
Pourpre, l'aurore

De la femme originelle telle qu'elle fut conçue en Éden ; à l'Immaculée, en qui l'humanité tout entière et toute vive est couronnée… S'ouvre un sillon de Grâce triomphant des parallèles rectilignes, hérissées telle une discipline pour soumettre, meurtrir, servir, nourrir la rude jalousie des hommes, avides d'une puissance perdue. Cette Grâce file et se dévide du Livre de la Genèse jusqu'à l'accomplissement d'une foi absolue, celle de Marie, celle de son Oui enveloppant l'Écriture Sainte du manteau de la Rédemption… Dans la Lumière de la Création transfigurée, dans la Gloire de la Jérusalem céleste, l'humanité sera un jour à jamais unie à cette éternité dont elle déchut, et dont la femme est la sentinelle mystérieuse. Car c'est en son cœur que s'entrelacent deux fils : d'écarlate et de neige… Tissant l'alliance nouvelle et éternelle, l'avènement du Fils de l'homme, Chair de sa chair, Sang de son sang « versé pour la rémission des péchés et le Salut du monde ».

La fécondité des matriarches répond déjà à cet appel. Leur maternité est un jardin où germe, brûlant tel le *secret du Roi*, l'espace comblé d'éternité éclose. Dieu y épelle le berceau pour Sa grâce et brode d'âge en âge, la tunique du Salut : Du Livre de la Genèse jusqu'à la royauté davidique ; de cette royauté davidique jusqu'au Règne du Christ, l'Oint annoncé dans les Saintes Écritures… Messie d'Israël crucifiant la terre aux quatre horizons du Ciel. Un Souffle immaculé anime le tabernacle de chair vive où bat un Cœur portant le monde ; tel un murmure de sang, il court de la crèche à la Croix et au-delà des cieux ouverts, où apparaît l'Arche de chair transfigurée portant la Gloire de l'Éternel. « La Femme est l'avenir de l'homme », chantait le poète ; Marie est la vocation de l'Église. « Turban royal entre les mains de son Dieu », elle couronne de son Oui la Cité céleste « où tout ensemble fait Corps ». Cette cité, c'est l'humanité graciée.

Car le Oui de la Vierge où sont bercés nos oui, a descellé l'Éternité. Le Royaume des Cieux appartient aux enfants et à ceux qui leur ressemblent : « Il faut qu'Il grandisse et que moi je diminue » pour pénétrer enfin la lumière d'une Présence absolue. Là s'ouvre le territoire virginal… Ne l'étant que pour être épousé. Fécondé. Radicalement, infiniment. Par l'Amour même, en Son principe éclos. La Sagesse est forme de ce territoire, Ève en fut l'icône. Marie la splendeur.

*

Il était une fois un jardin… en la mémoire de Dieu. Ève y fut cueillie à la chair même d'Adam, à l'incarnat d'une grotte enveloppant son cœur. Ève, couronnement de l'ébauche incertaine, elle, « merveille que son corps, merveille que Ses œuvres ». Sertie tel un bijou entre les mains du Père. Isha est enluminée d'une Alliance transfigurant toutes les alliances : « La Vierge engendrera un Fils… Il sera grand, Il régnera à jamais sur la Maison de David et Son règne sera un Règne éternel. » Et, privilège insigne à elle seule accordé : à l'autre bout du temps, sa lignée écrasera la tête du serpent. « Je mettrai inimitié entre toi et la femme, et entre ta postérité et sa postérité ; celle-ci t'écrasera la tête, et tu lui mordras le talon » (Gn 3,15). Dès sa genèse et au seuil de la chute, la Femme enceint cette Promesse inouïe : l'Église, conçue pour l'Éternité ; non de la côte de l'homme, mais du Cœur même de Dieu.

La Pietà veille… *Crucis stabat Mater.* L'Esprit Saint la saisit sous Son Ombre à l'ombre de la Croix. Et le Verbe Se fait Corps et le Verbe Se fait Église. Une caresse silencieuse transfigure la longue nuit des hommes, d'une Communion invincible. Là, en ce grand Corps tissé à notre chair, nos cœurs, nos âmes de foi vive, la vocation de la maternité révèle le Mystère de la nuptialité. Car cette Église enveloppe le cosmos tout entier ; cette Église ensemence les ténèbres, d'un feu caché, d'un germe incandescent soulevant la terre, les cieux, le schéol, d'un Amour qui sauvera le monde ou le perdra, s'il s'arc-boute à son mensonge et à ses illusions… Virginité féconde reflétant celle du Brasier Trinitaire ; là, le Principe et Son Verbe Se donnent infiniment, éternellement l'Un à l'Autre… En l'Immaculée Conception de Leur Amour.

« Vous, les hommes, aimez votre femme à l'exemple du Christ : Il a aimé l'Église, Il s'est livré Lui-même pour elle, afin de la rendre sainte en la purifiant par le bain de l'eau baptismale, accompagné d'une parole ; Il voulait se la présenter à lui-même, cette Église, resplendissante, sans tache, ni ride, ni rien de tel ; Il la voulait sainte et immaculée. […] Jamais personne n'a méprisé son propre corps : au contraire, on le nourrit, on en prend soin. C'est ce que fait le Christ pour l'Église, parce que nous sommes les membres de Son Corps. Comme dit l'Écriture : À cause de cela, l'homme quittera son père et sa mère, il s'attachera à sa femme, et tous deux ne feront plus qu'un. Ce mystère est grand : je le dis en référence au Christ et à l'Église » (Ep 5,25-33).

La féminité est *apocalupsis* car elle dévoile l'altérité de l'Être, en Son Principe : altérité dans l'unité de la sponsalité, altérité émerveillée de la virginité… Accueillant l'Esprit au cœur de la chair ; cette chair de la mémoire, où brille comme un Soleil Levant, la *Memoria Dei.* « L'Esprit Saint Te prendra sous Son

Ombre » et l'Ange la quitta… L'Ombre est l'Habitation de la Lumière et Dieu Se voile de cette Lumière. C'est au cœur de l'Ombre et par-delà le Voile que Marie voit… Ouvre la voie.

Depuis le *Fiat* de Marie, l'Église est sentinelle postée aux portes de l'Indicible… Au seuil de toutes les nuits où brûle le Verbe. C'est au-delà du Voile, sous la Tente de la Présence, que s'accomplit dans le silence de la contemplation ou de la gestation, le Mystère de la Grâce transfigurant la vie donnée. Absolument donnée. Auréolée de la Promesse de sa résurrection future. Scintillant de tout ce feu perdu pour la vie de l'autre. Enveloppant cet autre, tel un don du tout Autre *brodant l'Homme dans le secret*, au fil des quarante-six chromosomes, au secret de la trame d'un voile où apparaît soudain « Son Visage, comme un sceau sur nos cœurs ».

Le Verbe éternel ne trouva qu'une étable pour l'accueillir, qu'une mangeoire pour berceau… Il n'eut pas une pierre pour reposer Sa tête… Sa couronne fut tressée des épines de nos refus, mais Il eut pour maison de chair et de cœur unis, les entrailles d'une Vierge de Bethléem, les entrailles douces et humbles de celle qui, le soleil pour manteau, couronnée d'étoiles et le croissant tel un trône, a écrasé la superbe de Satan par son Oui donné… Infiniment donné.

Ce Oui nous tisse, tressés l'un en l'autre, à l'Hostie diaphane. La Grâce de Dieu y sème Sa Gloire, voilée dans ce nouveau-né fragile… Tel le Crucifié du Golgotha, tel le Ressuscité du tout premier matin de Pâques… Telle, à l'horizon du temps, l'irruption du Verbe transfigurant le monde en Son Éternité… Tel l'Amour réinventé.

> « Tandis que Jésus parlait ainsi, une femme, élevant la voix du milieu de la foule, lui dit : Heureux le sein qui T'a porté ! Heureuses les mamelles qui T'ont allaité ! Et Il répondit : Heureux plutôt ceux qui écoutent la Parole de Dieu, et qui La gardent ! » (Lc 11,27-28).

Cet engendrement perpétuel s'accomplira dans la Gloire de la Cité céleste. Auparavant, semée dans l'ourlet des temps, l'Église souffre les douleurs de l'enfantement… Au désert des villes, dans la nuit de la foi ; en Sa Passion unie à celle du Crucifié, elle imprime le sceau de l'Espérance et des Béatitudes. Oui, la création elle-même tout entière, la mer et le ciel en leur plénitude ; toutes les âmes, gémissent avec des cris ineffables… Le cosmos déchu espère la transfiguration de la matière, le rapatriement de l'espace et du temps, en Dieu.

Au chœur de l'Église, des myriades de petits tabernacles brûlent autour du Maître-autel, Où, sous la pierre, bat un cœur de chair,

Bat le Cœur d'une Femme.

CHŒUR DE CHAIR

> « Après qu'ils eurent mangé, Jésus dit à Simon Pierre : "Simon, fils de Jonas, ἀγαπᾷς με, M'aimes-tu par l'amour le plus haut ?" Il Lui répondit : "Je suis Ton ami." Jésus lui dit : "Pais Mes agneaux." Il lui dit une seconde fois : "Simon, fils de Jonas, ἀγαπᾷς με, M'aimes-tu par l'amour le plus haut ?" Pierre Lui répondit : "Tu sais que je suis Ton ami." Jésus lui dit : "Pais Mes brebis." Il lui dit pour la troisième fois : "Simon, fils de Jonas, es-tu Mon ami [au moins] φιλῶ ?" Pierre fut attristé et il Lui répondit : "Seigneur, Tu sais toutes choses, Tu sais que je suis ton ami φιλῶ." Jésus lui dit : "Pais Mes brebis." » (Jn 21,15-17).

« Pierre, Je te donnerai un cœur nouveau, J'arracherai ton chœur de pierre et J'y mettrai le cœur d'une Femme, son chœur de chair… J'étais minuscule. Ses battements étaient unis aux Miens. C'est sur ce cœur de Femme, ce chœur de chair, que doit reposer ta chaire. Sur ce cœur, Je bâtirai Mon Église, et les puissances des enfers ne l'emporteront pas sur Elle. La Femme écrasera la tête de la Bête qui s'est introduite dans le Sanctuaire, au lieu du tabernacle de la conception où repose Ma Présence. Je Me fis chair en elle pour M'unir toutes vos conceptions, celles des sans voix persécutés… J'y tisse Ma Grâce jusqu'à la fin des temps au berceau de sa chair, sur l'Autel de son Corps où s'est inscrite Ma Loi. »

La Vierge est la vocation de l'Église, Une, catholique et apostolique. Elle est Une dès l'Annonciation : les deux hypostases du Christ s'unissent en la Personne du Verbe… En sa chair. Au pied de la Croix, elle est Catholique : toute donnée à saint Jean, elle reçoit l'Esprit Saint expiré par le Christ... Son cœur immaculé uni au Sacré-Cœur de manière infaillible. Là, est engendrée l'*Ecclésia*, Mère de tous les hommes appelés à confesser une seule Foi et un seul baptême. Enfin, elle est apostolique : à la Pentecôte, rayonnante au milieu des apôtres, elle est canal de la Grâce. Dans la chambre close de Nazareth, l'Esprit Saint l'épousa sous Son Ombre... Dans la chambre haute du Cénacle, Il Se diffuse en elle et par elle ; l'enveloppant en Sa nuée, vivifiant la Lettre morte, consumant de paroles flamboyantes les rigidités de la Loi. « Je voudrais allumer un feu sur la terre et comme Il Me tarde qu'IL soit allumé ! »

En son Assomption, son corps a traversé la mort. Elle est la mère de la Cité Sainte, Corps mystique du Christ réuni à Son Chef dans la Gloire Trinitaire. Église transfigurée. Elle nous attend, Couronnée... Jésus, Ton Nom sera notre couronne ; en elle, immaculée. « Ils verront Sa Face et Son Nom, sera sur leurs fronts. »

*

> « Si Je veux qu'il demeure jusqu'à ce que Je vienne, que t'importe ? Toi, suis-Moi. Là-dessus, le bruit courut parmi les frères que ce disciple ne mourrait point. Cependant Jésus n'avait pas dit à Pierre qu'il ne mourrait point ; mais : Si je veux qu'il demeure jusqu'à ce que je vienne, que t'importe ? » (Jn 21,22-23).

Marie est debout au pied de la Croix et avec elle Jean, l'Apôtre que Jésus aimait. Le ciel est lourd de l'abandon du Fils de Dieu fait Fils de l'Homme, ciel plus amer que l'hysope dont le centurion tente de le désaltérer. Sa soif est infinie, plus vaste que l'abîme amoncelé de Son absence, au long Sabbat du lendemain. En ce crépuscule du Vendredi de la Passion, deux demeurent là, en ce point minuscule, hors de l'enceinte de Jérusalem, silhouettes dressées dans l'orage s'abattant sur le mont du Crâne.

La nuit tombe… Une nuit rousse de colère ; écarlate du sang du Roi jeté en pâture au peuple, le Seul qui puisse lui donner la Paix, et elle n'est pas du monde : « Ô Mon peuple que t'ai-je fait, en quoi t'ai-je contristé ? T'ai-Je fait sortir du pays d'Égypte pour qu'à ton Sauveur tu fasses une Croix ? » Ô Mon peuple assoiffé… Moi, Pauvre parmi tes pauvres, J'ai Soif de toi… Viens sur Mon Cœur, et tu trouveras le repos.

Enseveli à la terre, en dessous de l'arbre de la Croix, Adam dort, espérant l'aurore. L'Église est engendrée ici, dans la douloureuse joie de l'union transpercée de deux Cœurs fondus l'un en l'Autre : Celui du Fils et de La Mère ; du nouvel Adam et de la nouvelle Ève. Dans le don de sa vie, inséparablement liée à celle de son fils, et déposée avec la Sienne sur le bois de l'holocauste, Marie, comme jadis Abraham, naît à la Foi la plus nue. Mais aucun Ange n'arrête le bras du centurion romain, quand celui-ci, de la pointe de son glaive, transperce le Cœur de Dieu. L'Eau et le Sang en jaillissent… La Vierge y enveloppe la nuit, dans l'Espérance qui point.

La Pietà est debout, bras étendus, écartelés à Ceux de son Fils ; au seuil de l'échelle céleste… Jacob y dormait, dans l'embrasure du Ciel ouvert… Et ce Ciel est descendu dans la chair du monde ; Le Cœur de Jésus est ce Ciel… Où tournent et tournent, les Chœurs angéliques. Le voile du sanctuaire de pierre du temple de Jérusalem s'est déchiré ; l'hymen du Tabernacle de chair reste intact. Le Ressuscité le traverse jusqu'à la fin des temps.

— Jésus, Ma douleur est sacrée dans la Tienne. Amour Tu peins mes yeux, bleu horizon. Pourpres, mes lèvres muettes, baptisées en Ton Sang. Flotte Ton manteau de Roi… au Ciel là-bas…

L'Église des origines et celle de la fin des temps est cette île minuscule… Jean, Marie, Silencieux amour ; communion profonde de celle qui a bercé le Sacré-Cœur, avec le disciple bien-aimé qui reposa tout contre Lui. Les battements de ce Cœur les unissent aux profondeurs d'une foi qui déjà se déshabille dans la joie… « Bienheureux les doux, ils obtiendront Miséricorde. » L'Église Johannique est cette naissance jaillie de l'Eau et du Sang au berceau de la Croix ; Elle est, et Elle sera cette Arche de l'Alliance rescapée du dernier Déluge ; Celle des humbles, des pauvres, des anachorètes, des moines et des vierges… Celle des athlètes de l'impossible : les saints, les martyrs, les fol-en-Dieu… Celle des Justes et des Béatitudes. Elle demeurera éternellement, *colombe blottie dans le creux du rocher*, au Roc de la Parole. « Ce monde passera mais Ma Parole ne passera jamais. » Le nom de la Femme est Marie, la fiancée, l'Arche de l'Apocalypse.

> « Le sanctuaire de Dieu, qui est dans le ciel, s'ouvrit, et l'arche de son Alliance apparut dans le Sanctuaire […] une Femme, ayant le soleil pour manteau, la lune sous les pieds, et sur la tête une couronne de douze étoiles » (Ap 11,19 – 12,1).

Les apôtres des derniers temps s'enveloppent de son manteau de soleil comme d'une Voile… Et ils filent, traversant avec elle et saint Jean à bâbord, l'horizon de la mort. La bannière de la Femme c'est l'Amour.

DERNIER COMBAT

Satan :
— J'ai de toute façon tout mon temps, car un jour je maîtriserai la conception humaine, dès lors l'humanité m'appartiendra.
Sainte Hildegarde Von Bingen, *Écrits*.

Le dogme de l'Immaculée Conception couronne la fin du XIXe siècle et enveloppe le XXIe, d'un voile diaphane et d'un fin linge d'Autel… Signifiant que la vie de l'Homme est une offrande sacrée en son nid silencieux au sein maternel. Et si, le vingt-huit février mille-neuf-cent-quatre-vingt-huit, saint Jean-Paul II plaça le troisième millénaire sous l'éclat sans facette du *Oui* immaculé de Marie, ce fut pour révéler que cette île de la maternité serait le siège d'une guerre sans merci, jusqu'à la fin des temps. N'est-elle pas un pont entre terre et Ciel, depuis que le Verbe éternel vint y établir Sa demeure et y creuser Son Cœur, pour nous apprendre que c'est par la fragilité que passe la lumière ; par la fêlure, le pardon… Et dans les larmes, la Grâce d'un Dieu Qui Se fit Chair et Sang… Pain immaculé, Hostie offerte et désarmée.

Qui étais-tu, femme, avant que ton Rédempteur ne vienne à ta rencontre dans ce vaisseau tout illuminé de Son Amour ? En Éden, tu étais une goutte de sang du cœur d'Adam… Cœurs unis, tissés l'un à l'autre, et l'Église déjà se dessinait : tu étais germe de pierre, gemme enchâssée invisiblement au Cœur de Dieu. Mais depuis ta chute, l'homme exerce sa domination sur toi. Le don de l'un à l'une a été perverti et c'est la guerre désormais ! Il n'y a pas d'alternative. Ou si peu, si fragile. Sous prétexte d'égalité, l'altérité est menacée. Sous couvert de parité, la dictature de l'uniformité étend sa toile : masque neutre d'une amnésie universelle. En Christ, pourtant, il n'y a plus l'homme contre la femme, mais Cœur tissé de l'un à l'autre.

Aujourd'hui, la colonisation de ton ventre prend des formes nouvelles. Les intrus se parent d'humanisme ou de ta liberté, ils invoquent la défense de tes droits. Tu as cru t'émanciper de la tutelle de l'homme t'astreignant aux multiples naissances ; tu revendiquas ton autonomie au cri de « Mon corps m'appartient. » Ironie du *Prince de ce monde*, ta maternité sacrée dans l'amour est désormais la proie des marchands les plus vils.

Les technocrates s'emparent de ta féminité, à distance contrôlée, stratégie du *Planning familial* des naissances et des morts, s'égrenant par action ou par omission. Tes ovocytes sont exposés à la loi des marchés, soumis au rendement collectif, exploités par l'industrie de production intensive des *petits d'homme* recyclés en lignées de cellules souches programmées à vivre, ou à mourir. L'utérus artificiel détrônera bientôt le nid de ta chair appelée pourtant à être le tabernacle de ce Dieu qui S'incarnât, aux entrailles d'une des tiennes. Demain, tu seras une *matrice* interchangeable, louée, clonée. Spoliée. L'Internationale sera le genre Post-humain et cela passe par toi.

Tu appelles liberté, la fatalité d'un programme scellé à la nuit de l'atome. La dictature du nombre y tisse sa règle infaillible. Au sanctuaire de ta conception s'organise un négoce de chair vive. C'est là qu'est le front, le champ de bataille : au nid originel où Ève se dresse contre Marie, Lilith s'accouple avec la Bête. Pour dérober l'Enfant. Désormais, la voie est libre… le serpent a profané la cathédrale de ton corps. Il s'est introduit au Jardin de sa genèse, au lieu du Don et du Pardon.

La mort *des innocents* est sous contrat, estampillée légale. Une sélection implacable plante ses cultures invisibles au balbutiement de leur vie : à « prolifération interdite ». Les spécialistes de l'élevage intensif des petits de l'Homme s'inspirent des techniques utilisées pour le bétail. La modernité n'est qu'un archaïsme utile et l'homme, désormais recyclable, appelle cela un *droit*… *Droit* de transplanter un embryon humain dans un ovocyte animal ou d'en extraire ses cellules souches, au vif de chairs créées pour ce trafic indétectable. Fardées d'*empathie*, des lois valident désormais, les expérimentations les plus barbares. Elles scellent le pacte d'origine offert au serpent sous l'arbre de la connaissance du mal, signé du sang des holocaustes de ces myriades d'enfants non nés expatriés du sein de leur mère.

*

En vérité, ces manipulations génétiques inaugurent un génocide aseptisé, un contre-sacrifice, offert à l'anti-Verbe de mort. « Don de gamètes, don du sang ; don du sperme ! » scandent les technocrates au pas de l'oie. Leur don est un rapt, un recel, une prédation. Et s'ils en pervertissent le sens, c'est pour tenter d'occulter la violence des vivisections anonymes, ensevelies sous la ouate des chambres closes, aux banques humaines de la Santé publique ; c'est pour dissimuler le prélèvement des cellules arrachées à ces corps minuscules et diaphanes au long cri silencieux. Minuscules Hosties muettes. Les nouveaux sacrificateurs pervertissent le champ sémantique du *Don*. Ils célèbrent une parodie du Sacrifice Eucharistique ; l'Eucharistie est le Don au-dessus de tout don ; Jésus S'offre au Père dans un acte d'amour si profond, que la mort en pâlit ; « Père, si Tu voulais éloigner de Moi cette coupe ! Toutefois, que Ma volonté ne se fasse pas, mais la Tienne », murmure-t-Il au Jardin de Gethsémani et « Ma vie nul ne la prend mais c'est Moi qui la donne. » Par ces paroles, le Christ trace une frontière infranchissable, entre son Sacrifice d'Amour et les abominations païennes : mises à mort de vies volées, tranchées à la racine. Le Sacrifice du Christ sacrifie justement en Son

Sang, tous les sacrifices. Il incarne ce verset du psaume : « Tu ne prends point plaisir aux holocaustes. Les sacrifices qui sont agréables à Dieu, c'est un esprit brisé. » La violence de la Croix dévoile cette collusion entre l'amour infini de Dieu et l'abîme du refus de l'homme : onde de choc du Oui éternel, absolu, infini, embrassant le néant et la mort pour les renverser en Son amour. Cet amour ne *digère pas les agonies* : « Celui qui immole un bœuf est comme celui qui tuerait un homme, celui qui sacrifie un agneau est comme celui qui romprait la nuque à un chien, tous ceux-là se complaisent dans leurs voies, Et leur âme trouve du plaisir dans leurs abominations » (Is 66,3). Le sacrifice du Christ est cette joie par-dessus la mort. Cet Amen, s'offrant aux quatre horizons du ciel et de la terre.

Les sorciers de la génétique manipulent l'origine sémantique du Don ; ils en détournent le sens et l'acheminent vers le refus de l'acte créateur du Père, de l'acte qui origine toute vie ; le contre-sacrifice est le non d'un empierrement, le programme inflexible d'un rituel stérile. Les pontes de la technoscience profanent le sens du Don ; ils lui arrachent sa couronne,

Qui est sa liberté.

En vérité, les manipulations génétiques signent l'avènement d'un attentat contre l'espèce humaine, un génocide invisible inaugurant la parodie d'un sacrifice non sanglant et indétectable. Les grands prêtres de la technoscience célèbrent une messe luciférienne, une contre Messe profanant la Présence éternelle murmurant au secret de la chair. Ils célèbrent une messe blanche arrachant la Présence enroulée à l'échelle mémorielle. Pour l'impacter jusqu'en sa descendance, irrémédiablement. Un virus modifie le code source – là où le Verbe enlace l'atome le plus anéanti. La cible à abattre est l'innocence de Dieu. Le temple de cette innocence est l'union virginale de l'homme et de la femme… Où, dans la liberté du Don, resplendit l'unité Trinitaire. Le sanctuaire de ce temple est le Tabernacle de notre conception. C'est là que Marie veille l'immaculé du monde dont elle est la gardienne, posée telle le sceau de ce visage humain où resplendit le Visage du Fils de Dieu fait Fils de l'Homme.

*

Au cœur du génome s'ouvre Bethel, la Porte des Cieux… Des Anges vont et viennent, ils tissent et brodent l'écheveau de la mémoire où resplendit un fil ; il se dévide depuis l'Éternité, dessinant, de Ciel en Ciel, une échelle à la Lumière ; « Mon Amour, un sceau sur ton cœur », murmure *Celui Qui est.* « Gardez-vous de mépriser un seul de ces petits ; car Je vous dis que leurs Anges dans les cieux voient continuellement la Face de Mon Père qui est dans les cieux (Mt 18,10). De toute éternité Je t'ai aimé… » Murmure le Christ ; « Ton embryon, Mes yeux le voyaient. » Le dragon voudrait couper ce fil, arracher l'enfant à la Mémoire d*e* אֶהְיֶה אֲשֶׁר אֶהְיֶה. L'enjeu de ce combat est la rupture avec le Père, et la mort éternelle.

La cathédrale de la grâce est inviolable ! Le sanctuaire du Oui, la Femme et son Église choisie avant les siècles pour être le Tabernacle du Rédempteur, exterminera Satan et son mensonge. Le Verbe éternel brûle en Elle de cet amour qui Seul passera la mort : Cœurs fondus en un Seul Chœur virginal, sous l'hymen de la Conception Immaculée et Éternelle au Cœur de la Trinité Sainte. Et sur Son Seuil veillent les Séraphins, Chérubins, Trônes, Dominations, Vertus, Puissances, Principautés, Anges et Archanges…

Les marchands peuvent incendier tous les clochers et toutes les conceptions du monde, ils ne consumeront jamais Ce Feu de l'Esprit Qui prit Marie sous l'Ombre de Sa Nuée lumineuse,

MARIE, ARCHE DU SALUT

J'entends les cloches à la volée… C'est l'appel, le grand Appel que l'Église lance à ses enfants, à ceux qui l'aiment, à ceux qui l'ont abandonnée. Aux proscrits, aux fous, aux damnés de la terre. Aux enfants de la haine, de la colère. À ceux qui la déchirent. Aux petits, aux sans voix… Aux quatre horizons elle ouvre ses bras comme le Christ sur la Croix pour embrasser le monde qui tombe, le relever dans la Résurrection. J'entends les cloches recouvrir la longue nuit se profilant, la nuit aveugle du dragon, du voile d'une Espérance inentamée. « Je voudrais allumer un feu sur la terre et comme il me tarde qu'il soit allumé ! » Il traversera les particules de la matière et les sèmera comme poussière au vent.

Bientôt, l'homme ne sera plus un loup pour l'homme, mais une réserve de nerfs, de sang, d'atomes à exploiter… Pourtant il portera encore les pas d'une généalogie lointaine, s'effaçant au chaos de cellules arrachées aux embryons expatriés de leurs matrices… Il aura été un enfant en gestation synthétique, génétiquement modifié, sans père ni mère connus, dont la paternité et la maternité survivant à l'état de trace remontent l'abîme cellulaire, tel un conte d'outre temps. Mais au cœur de l'atome dévasté résonnent déjà les pas du maître de la vie… Et Il appelle : « Adam, où es-tu ? » Ses pas sont un murmure dans ce lieu qui demeure. Tel l'Éden inviolé.

L'Église est Reposoir de la mémoire de Dieu… Elle a pris Chair dans celle d'une femme pour nous étreindre, nous transfigurer aujourd'hui même et par-delà la mort, dans le Royaume où nous sommes attendus. La table est dressée… L'Hostie s'ensevelit dans le trajet du sang, au secret de l'atome. Dans l'amnésie du noyau arraché à sa source, Dieu sème et sème encore, Son Esprit. C'est un chant d'appel, ouvrant au large de Sa vie… Seul ce qui en nous aura dit oui, ce qui sera entièrement donné dans la chair de Marie, par la chair de l'Église, passera la mort. « Celui qui veut sauver sa vie la perdra et celui qui la perdra pour le Royaume, la sauvera… » L'essence de notre vie, son parfum, c'est l'Amour.

L'Église est le doux Corps du Christ, Marie est Son Chœur. L'Esprit Saint en est l'âme. Toutes les cellules de ce Corps sont nourries par la semence de la Parole mais plus profondément encore, par la Chair et le Sang de la Présence éternellement glorieuse dans la joie Trinitaire… Se livrant entre Ses mains d'Épouse, sous le voile du pain et du vin. Dieu S'offre et S'offre encore à chaque Eucharistie et Il dépose en notre chair, ce germe d'éternité florissant sous le soleil de Sa grâce.

Le Oui de Marie est la voie royale de la Rédemption. Elle gémit dans les douleurs de l'enfantement de Ce Corps, tissé de tous nos oui ; cœurs en son Chœur ; chair de sa chair, sang de son sang.

L'Immaculée est une Porte dans la nuit. Le dragon, posté sous l'arbre de la connaissance du mal, attend de dévorer l'enfant. Ève succomba, Marie triomphe. Elle enlève et élève dans son Assomption, toute sa lignée ; ceux dont la liberté est cette Vérité portée au monde : nul, jamais, ne pourra arracher l'homme à sa Paternité divine, Image indélébile au lieu de notre conception nous sacrant princes et princesses, en Son Amour : « Dans Ma mémoire, de toute éternité, Je t'ai aimé. » À qui irions-nous d'autre ; n'est-ce pas Elle, qui a la clef de la Parole de vie… Elle, désarmant le Chérubin aux portes de l'Éden perdu… Elle, nous enfantant pour le grand jour des Noces d'éternité ?

« Marie, pleine de Grâce, vient à Sa rencontre, toute parée pour Son Amour… Marie, pleine de Grâce, vêtue seulement de Son Amour. »

REFUGE DES PETITS

Ce soir, tu es remontée à rebrousse-temps d'un océan d'algorithmes au maillage s'ouvrant sur ton visage… Ton visage au silence de la pierre erre aux flux et reflux des rendez-vous manqués… Reine dépouillée, reine nue de nuit en nuit, liberté aux yeux de lavande te levant au large du ciel en ce château si loin où tu ouvres de porte en porte, à l'infini, et d'aube en aube, l'azur. Marie, tu te penches sur l'enfant non né et tu le berces éternellement.

Tu m'as souri un jour de rien, illuminée du sourire d'un bébé de Bethléem, couché les bras ouverts entre les tiens… Hostie diaphane abandonnée à nos regards, à nos bouches pour nous chavirer le cœur. Ce Pain descendu du ciel de cendres de nos regrets et de nos « à quoi bon », c'est Lui, Jésus, Amour fait chair… Pour que brûle l'Espérance au cœur de nos nuits les plus noires, que triomphe la Miséricorde au creux des haines les plus irréductibles, que scintille Son Visage sur ceux qui n'ont plus figure humaine. Pour que les cœurs de pierre se brisent à la source d'Eau Vive ouvrant les Cieux transfigurés d'une terre nouvelle où nous serons chez nous.

Je suis agenouillée sous un Voile étendu… Une voûte infinie. Ni croisée d'ogives, ni vitraux… Mais, m'enveloppant comme de l'eau, une douce lumière. Le voile immaculé frémit telle la voile d'un navire qui traverse le ciel. Ce Souffle déploie un Sanctuaire… C'est la *Porte du Ciel*, Hymen innocent de notre humanité. Je respire sous la Tente de la Présence. Avant d'être conçue, je reposais au Silence inviolé du Verbe éternel… Il était le lait, Il était le miel… je baignais en Son Éternité, voilée en Sa lumière, voilée…

Et au-delà du voile, Vous me regardiez
En Elle
Déjà,
J'étais connue.

*

« J'irai la voir un jour cette Vierge si belle, j'irai la voir un jour lui dire mon amour. » Marie, j'appartiens à votre Église : Une, sainte, catholique et apostolique... je La défends maladroitement sans doute, comme un enfant pare le visage de sa mère, de son tout petit corps. Blottie contre Sa Chair, je tente d'en réparer les morceaux épars. Et puis, est-ce un péché, j'aime ma patrie, France au lys immaculé flottant au bleu azur d'une Espérance irréductible. Mais ce soir j'ai mal au cœur de sa chair dévastée.

Jeté hors de ses frontières, le Petit de l'Homme qu'on ne laisse pas franchir celle de la vie... Quelle est cette douane qui contrôle la naissance? Pourquoi invoquer la fraternité, si elle ne reconnaît pas le plus étrange de tous les étrangers, lui qui n'a pas encore foulé la terre, inspiré l'air... Lui qui ne sait pas même crier... Lui qui n'est qu'en germe cet amour donné absolument au nôtre.

L'enfant du Fils de l'Homme n'est plus le petit prince. L'hymen de son cœur, où veille, encodé au fil de la trame des arborescences génétiques, l'irréductible Amour, est profané. Nuit sans silence et sans ombre, nuit implacablement blanche... Stridence exposée aux vitrines du néant, où l'innocence est crucifiée sur l'étal du Planning des naissances et des morts. Le piège est mondial. Les marchands du temple de nos corps nous ont exilés au cœur de notre territoire; leur Système tisse sa toile programmant l'amnésie de notre filiation sacrée. Pour anéantir le virus du code source, il n'y a qu'une clef; prononcez-le ce nom béni, ce nom irréductible. MARIE. Nul asile, nulle zone franche, sinon en Elle, *l'Immaculée*, Elle... Reine des invisibles, des anonymes et des proscrits... Elle, tout en bas, pour donner voix à ceux qui n'ont pas l'être encore... Elle, tissant au secret de la nuit obscure sa pitié, pour redonner l'humanité à ceux qui l'ont perdue et empêcher que le monde ne croule tout à fait sous l'absurde... Elle, tissant Votre Pardon au cœur de la douleur sans pourquoi et sans fin sinon Celle de Votre Paradis.

Parmi les cendres et les ruines, Notre-Dame est debout, Croix plantée dans le cœur... cœur de la rose tissée dans la chair du monde... Chœur transpercé par la flèche, chœur béant sur la nuit. La cathédrale de pierre est profanée, mais c'est le corps diaphane de l'Innocent qu'ils veulent souiller, Hostie offerte, Présence du Verbe où Dieu murmure : « Viens à la Vie dont Je te blesse pour que tu ne M'oublies jamais. » Notre-Dame de Paris, de Pontmain, de Silly ou du Ciel... Vos pierres vives sont le Corps élevé de la Piété. Les marchands se disputent les braises de votre Chœur de cendres. Il déchire le ciel du chant meurtri d'une France bientôt ressuscitée. La Croix couronne Jésus bercé entre vos bras ouverts... la Croix... Seul horizon de la Miséricorde de Dieu.

L'ÉGLISE REFLEURIRA

L'Église refleurira, rose empourprée de la Passion du Pauvre, son Époux et son Roi. Sa Couronne est tressée aux épines de son cœur. Il dit : « "Retirez-vous. La jeune fille n'est pas morte : elle dort." […] Il entra, lui saisit la main, et la jeune fille se leva. » L'Église s'éveille déjà Sur le Cœur du Bien-aimé, elle resplendit des larmes et du sang invisible des innocents martyrisés. Leurs visages froissés s'effacent dans la nuit d'un temps révolu, d'un temps où il y avait encore des arbres et des sources jaillissant du roc au sommet des montagnes… Quand il y avait des roses et des épines et des parfums… Des peaux qui se cherchent et des voix murmurant je t'aime… Quand régnait le silence au commencement du monde jailli de Son Principe. Bientôt… Quand le meilleur des mondes aura diagnostiqué toute étrangeté et que la beauté ne sera plus la faille mais l'ineptie d'un vide lissé comme une absence, que le visage ne sera plus celui de l'homme mais du robot, du clone sérialisé tapi aux fourmilières flashées d'un astre virtuel… Quand la chair sera lettre morte car arrachée à son Verbe et que les lèvres seront crispées à tout jamais sur l'arrogance… Quand la vie servira la mort en croyant préserver la vie… Quand elle s'arc-boutera à son mensonge de peur de s'éveiller… De peur de se perdre pour entrer dans la Joie… Alors, le Bien-aimé déchirera le Ciel de l'épée tranchante de Sa Parole… De la pierre de nos cœurs jaillira Sa Lumière… Alors… Comme l'éclair, d'un horizon à l'autre, de pôle en pôle, Il ouvrira le temps. L'Immaculée est Sa porte dans la nuit, refuge des égarés, des pauvres et des petits. En elle ira l'essence rapatriée, la Charité. Quand le monde se disloquera dans Sa Lumière, seul passera l'amour, Seul restera l'Amour,

Il vient…

Je suis le Roi
J'attends
aux coulisses du temps

Je suis le Roi
J'espère aux limbes
d'Espérance

Je suis le Roi
Dormant
au bois de France

Au bois enseveli aux terres de ma mémoire
Je me tiens Prêt
guettant l'éveil

De vos printemps

Je suis le Roi
Cœur suspendu
à mon sceptre de Foi

Ma couronne
est cachée
aux eaux de vos silences

J'attends

mes soldats
mes fous
mes cavaliers

J'attends au secret de la diagonale.

L'Onction me creuse une plaie au front
une déchirure
au Cœur

Oui
J'attends la tendre France
Angevine

Et rebelle

Au palais
oublié où vos fils et vos filles
se dessinent

Et les champs déjà
d'or et de feu
à l'aube des ailes des Chérubins

Les sillons
bercent la semence
sous Mon regard

Éclose

Je suis le Roi
Enfanté
de vos remords

Sacrifié
Je vous ressusciterai
des ruines

Où vous m'avez cherché.

TABLE

MARIE, CHAIR DE L'ÉGLISE

ORÉES

ÈVE COURONNEMENT D'ADAM

LES MATRIARCHES DES DÉSERTS

HÉROÏNES

TON ÉPOUX C'EST TON RÉDEMPTEUR

AURORE DE LA GRÂCE

CHANT NUPTIAL

LES MESSAGÈRES DE LA BONNE NOUVELLE

LA BIEN-AIMÉE

LA FEMME

Achevé d'imprimer par CPI,
en août 2021,
N° d'imprimeur : 165802

Dépôt légale : octobre 2021

Imprimé en France